LA PAROLE DE DIEU

DU MÊME AUTEUR

La Terre en rond (avec Jean-Claude Baudot), Flammarion, 1960.
Ne dites pas à ma mère que je suis dans la publicité... Elle me croit pianiste dans un bordel, Flammarion, 1979.
Hollywood lave plus blanc, Flammarion, 1982.
Fils de Pub, Flammarion, 1984.
Cache Cache Pub, Hoëbeke, 1986.
Demain il sera trop star, Flammarion, 1988.
C'est gai, la pub!, Hoëbeke, 1990.
Vote au-dessus d'un nid de cocos, Flammarion, 1992.
L'Argent n'a pas d'idées, seules les idées font de l'argent, Seuil, 1993.
Pub Story, Hoëbeke, 1994.

JACQUES SÉGUÉLA

LA PAROLE
DE DIEU

Albin Michel

© Éditions Albin Michel S.A., 1995
22, rue Huyghens, 75014 Paris

ISBN 2-226-07599-2

À... Dieu.

Tendresses à Jacques Attali, Olivier Duhamel, Jacques Pilhan, Denis Quenard, Noëlle Vinson, mes lecteurs éclairants, et à Christophe Renauld, mon docte documentaliste.

« Une carrière réussie est une chose merveilleuse, mais on ne peut pas se pelotonner contre elle, la nuit, quand on a froid l'hiver. »

Marilyn Monroe

La première fois que je l'ai vu, il m'a appris les arbres. Et ma vie s'est faite plus curieuse de tout ce qui m'entoure. La seconde, il m'a enseigné le futur; j'allais finir ce siècle sans rien comprendre de ce qui nous attend. La troisième fois, il m'a parlé des hommes. J'ai compris, moi le singulier, le sens du mot pluriel.

Puis il y a eu comme pour toute rencontre, comme pour toute vie, les bonheurs et les malheurs, les espoirs et les désillusions, les affections et les défections; qu'importe, je sais désormais que, sans lui, mon existence n'aurait pas été tout à fait la même. Ni la France tout à fait la France. Aussi ai-je voulu, à l'heure où cette page se tourne, revivre le comment, comprendre le pourquoi.

Encore un livre à ragots, diront les uns, une hagiographie de plus, penseront les autres, cet ouvrage n'est qu'une modeste tentative : la chronique médiatique de quatorze années de pouvoir.

Ni révélations, toutes n'ont-elles pas déjà été faites, de *Verbatim* en Journal apocryphe, d'Attali, Orsenna et tant d'autres, Péan ou Montaldo de service.

N'attendez pas non plus un précis de communication politique. Dans le genre, j'ai déjà donné. Et moins encore une revue de détail des coulisses élyséennes, il ne manquera pas de langues pour se délier lorsque le Président ne sera plus

Président. Ces pages cherchent à éclairer d'une autre lumière, celle des mots et des images, deux septennats qui ouvrirent la voie à la découverte d'une technique nouvelle pour notre pays : l'art de gouverner en communiquant. Les bonnes âmes hurleront à la démocratie en danger. Qu'elles se rassurent. François Mitterrand n'est homme à écouter servilement ni les sondages ni les oracles, et moins encore ses conseillers en marketing. Il a le premier compris, à la suite du général de Gaulle, le maître en la matière, que la politique obligeait à la maîtrise conjuguée du verbe et du visuel.

Manipulation certes, mais assez d'hypocrisie : toute société médiatique est manipulatrice. Chacun cherchant à convaincre l'autre sans vouloir l'admettre. Par leurs questions, les journalistes manœuvrent des interviewés dont les réponses ne font que les manœuvrer à leur tour. Le public n'est pas dupe. Il démêle avec sûreté le grain de l'ivraie, décèle la moindre tricherie, traque le premier faux-fuyant. En politique, l'authenticité reste la seule denrée non périssable.

Alors, manip pour manip, pourquoi pas la mienne, et en mettant la barre haut : mieux vaut s'intéresser à Dieu qu'à ses saints.

Ainsi ce livre est-il avant tout écrit de la main de François Mitterrand : ses interviews, ses émissions, ses discours en sont la matière première et la matière grise. Qu'il me pardonne de les avoir ainsi condensés, émiettés, tronqués. Pour mieux les replacer dans leur contexte, j'ai compulsé la presse, si prolixe, si sulfureuse, si talentueuse sur le sujet, dévoré les ouvrages de référence et surtout vu et revu ses prestations, lu et relu ses interventions. Bref j'ai feuilleté son quotidien.

Que de mots et que de masques, raison d'État oblige ! Le Mitterrand officiel est parfois si étranger au Mitterrand intime que je voudrais, avant de le laisser parler, vous parler de lui. Mais comment ne pas le trahir, par excès de scrupule, ou se trahir, victime de ce charme qu'il distille à chacun et auquel nul ne résiste ? J'ai vu tant de ses ennemis affichés fondre à la première entrevue et tant de ses amis le desservir par excès de mitterrandolâtrie. Aussi vais-je préférer à la biographie en bonne et due forme, où chacun met ses idées toutes faites, voire ses arrière-pensées, l'effluve des souvenirs.

Je me souviens de ma « première fois »
avec cet homme qui deviendra Dieu

C'était en 78, pour les législatives, l'un de ses coadjuteurs m'avait commandé une affiche. Je n'avais exigé qu'un paiement : pouvoir la « vendre » moi-même au principal intéressé. En ces temps arriérés de la réclame politique, les campagnes se faisaient à l'aveugle, dirigées par tel ou tel, sans même approcher le réel destinataire.

J'arrivai haletant rue de Bièvre. Je m'attendais à un appartement quelconque, aussi cossu que convenu. J'entrai dans un petit hôtel particulier. Tableaux XVIIIe et meubles Knoll, c'était le programme commun du contemporain et de l'ancien. J'eus un réflexe stupide de Français moyen : ainsi le pape de la gauche vivait dans l'univers raffiné des gens riches ! Très vite je découvris l'exiguïté et la simplicité de l'endroit. Mais le goût était là, à chaque pas.

Le bureau du maître de maison était au troisième étage sous les combles. Peu de volume mais beaucoup de charme. Poutres apparentes et crépi blanc, fenêtres en chien assis et montagnes de livres, la tanière du premier secrétaire du Parti socialiste avait les allures d'une maison de campagne d'académicien à la mode.

François Mitterrand m'ausculta du regard. Ce premier silence me parlait. Je saurais plus tard qu'il ne s'exprime jamais aussi intensément que lorsqu'il se tait. Étrange, cet homme laconique, plus secret que public, plus réservé qu'expansif, économe de ses mots, a fait carrière dans le verbe. Il m'avouait encore récemment que s'exprimer en public lui coûte, même après toutes ses années de lumière.

Prudence et pudeur sont ainsi les armes des prémices de ces rendez-vous. Même lorsqu'il vous connaît bien, le Président se donne quelques minutes d'observation et parfois de tendresse. À cet instant, l'homme privé et l'homme public sont en présence, mais attention : ce délai d'introspection écoulé, il ouvre le feu. L'affrontement commence. Il n'y aura plus de temps mort dans le choc des idées. Ni pression, ni passion, l'assaut est toujours à fleuret moucheté, sans que l'on puisse deviner, au moment où il vous parle, ce qui en lui l'emporte, de l'engagement ou de la réserve. Quant à son interlocuteur, il est pétrifié, réduit à la poussière de lui-même. J'avoue ne jamais avoir été vraiment à l'aise face à François Mitterrand. Je l'ai rencontré cent fois, ai partagé ses tables de travail comme de repas, vécu ses week-ends, ses flâneries, ses marches, encaissé ses colères, aimé ses engouements sans jamais parvenir à cette décontraction qui aiguise le jugement. Face à cet homme, j'ai toujours fonctionné à 50 % de mes facultés. Je m'en confessai un jour à Michel Rocard : « Vous avez de la chance, trancha-t-il, moi avec lui je tourne à 20 %. »

Son attitude même est étrange : plus l'esprit est vif, plus le corps reste immobile, comme figé par la pensée qui s'accélère. Il y a de la curiosité dans son regard, de la nostalgie dans son sourire. Notre physique trahit le plus souvent notre caractère. Pas chez lui. Son esprit attire, son aspect déconcerte. Toute l'étrangeté du personnage vient de cette extrême habileté du raisonnement dans un corps enclin à la maladresse et à l'inertie.

Je me souviens de l'homme pudique

Je lui avais donné rendez-vous pour notre première affiche commune, dans le studio de Jérôme Ducros, grand spécialiste du portrait. Il arriva avec deux heures de retard. À pied. « J'ai pris un peu l'air pour être plus présentable », maugréa-t-il, mal dans sa peau.

Connaissant son peu d'intérêt pour la matière vestimentaire, j'avais préparé une tenue de rechange, veste de velours bronze, chemise grège, cravate de laine rouge tendre. Il s'habilla de mauvaise grâce, visiblement agacé par la nécessité de cette épreuve. L'homme public le plus photographié de France a toujours eu le trac de la photo. Les regards sans concession de vingt millions de téléspectateurs le paralysent moins qu'un seul objectif qui le fixe. Aurait-il peur de laisser témoigner une image figée de lui-même ?

La séance fut un ratage complet. La gêne du modèle et l'embarras du photographe accouchèrent d'un masque inutilisable. D'autant que le slogan prévu, « Le socialisme, une idée qui fait son chemin », exigeait une pose naturelle. Par bonheur, j'avais prévu une deuxième séance en extérieur dans les Landes près de Latche, avec Gilles Bensimon, le photographe des plus belles femmes du monde. À l'aise sur ses terres, décrispé par la marche, porté par un ciel volontaire. Mitterrand, pour une première, fit sa plus belle pub. Le métier rentrait.

Nous sommes un peuple de coquets, et nulle célébrité n'échappe à la ronde du grand méchant *look*. Lorsque je soumis à François Mitterrand, début 1981, la maquette de son affiche présidentielle, il l'aima d'emblée mais me suggéra de cadrer l'image plus serrée. « Cela donne de la présence », me dit-il. Je m'exécutai à regret et tentai de montrer qu'au contraire, l'ensemble perdait du relief. Pour signifier la sérénité, l'arrière-plan du petit village de Sermages était indispensable. Je fis plusieurs essais en vain et compris soudain que le seul souci de mon commanditaire était de cacher sa calvitie. Aussi m'emportai-je : « Laissez vos concurrents paraître sur leurs affiches dix ans de moins, et contentez-vous de porter votre âge. Lorsque les Français vous verront à la télévision pour le face-à-face final, ils vous donneront dix ans de moins, et dix ans de plus à votre adversaire. Vous renverserez d'un coup votre handicap. »

À cette pensée de paraître soudain plus jeune, il céda.

Je me souviens de l'homme fermé

Nous étions dans ces premiers jours de juillet 1985 qui hésitaient entre l'orage et le torride. Paris s'était mis en vacances avant l'heure, comme pour chasser plus vite le mauvais souvenir d'un hiver de crise qui avait franchi la barre des deux millions et demi de chômeurs.

L'humeur était maussade. J'avais rendez-vous avec le Président pour lui soumettre un projet de télévision musicale. Quelques mois plus tôt, il avait désarçonné son monde en annonçant, sans crier gare, sa volonté de libérer les antennes. J'avais tant ferraillé pour le pousser, contre son humeur du moment, à privatiser les ondes que j'exultais. À trop lanterner sur le sujet des radios libres, il avait perdu en partie le bénéfice de leur libéralisation. Son plongeon-surprise dans les ondes hertziennes allait remettre les pendules de son libéralisme audiovisuel à l'heure.

Le rêve de tout créatif étant d'inventer une télévision, nous nous étions associés à l'UGC et à *Libération* pour préparer notre chaîne. Après six mois de travail forcené, nous allions avec Pebbie Guizet et Serge July remettre notre projet. Rendre la copie de ses espérances vous coupe les jambes. Les marches du perron élyséen me parurent ce jour-là en coton.

François Mitterrand nous attendait à sa porte. J'ai toujours été séduit par sa civilité. Combien de petits chefs vous reçoivent engoncés dans leur supériorité du moment ! Lui traversa son long territoire pour nous faciliter les premiers pas dans son domaine. Je le trouvai reposé, comme lissé par le pouvoir. Fini ce teint de cendre des premiers mois de règne, l'homme avait trouvé son rythme. Je n'étais pas revenu dans son antre depuis quelque temps, mais rien ou presque n'avait bougé. Sur la cheminée, de part et d'autre de la pendule, toujours le même déballage de livres reçus dans la semaine. Sur le bureau, le fouillis personnel du Président. Comme tout homme de racines, il ne sait travailler que cerné par ses objets familiers. Je m'apprêtais à prendre place face à lui, comme à mon habitude, mais il choisit de s'asseoir à l'opposé, sur le bord de son canapé d'apparat. Je sus d'emblée que notre requête était rejetée. François Mitterrand, lorsqu'il s'intéresse à vous, vous reçoit à sa table de travail. Ailleurs il vous entend mais ne vous écoute pas.

July sera brillant, Pebbie rassurant, moi insistant et Mitterrand absent. À peine sortis, Serge me soufflera à l'oreille : « Il ne nous a rien dit, ne nous donnera rien, mais quelle star ! » Dans ma naïveté, j'avais toujours pensé que le jeu des politiques était de remercier un jour leurs partisans du coup de pouce qui peut changer leur vie. J'avais entretenu dix fois le Président de ma passion télévisuelle, il savait combien comptait pour moi cette possibilité de faire souffler l'esprit de la pub sur une antenne musicale. Peu lui importa, il laissa Fabius accorder TV6 à mon principal concurrent Publicis, sans même un mot de consolation.

Je me souviens de l'homme désarmé

C'était au début de son avènement. Il dînait à la maison, il y venait encore seul avec sa femme, sans garde du corps ni escouade. Les contraintes de sécurité ne viendront qu'après que les menaces d'attentat se seront faites tentatives. Parfois il renvoyait son chauffeur pour lui donner sa soirée, je le raccompagnais en voiture et nous dévalions ensemble les avenues parisiennes. Moi tout à mon volant, paralysé par la charge qui m'incombait, lui tout à la rue, fasciné par ce spectacle devenu pour lui trop rare. Arrivé chez lui, il tardait à franchir son porche et nous déambulions de long en large de la rue de Bièvre. Il n'aimait pas s'endormir sans une dernière marche et sans avoir une ultime fois refait le monde. C'est fou ce qu'il s'agitait à une heure aussi tardive, comme pour prouver que sa pensée ne faiblissait jamais au fil du cadran. Ce soir-là, il me narra la quotidienneté du pouvoir.

« C'est un métier comme un autre, me confia-t-il, seulement il n'y a pas d'université qui l'enseigne. On doit l'apprendre sur le tas, et dans ses plus menus détails. Ainsi ai-je failli perdre la clef atomique. Giscard, lors de la passation des pouvoirs, m'avait remis le code inscrit sur une petite plaque, elle-même attachée à une légère chaîne d'or qu'il portait en sautoir. Je trouvai le bijou si ridicule que je n'osais l'enfiler à mon tour. Je l'ai glissé pudiquement dans ma poche.

« Le lendemain je changeai de costume et oubliai l'objet. Ce n'est que tard dans la soirée que je m'aperçus de la gaffe. J'appelai aussitôt la maison, craignant que mon complet soit déjà chez le teinturier. Imaginez le code atomique broyé par une quelconque machine à nettoyer? Par bonheur, il n'y eut ni excès de zèle de ma femme de ménage, ni excès d'agressivité d'une puissance ennemie. Je récupérai la chose et la mis à mon cou. »

François Mitterrand est ainsi, peu concerné par le quotidien et jusqu'à en être désarmé devant les obligations pratiques.

Je me souviens de l'homme d'ambition

Nous étions dans sa bibliothèque entre Balzac et Zola. Il m'avait convié à un petit déjeuner sans raison ni façon, je le

sentis prêt à la confidence. Ce sont des moments trop rares pour ne pas les saisir. Sautant le pas, je m'enhardis à lui poser une question qui me brûlait les lèvres :
« Monsieur le Président, qu'est-ce qui fait courir François Mitterrand ? »

Il leva vers moi ses yeux rougis de trop de lecture, son sourire forcé de trop de sollicitations et me lâcha :
« Séguéla, je vais pour une fois me montrer plus mégalo que vous. Je voudrais que le jour où je quitterai cette maison, l'Élysée, la France soit un petit peu différente du jour où j'y suis entré. Et que j'y sois pour quelque chose. »

L'histoire jugera.

Je ne sais pourquoi je m'étais imaginé les hommes de gauche extravertis, exubérants, exaltés. François Mitterrand est homme de continuité plus que de rupture, homme de classicisme plus que d'aventure, homme de tradition plus que de bouleversement et cependant il fera plus évoluer les Français que tout autre Président. Si l'on veut voir plus loin que les bulletins de vote, simples billets d'humeur passagers, la droite est désormais plus à gauche que jamais et les Français plus ouverts, plus généreux, plus mondialistes, plus égalitaires qu'hier. Là est sa victoire.

Je me souviens de l'homme prudent

Nous étions en novembre 80, je travaillais comme tous les lundis avec lui sur la campagne. Il était déjà 13 h 15 lorsqu'il sursauta :
« Mais j'en oublie mon déjeuner, j'ai rendez-vous chez Lipp, pouvez-vous m'y conduire ? »

J'avais garé ma voiture au coin de la rue de Bièvre et du boulevard Saint-Germain. Je m'effaçais pour lui ouvrir la porte lorsqu'il découvrit que c'était une Rolls.

J'étais dans mes années pubardes, et ne négligeais rien des signes extérieurs de suffisance. Pauvre de moi ! Je vis le futur

Président blêmir et me prendre à partie avec une violence rentrée qui ne lui est pas coutumière :

« Comment, Séguéla, vous ne cessez de me dire que chaque signe a un sens et vous voudriez me voir arriver chez Lipp dans ce carrosse de droite ? Mais vous tenez donc à me voir crucifié à la une du *Canard enchaîné* ? Quant à vous qui vous dites mon publicitaire, vous devriez avoir honte de rouler dans un symbole aussi dépassé. Venez donc avec moi, nous irons à mon déjeuner à pied, cela vous fera peut-être réfléchir. »

Mitterrand ne vous témoigne son affection qu'en vous enfermant dans vos contradictions. L'anecdote est légère mais il n'en fallait pas plus pour me faire réfléchir à bien des vanités dont je m'étais fait le VRP patenté. Il y aura bien d'autres remises au pas qui me rendront différent. Je dois à cet homme, comme à un second père, de m'avoir guéri de mes maux de jeunesse. Il était temps. Jeune prêtre aussi exalté qu'attendu d'une civilisation du futile, je ne serais peut-être jamais devenu adulte sans lui.

Comment ne pas lui rester à tout jamais attaché ?

Je me souviens de l'homme de lecture

Le Président nous avait conviés à Latche pour un week-end, Sophie, ma femme, Jacques Pilhan et moi. Le Président voulait travailler mais le farniente fut le principal invité. Je le vis ainsi dévorer trois livres en quarante-huit heures entre deux visites de bon voisinage et le rituel 5 à 7, dans le sous-bois des Landes à marche forcée. Nous repartîmes assez tôt le dimanche, le chef de l'État avait un dîner à l'Élysée.

L'hélicoptère de l'armée tournoyait dans le ciel, nous le guettions, bagages à la main, sur l'aire d'atterrissage, lorsque je vis notre hôte marcher vers la maison et en revenir un nouveau livre sous le bras. À peine installé, il plongea dans son roman pour n'en lever le nez qu'à Paris.

Entre-temps, nous avions fait un bord à bord sur un terrain militaire pour passer de l'hélico à un Mystère 20, sans que le chef de l'État interrompe sa lecture. Je ne pus m'empêcher de jeter un œil inquisiteur sur le titre. C'était *Le Rouge et le Noir*.
Et si l'éternelle jeunesse de ce vieux monsieur venait de cette intarissable soif de littérature ? Je ne le surprendrai jamais autrement qu'écrivant ou lisant, c'est dans cette implication littéraire permanente qu'il a puisé la force d'assumer sa tâche. Nos grands auteurs lui ont servi de conseillers particuliers.
Peut-on rêver meilleure assistance ?
Mitterrand, avant d'être fils de Jaurès, sera fils de Proust. Mauriac l'a d'ailleurs croqué mieux que personne : « Il a été un garçon chrétien pareil à nous, dans une province. Il a été un enfant barrésien souffrant jusqu'à serrer les poings du désir de dominer la vie. Il a choisi de tout sacrifier à cette domination. Il aurait pu être un écrivain, raconter des histoires au lieu de vivre des histoires. Il a choisi de les vivre. »

Je me souviens de l'homme d'attention

Lorsqu'en 80 François Mitterrand me demanda de le conseiller, je me précipitai avant de m'engager chez l'un des directeurs de Citroën, mon premier client, pour avoir son imprimatur.
Georges Falconnet est, comme le dirait le *Reader's Digest*, « le patron le plus extraordinaire que j'ai rencontré ». Il me conseilla le job :
« C'est un honneur pour moi, me dit-il malicieux, que de voir François Mitterrand m'emprunter mon publicitaire. Il confirme " mon bon choix " (c'était à l'époque le slogan de Valéry Giscard d'Estaing). Je ne lui demande qu'un paiement en retour, qu'il roule en Citroën puisqu'il trouve que notre publicité est si bien faite. »
Je revins tout décontenancé rue de Bièvre ; comment le

candidat de la gauche allait-il prendre cette invite ? Il ne parut même pas surpris : « Va pour une Citroën », répondit-il dans un demi-sourire.

Et nous allâmes.

Je fis préparer avec soin une CX spéciale et veillai à ce que son bénéficiaire soit le plus fréquemment vu avec elle. J'attendais anxieux l'heure de gloire et les flashes de l'élection. Le nouveau Président n'avait pas oublié, il était bien venu en Citroën à Château-Chinon. Hélas ! au moment de repartir, il se mit à furieusement pleuvoir, et malheur... l'essuie-glaces de la CX tomba en panne. François Mitterrand dut changer de monture et sauter dans une Renault salvatrice. Comble de l'horreur, *Paris-Match* était là. Trois jours plus tard, la photo accusatrice faisait la double centrale. Le ciel n'aimerait-il pas Citroën ?

Je me souviens de l'homme de charme

Sophie avait organisé, à la maison, un dîner parisien pour détendre le Président. Autour de la table, Catherine Deneuve, Isabelle Adjani et Roger Hanin. J'avais placé François Mitterrand entre Sophie et Catherine et pris auprès de moi la Présidente et Isabelle. Le hors-d'œuvre à peine servi, la reine Catherine ouvrit le feu, faisant assaut d'intelligence et de causticité. Le chef de l'État n'avait d'yeux que pour elle, je sentais Isabelle la peu catholique frémir à mes côtés. Soudain, avec cette naïveté féline qui fait sa beauté, elle reprit au vol une de ses phrases et, le regardant droit dans les yeux, le déshabilla de sa réponse.

De cet instant, l'empereur François ne frémit plus que pour la belle Isabelle, le reste de la table se tut, fasciné par la joute. Le Président eut soudain vingt ans, cherchant à briller, lui d'ordinaire si réservé, brassant humour, romantisme et culture dans un parfait marivaudage. La seule qui resta de marbre fut Deneuve, dans son regard glacé on sentait le dépit de s'être fait voler la vedette.

Hélas ! la réalité tire toujours très vite le chef de l'État par la manche. L'homme redevient Président, il se glace, reprend ses marques, son visage à nouveau se lisse, la fête est finie.

Je me souviens de l'homme de mémoire

J'ai eu la chance d'assister à une remise de Légion d'honneur présidentielle. Une double chance, c'était la mienne. J'avais maintes fois entendu narrer le numéro de haute volée, mais je n'imaginai pas qu'un septuagénaire puisse s'y livrer de la sorte. L'épreuve se passe dans le salon d'apparat de l'Élysée. On a beau jouer les blasés, les ors du pouvoir vous euphorisent toujours un peu. L'excitation est palpable : soudain l'assistance se fige, le Président arrive avec son heure habituelle de retard. Nous étions cinq ce jour-là, chacun entouré des siens, plus ému qu'il n'osait le montrer.

Et le spectacle commença : ce fut l'heure éblouissante. Arrivé à ma hauteur, François Mitterrand mit un point d'honneur à ne me décrire qu'à travers mes livres, citant quelques extraits de-ci de-là, sans perdre un mot du texte. N'omettant rien des dates de sortie, du nombre de parutions, des thèmes, des effets.

Il savait qu'en évoquant devant ma famille et mes amis l'auteur plutôt que le publicitaire, il me touchait à l'âme. Mais quelle concentration exigeait ce périlleux exercice de mémoire. Qu'il se remémore des moments de vie que nous avions partagés soit, mais qu'il aille fouiller entre les lignes de mes écrits pour en réciter certains passages, quelle performance.

Le chef de l'État est là, sans note, consacrant dix à quinze minutes à chaque panégyrique. L'incroyable est qu'il ne faillit pas une seule fois. Il n'oublie rien, ni les dates qui ont forgé votre vie, ni les lieux qui l'ont habitée, ni les succès, ni les fiascos, comme s'il avait vécu pas à pas l'existence de chacun de ces inconnus qu'il décore.

J'oserai plus tard lui demander pourquoi se livrer ainsi chaque mois à un tel effort, sa réponse fusa :

« C'est ma culture physique des neurones ; la mémoire est comme un muscle, elle nécessite de l'entraînement et nous lui portons moins d'attention qu'à nos biceps ou à nos dorsaux. Dommage, elle est autrement plus utile. »

Je me souviens de l'homme de labeur

J'ai toujours été fasciné par la puissance de travail de cet homme. Plus épicurien que stakhanoviste, il est comme tous les grands dilettantes, capable, lorsque la tâche l'anime, de la plus permanente application. Sa force est de ne s'être jamais pris pour un super P-DG de la France, mais d'agir en modeste patron de PME, surveillant chacun de ses ouvriers, mettant la main à la pâte, contrôlant chaque entrée ou sortie.

« Séguéla, m'a-t-il repris un jour où je me plaignais de trop de charge, vous ne savez pas vraiment, vous, dans le privé, ce que travailler veut dire. Le premier septennat, je ne me suis pas absenté une journée de mon bureau, mis à part mes voyages ou obligations officielles. Et en politique, il n'y a ni samedi, ni dimanche. Bien au contraire, ce sont souvent les week-ends qui sont pour nous les plus actifs. Quant à mes vacances annuelles, elles n'ont jamais dépassé deux semaines. La présidence c'est un vrai travail à temps plein, dix à douze heures par jour, pratiquement tous les jours. »

J'ai connu des bourreaux de travail dans ma vie mais aucun à son échelle. Certes il avance à son pas, la décision brusquée chez lui n'existe pas. Avant de prendre un parti qui reste toujours solitaire, il s'enquiert des avis des uns comme des autres qu'il n'accepte que lorsqu'ils sont écrits. Concision et réflexion sont de rigueur, toute note de plus de deux feuillets est considérée comme une insulte. Je n'ai jamais approché d'homme qui détienne à ce point cette arme absolue qu'est la densité.

Son art de la politique est de gérer mieux que quiconque le rapport du temps au temps. Aussi avance-t-il toujours en contre, divisant ses ennemis et même ses amis pour mieux régner, perçant vos plus profonds désirs, détectant vos ambitions, avec la même sûreté qu'il sonde en permanence l'opinion et anticipe chaque vibration de son peuple. Il sait tout de chacun et de tout ; dès lors il organise son action en surfant sur les vagues de vos passions qu'il a savamment déchiffrées.

Quelle somme d'énergie, de tension, de sourires forcés, de sinistres bouquets, de discours répétés, d'interviews manigancées, faut-il donc brasser de nos jours pour mériter la mémoire d'un peuple ? Hier la légende s'achetait à coups de victoire sur les champs de bataille. Aujourd'hui elle se conquiert en heure de retransmissions télévisées. Comment s'en plaindre, malgré l'inanité du phénomène, mieux vaut la pub que la guerre.

Je me souviens de l'homme rieur

C'était une soirée sans façon ; autour de la table : Philippe Labro, Marcel Jullian, Jean-Loup Dabadie. Le Président arriva en bon dernier. Est-ce pour se faire pardonner ?, il se mit sans préambule à raconter une histoire drôle. On l'imagine mal dans ce rôle de « grosse tête » et pourtant son répertoire ferait pâlir Philippe Bouvard. Ne voulant pas être en reste, Marcel Jullian y alla de la sienne. Labro puis Dabadie enchaînèrent, le repas se transforma en pot-pourri de blagues belges, citations de Dac, Desproges ou Coluche, mots d'auteurs sans omettre les quelques gauloiseries inhérentes au genre.

Je surpris plusieurs fois l'homme à la rose en larmes, étouffant ses crises de rire dans sa serviette, relançant sans cesse le jeu, comme pour exorciser en une nuit l'accumulation des soucis de sa charge. Je ne l'ai jamais connu plus détendu que lors de ce « bœuf » inattendu. Certes chez lui l'humour est à chaque coin de phrase mais c'est celui du sourire, jamais du rire. Comme si sa fonction était trop sérieuse pour autoriser le moindre manque de sérieux.

Comment ne pas avouer que j'aime profondément cet homme ? J'ai toujours été prêt à tout lâcher pour lui. Le discernement n'est pas le fort des mitterrandolâtres primaires.

Je l'aime pour lui, pas pour son image et ce livre vous dira combien elle est injuste dans l'excès d'honneur comme dans l'excès d'opprobre. À force d'être ciselée, elle devient si diaphane, si précieuse, si ouvragée qu'elle me glace plutôt. Je ne demande rien à mon Président. Je l'aime pour ses faiblesses autant que pour ses qualités. Je ne le remercierai jamais assez de cette influence qu'il a sur chacun de mes actes où qu'il soit, où que je sois. Je suis ainsi, j'ai besoin de pétrir mon activité de l'admiration que je porte.

Il me reste une seule incertitude : ai-je été un peu aimé de cet homme ? Je sais que sur ce point il ne se découvre pas, ce n'est pas sa nature. Il avoue facilement l'amitié jusqu'à la préférer à la morale, mais jamais son affection, et moins encore à son publicitaire, qu'au fond de lui il accuse de lui voler un peu de sa magie. Peut-être est-ce pour cela qu'il est l'un des hommes de ma vie ?

Quant au Président, par quelle porte entrera-t-il dans l'histoire ? Ces quelques pages sont écrites pour vous servir de guide. Pour ma part, la course fut fascinante, harassante, bouleversante, mais terriblement quotidienne. Au point de me poser la question : les vrais héros sont-ils les hommes politiques ? Qui était Président, déjà, sous Picasso ?

1980
L'ANNÉE PUCELLE

Cette année 81 qui marquera ma vie, je l'ai commencée avec six mois d'avance. Tout débuta en juillet de l'année précédente. J'avais écrit aux trois adversaires pressentis, Giscard d'Estaing, Chirac et Mitterrand. La lettre était la même : « Cette élection qui s'avance sera un choc médiatique tout autant que politique. J'ai beaucoup étudié les campagnes américaines et anglaises. Les Anglo-Saxons ont sur nous une avance considérable. J'ai mis au point une nouvelle méthode de communication, la marque personne, qui s'applique mieux encore aux personnes devenues marques. Je rêverais de mettre, en toute gratuité, ma réflexion et ma passion à votre service. » Bref, je proposai ma candidature aux candidats. Seul Mitterrand me répondit.

Brève rencontre

Je crois aux symboles. Pour notre rencontre, j'avais seulement une adresse de restaurant, près de la rue de Bièvre. Arrivé à l'endroit convenu, je levai les yeux et lus mon destin : le restaurant s'appelait Le Pactole.

Première surprise, François Mitterrand fut à l'heure. L'étonnement persista, je le trouvai beau, d'une beauté comme sculptée de l'intérieur. Où était la figure de cire qu'affichaient toutes les gazettes ? Et où se cachait sa froideur ? Certes le regard percutait, mais cet homme que la presse rendait si distant et si retenu pétillait de douceur et d'ouverture. Comment avait-il pu trahir à ce point son âme au travers des media ?

La publicité l'avait jusqu'alors profondément ennuyé, voire irrité. Mais il fut captivé par l'humanisation de la marque dont je lui parlais. Est-ce pour son respect absolu des hommes ou pour la possibilité, qu'il entrevit aussitôt, d'appliquer cette technique à l'art de gouverner ? Nous nous revîmes. Pour parler l'un de politique, l'autre de publicité. Je fus, et de loin, le moins bon élève. Lorsque le premier secrétaire du PS me présenta, sept mois plus tard, à son parti, il ne mâcha pas ses mots :

« Voici le meilleur publicitaire que je connaisse. Mais ce n'est pas un compliment, je n'en ai approché que deux ou trois. Voici surtout le plus mauvais homme politique que j'aie jamais rencontré. Et j'en ai fréquenté beaucoup. »

Le futur Président avait fait son choix, sa campagne serait médiatique et non politique. Aucun sondage, aucune étude ne dira jamais le poids de cette décision, mais, de ce jour, la communication politique en France ne sera plus jamais la même. J'ai déjà raconté cette campagne au fil de mes livres, mais comment aborder l'analyse médiatique des années Mitterrand sans rappeler ces mots ?

À la rentrée 80, François Mitterrand plafonnait à 36 % dans les sondages les plus favorables. Personne, des conseillers marketing, des politologues, des éditorialistes ne mettait en doute la réélection giscardienne. Et pourtant... Dès ce 1er octobre, le candidat de la gauche était déjà Président.

Les hommes publics ont le regard fixé sur les baromètres, ils ne sont que le thermomètre d'une élection. Le problème n'est pas d'évaluer la fièvre électorale du patient, à un an ou six mois du vote, mais de diagnostiquer ses faiblesses, ses forces afin de soigner les unes et de dynamiser les autres. Seul traitement, ausculter l'âme des Français. Étrangement, quinze ans plus tard, nos analystes de tout bord sont toujours aussi fascinés par ces facétieux pourcentages. Qu'ils s'égarent régulièrement — et nous l'avons revécu lors de la dernière élection européenne — ne semblent pas les troubler. La sondagite est devenue un mal endémique.

Deuxième fausse croyance : s'imaginer la publicité faiseuse de Président. J'ai, dès 81, répété jusqu'à l'ennui que je n'avais pas fait élire Mitterrand, mais qu'il m'avait sacré « Fils de Pub ». D'ailleurs, s'il suffisait d'une affiche pour devenir Président, mégalo comme je l'étais à cette époque, c'est mon visage que j'aurais mis sur les murs.

Depuis, j'ai commis une bonne douzaine de campagnes présidentielles à travers le monde et j'ai eu la chance de voir plus souvent mes annonceurs triompher que mordre la poussière. Je peux vous donner ma recette, elle est lapalicienne : pour gagner, il suffit de choisir le candidat qui gagnera. Six à huit mois plus tôt, les dés sont jetés et les jeux faits. Dès lors, le seul mérite d'un communicant est de ne pas se tromper de champion. Il lui suffira d'orienter les flashes de l'actualité sur les valeurs « porteuses » de son candidat tout en mettant en lumière les points faibles de son opposant. Que font d'autre les boxeurs sur un ring ? L'art politique partage avec le noble art le sens du pousse-à-la-faute. Vous ne gagnez jamais un match, c'est toujours votre adversaire qui le perd.

L'élu de Mai 68

L'agence se mit au travail. Le principe de départ fut simple : l'électeur et le consommateur sont l'unique et même personne. Nous appliquâmes donc nos études de marché à la politique.

Le Gaulois, cuvée 80, pouvait se classer en trois types majeurs.

Premier spécimen : l'engagé (20 % environ de l'électorat).

C'est l'homme de l'idéologie. Révolté, il refuse d'analyser l'évolution de sa société, préférant la condamner sans procès et la changer. Affinité de base, Georges Marchais.

Deuxième spécimen : le craintif (33 %). Grand nostalgique des riches années 60, il est épris d'ordre et de sécurité. Plaçant l'estime et l'argent au sommet de son hit-parade personnel des valeurs, il relègue en queue les aspirations, le plaisir et l'épanouissement, c'est l'homme de l'avoir. Filiation, Giscard.

Dernier spécimen : le personnaliste (42 %). Oublieux du passé, peu soucieux du désordre, il est, contrairement à l'engagé, tout attaché à comprendre l'évolution du monde dans lequel il vit. À l'opposé du craintif, il a le goût de l'ouverture, de l'autonomie, du dynamisme. Bref, du changement. Nouveauté : ce dernier type était majoritaire et n'avait pas encore choisi son chantre.

Ainsi, dès septembre 80, on pouvait lire entre les lignes de l'ordinateur que Giscard avait perdu la majorité, mais que cette dernière ne lui avait pas encore trouvé de remplaçant. Qui m'expliquera comment un Président qui possède tous les conseillers de la terre, accède à toutes les banques de données et dispose de toutes les analyses peut ignorer une telle situation ? De la fréquentation des hommes de pouvoir, j'apprendrai que le syndrome de la tour d'ivoire est incurable.

Sept années de règne, inexorablement marquées par l'esprit de cour de l'entourage de tout régnant, finissent par avoir raison de son équilibre. François Mitterrand n'y échappera pas à son tour mais le mal ne le gagnera qu'au deuxième septennat.

Connaissez-vous cette fable ? Un homme est poursuivi par un tigre. Se sentant perdu, il a soudain une idée : il se met à chanter. Le fauve s'arrête et l'écoute. Bientôt toute la faune alentour se joint au spectacle. Le roi de la forêt, le vieux lion, fend la foule, se met au premier rang, regarde le baryton, et le croque.

« Pourquoi, pourquoi, hurle la masse des animaux ?
— Comment ? » s'indigne le vieux lion en tendant l'oreille.
Aussitôt la meute des animaux en colère se jette sur le roi et le dévore.
Rien n'est pire pour un chef que de ne plus entendre ce qui captive son peuple.
Pour moi, simple mortel, cette découverte fut bouleversante. Je compris ce jour-là que la France avait changé. La génération de 68, devenue majorité sociologique, portait toujours en elle ses attentes inassouvies ; ayant changé, elle allait exiger le changement. Donc nous allions changer de Président. Au lieu d'assumer cette mutation d'un peuple, tout le monde s'est accordé à dire que c'est François Mitterrand qui avait changé.
Une élection n'est jamais que la rencontre du destin d'un homme et de l'attente d'une nation. Que le candidat par sa légende, ses actes, ses convictions soit l'authentique porteur de cette attente et il est Président. Tout faux-semblant, tout faux-parlant est aussitôt démasqué. Le grand progrès de notre civilisation libertaire est qu'elle a, par nécessité d'un contrepoison, développé la phobie de la manipulation. L'électeur, qui se protège, protège ainsi la démocratie.

L'homme qui plaît et l'homme qui veut

Jacques Pilhan, alors le spécialiste du marketing d'opinion de l'agence, entra en lice. Jacques est à la réflexion ce que Woody Allen est au cinéma : l'intelligence, sans intellectualisme. Sa démarche fut simple : établir la carte socioculturelle de cette nouvelle France qui naissait dans l'apathie générale et placer sur cette grille des attentes les quatre marques en présence : Giscard, Chirac, Marchais, Mitterrand. Ce fut la première tentative de ce genre en marketing politique. Cet IRM des déceptions et des désirs des électeurs nous permit d'établir la liste des qualités et défauts du Président en exercice et du Président en puissance.

Le diagnostic allait être brutal : le Président sortant est intelligent, mais son excès d'habileté tourne à la manipulation. Il est séducteur, mais au détriment du respect de ses promesses : où est le changement annoncé en 74 ? Il est bien élevé, mais hautain. Il est celui auquel la fortune a souri, mais que l'on n'arrive pas à aimer. Il est mondain, élégant, raffiné, mais coupé du peuple. Il est volontiers visionnaire, mais ses songes sont creux. Il est cultivé, mais en technocrate. Ses courbes et ses calculs le tiennent éloigné des réalités quotidiennes. En un mot, il est l'homme qui plaît.

Face à lui, nous allons opposer l'homme qui veut. On ne connaissait de François Mitterrand que la fausse image renvoyée par les miroirs déformants de la politique. Nous le montrerons enfin tel qu'en lui-même.

On le dit vieux, il sera sage. Il a réglé le conflit plaisir-réalité, base inconsciente de l'opposition gauche-droite. Il n'a plus l'âge des ambitions personnelles. Il est serein, riche de sa paix intérieure. On le dit intellectuel, il sera réaliste, ami du bon sens, proche des gens, de leur quotidien. Il a pour lui l'expérience. D'ailleurs, les faits ne lui donnent-ils pas le plus souvent raison ?

On le dit perdant, il sera tenace. Son discours est inchangé depuis 1965 et il fera du PS, contre vents et marées, le premier parti de France.

On le dit tacticien, il sera vrai. Par nature non partisan, il annoncera les sacrifices indispensables à l'état de crise. Il écoutera et, avant tout, cherchera à comprendre. Il redistribuera les cartes politiques en fonction des aspirations réelles des citoyens.

Je préparai pour mon candidat une petite fiche qui rappelait sur deux colonnes ses faiblesses, dont il devait faire des forces, et les failles de son protagoniste. Je fis plastifier le tout, ainsi l'homme à la rose put-il laisser traîner le pense-bête dans sa poche et le relire pour se fixer sur l'essentiel avant chaque interview ou débat. Une check-list médiatique à l'image de celle des commandants de bord avant tout décollage.

Le sociologique chasse le politique

Fort de ce brief sociologique et non, comme à l'accoutumée, politique, je pus appliquer à la lettre ma méthode de la marque personne. Dans un premier temps, elle consiste à définir pour chaque produit ce que j'appelle son physique, ce qu'il fait, en l'occurrence, pour un homme politique, un programme. Puis il convient de définir son caractère, ce qu'il est, sa personnalité profonde. Enfin son style, ce qu'il doit paraître pour être. Jamais stratégie ne fut plus simple à définir. Physique : ce que fera Mitterrand, le changement tranquille. Caractère : ce qu'est Mitterrand, l'homme tranquille. Restait le style. Il me laissait plus d'ouverture. Je m'agitais dans toutes les directions, oubliant presque la première règle de la publicité : trouver un trait d'union graphique élémentaire et fort qui cimente les éléments de la campagne. Seul un langage spécifique pouvait, l'élection gagnée, soutenir isolément chaque député socialiste dans la bataille législative qui s'ensuivrait. Rien ne sert d'aller par quatre chemins pour symboliser une nation. Les couleurs de son drapeau suffisent. Le style serait donc tricolore. Tricolore et serein. Pour traduire le changement tranquille d'un homme tranquille, il nous fallait l'image d'une France tranquille. De là à tirer la Force Tranquille, il n'y eut qu'un pas, vite franchi.

Je me précipitai chez mon annonceur.

Je le sentis fléchir et cependant rester anxieux. Soudain, il s'ouvrit :

« Séguéla, me dit-il presque paternellement, cette affiche engage beaucoup d'argent, qui n'est pas le mien, et porte les espoirs de millions de Français et de Françaises, que je n'ai pas le droit de décevoir. Oubliez toute vanité d'auteur, toute susceptibilité de vendeur, nous sommes entre nous : si vous étiez à ma place, est-ce le choix que vous feriez ? »

Il est des moments où une seule question vous met à nu. Plus que je ne répondis, je m'entendis répondre :

« Je ne sais pas, Monsieur le Président. Je sais seulement que c'est la meilleure que je puisse faire.

— Dans ce cas, faites. »

Six mois durant, six jours sur sept, Mitterrand allait donc se préparer « en professionnel » au vote des Français. Seul le mercredi était un jour chômé. N'étant pas encore dans toutes les confidences, j'osai demander à son entourage pourquoi cette absence si rythmée du candidat. Je compris aux sourires entendus que, le mercredi, le futur Président était aux champs. Et il en fut ainsi jusqu'au jour de l'élection.

Je sus alors, avant même qu'il ne soit affiché, combien le slogan de la Force Tranquille collait à mon héros.

1981
L'ANNÉE FOLLE

Je n'oublierai jamais ce 1er janvier 1981. François Mitterrand est à Latche, je suis à l'agence, préparant fébrilement la campagne. Jean-Marc Lech, le patron d'Ipsos, l'un des instituts de sondage les plus réputés, m'appelle. Pour la première fois, le candidat devient Président ; Mitterrand : 50,5 ; Giscard : 49,5. C'est à peine croyable, il n'y a pas six mois, la cote était à 34 contre 66. Je téléphone aussitôt dans les Landes. J'exulte, Mitterrand me calme d'un mot : « Sondage rime avec mirage. Tout reste à faire. Travaillez, Séguéla, travaillez. »

Le 24 janvier, le congrès de Créteil désigne officiellement son candidat. Mitterrand s'impose avec 83 % des voix des militants. La chose était entendue depuis novembre 80, mais en septembre elle paraissait impossible. Je m'en étais alors inquiété :

« Après quoi courons-nous, Monsieur, votre cote paresse à 36 %, Rocard pavoise à plus de 50, comment pouvez-vous espérer être le choix du PS ?

— Ne vous laissez pas intoxiquer par la sondagite, le mal est contagieux. Il me suffira d'un week-end pour régler ce problème. Rocard c'est rien. »

Le mot me fit mal.

Faut-il donc tant de cruauté pour faire son chemin dans le métier politique ?

Première affiche, premier bide

Avec Jacques Pilhan et Gérard Colé qui nous a rejoints, nous commettons notre première affiche sur fond bleu, blanc, rose; François Mitterrand apparaît sur les murs de France entouré des hommes qui demain seront les principaux ministres. L'intention était belle, mais la réalisation fut d'une laideur repoussante. Une prise de vue figée et une photogravure hâtive avaient transformé ma photo officielle en reproduction du musée Grévin. Au parti, ce fut la curée. Mais Mitterrand tint bon. Sa confiance donnée est une confiance acquise. Il calma ses troupes d'une réplique :

« Séguéla est un professionnel. Sa deuxième prestation sera réussie. Si nous changeons de publicitaire, nous prenons à nouveau tous les risques. »

La session de repêchage eut lieu fin janvier. Je présentai ma deuxième affiche. Le premier secrétaire du parti m'avait laissé seul dans la cage aux fauves. Ils étaient une vingtaine, aucun des dignitaires ne manquait à l'appel. C'était la première fois que je pénétrais rue de Solférino, je n'avais donc commis aucun lobbying préparatoire. Mal m'en avait pris. À peine avais-je exposé notre stratégie de campagne et dévoilé pour la première fois ma Force Tranquille que l'orage se déchaîna. Les vagues de l'affiche de cire n'étant même pas apaisées, chacun déchiqueta la suite à belles dents. Je ne trouvai pas une bonne âme pour me suivre, ni Fabius, ni Joxe, ni Bérégovoy, ni Hanin, ni aucun autre. Pour apaiser les esprits, Quilès, directeur de la campagne, proposa un vote. Il fut unanime. Sur ces entrefaites survint Mitterrand.

« Alors Séguéla, comment vont les choses ?

— Monsieur, plutôt mal, balbutiai-je, vos amis ont voté, c'est 20 voix contre.

— Bien, bien, sourit le candidat, comme s'il s'était attendu à la décision de ses barons, mais il manque un vote,

le mien, et moi je vote pour. Et comme nous sommes en démocratie, ma voix vous suffira. Après tout ce n'est que de moi et d'aucun autre qu'il s'agit sur cette affiche. »
Je ne pouvais connaître plus détestable entrée dans l'establishment socialiste. Je n'y serai d'ailleurs jamais reçu.

Le 2 février, la France a définitivement viré à gauche : selon la Sofres, 42 % des Français l'avouent, c'est une première. 31 % se réclament de droite, 20 % refusent de se classer. Ce sont ces indécis qui peuvent nous faire élire, ils vont devenir notre cible unique. Une élection se gagne à la frange, en convainquant plus d'hésitants que son adversaire. Ainsi, toute campagne d'un candidat de gauche se doit d'opter pour un ton conservateur, et vice-versa. La Force Tranquille, avec son arrière-fond de clocheton, son ciel nationaliste et le regard serein de son héros, avait des relents de pétainisme. Le titre était viril et académique, le visuel volontairement passéiste, rassurant et un tantinet réac : une belle affiche de droite !

Nous avons conseillé à notre candidat tranquille un long voyage en Chine. En période électorale, il vaut mieux fuir la presse et sa pression, l'entourage et les commérages. Reçu par Deng Xiaoping, François Mitterrand ne mâchera pas ses mots : « La victoire est inéluctable (...), la droite est dans l'impasse et si Giscard d'Estaing est réélu, le pays connaîtra des années tristes et désabusées. »

La formule fera mouche à Paris. Pour la première fois, Giscard tressaille sur son trône.

À gauche toute

Le 10 avril est la semaine des derniers sondages, François Mitterrand m'enseignera que les seuls qui soient fiables sont les résultats du premier tour. « À 26, me confiera-t-il, j'ai partie gagnée. » Normal : une présidentielle est une vague qui monte lentement puis enfle jusqu'aux rivages des urnes. À moins que le surfeur ne perde un moment l'équilibre, prendre la bonne vague au bon moment est signe de victoire.

Giscard accuse 27 % ; neuf mois plus tôt, il était à 35 %. Mitterrand vogue à 24 %, il était à 20 %. Marchais est dans le sillage à 18 %. La gauche a du vent dans les voiles.

Sur le terrain, nous ciblons les interventions : rencontres avec les groupes professionnels, les élus locaux, les femmes, les jeunes, les personnes âgées. Aux harangues globalisantes de la droite, la gauche oppose un discours spécifique. Ce fut peut-être la plus surprenante volte-face du PS. Jusqu'à cette élection, il avait affectionné les grands rassemblements de foule, le RPR et l'UDF préférant les réunions de groupe. Et voici que, à contre-courant, le Président sortant s'adresse, porte de Pantin, à des milliers de jeunes tandis que le futur Président, lui, en rencontre quelques dizaines mais passe toute la journée avec eux, confiant aux mass media le soin de relayer son propos.

La Force Tranquille allait ainsi son chemin centrifuge. Pourtant Mitterrand et sa garde rapprochée doutaient toujours. Mais le doute a toujours été la drogue de Mitterrand. Il se shoote au stress.

L'inquiétude l'euphorise. Le 2 mai, dans les colonnes du *Point*, il s'envole et place la barre près des nuages :

« Je propose aux Français d'être avec moi les inventeurs d'une culture, d'un art de vivre, bref d'un modèle de civilisation. »

Le combat de coqs

Le calendrier est le sablier d'une élection, il rythme inexorablement l'écoulement des votes. Le premier tour sonna le 26 avril. Et le son de cloche eut un avant-goût de victoire. Le « sortant » (28,31 %) ne devançait le « rentrant » (25,84 %) que de 715 000 voix, Chirac plafonnait à

18, Marchais chutait à 15. La pièce était jouée ou presque, restait le dénouement. Chaque tragédie a son traître. Sinon comment finirait-elle ? Dès le lendemain, le soutien façon « corde du pendu » du maire de Paris à son candidat-président signera la déroute. Merci la droite.

À bout de ressources, Valéry lança à François un ultime défi : le troisième et dernier duel des deux grands seigneurs de la politique française. Il fut fixé au 5 mai. Cruel jeu de cirque médiatique où la foule s'agglutine par écran interposé dans une même curiosité malsaine pour voir l'un des deux gladiateurs terrasser l'autre. Rome est dans Rome, en cet instant un peu grotesque. Nos Présidents n'ont pas à être les acteurs-catcheurs de leur politique, et moins encore des showmen. Comment l'électeur pourrait-il décemment engager en soixante minutes une décision qui le tiendra sept ans ? Elle est dérisoire cette course de haies qui se fait course de haine, sans jamais être course de fond.

Contrairement aux rumeurs malignes, il n'y eut jamais de training vidéo, ni de cours de télégénie. Je donnai à François Mitterrand une recette simple : face à cet œil électronique qui vous glace, le plus sûr moyen d'être nature est de laisser parler ses mains. De ce jour, la télégénie mitterrandienne se libéra.

« Vous êtes l'homme du passé », lance à fleuret moucheté Giscard. Erreur de botte, la contre-attaque était prête :

« Vous êtes l'homme du passif », reprend Mitterrand et touche.

La partie était jouée. D'autant que la supériorité fut aussi télégénique. Le Mitterrand mal rasé, aux canines agressives, au complet engoncé, aux yeux papillotants a laissé place à un homme neuf, au sourire amusé, au costume chaud, au regard serein. Nous avons recommandé au challenger d'imposer sa lumière. Serge Moati s'en chargea. Les tics visuels de Mitterrand, qui défiguraient sa pensée, n'étaient en fait que des réactions à l'excès d'éclairage. En tamisant le studio, le réalisateur lui donnera un autre visage et donc une autre crédibilité. Quant à la denture et à l'habillement, ils n'avaient demandé en début de campagne que deux heures chez un bon dentiste et deux heures chez un jeune créateur, Marcel Lassance. Que d'encre bête on verra se déverser sur ces deux gestes, pourtant si élémentaires pour tout homme public ! N'en déplaise aux grincheux, l'habit fera toujours un peu le moine et il est affaire de tailleur, non de publicitaire.

Chronique d'un jour ordinaire

Enfin le jour vint. Le 10 mai, 31 millions de Français font leur choix : Mitterrand 51,75 %, Giscard d'Estaing 48,25 %. De la mairie de Château-Chinon, le Président prononce sa première allocution. Après tant de fracas oratoires, le calme est enfin de rigueur :
« La victoire est d'abord celle des forces de la jeunesse (...), du travail (...), de la création (...), du renouveau (...). À tous je dois l'honneur et la charge des responsabilités qui m'incombent. Je ne distingue pas entre eux, ils sont notre peuple et rien d'autre (...). C'est à l'histoire qu'il appartiendra maintenant de juger chacun de nos actes (...). Nous avons tant à faire ensemble et tant à dire aussi. »
Que de desseins en si peu de mots ! Le septennat se dessine en quelques lignes. La jeunesse de SOS Racisme va trouver ses marques et l'énergie créative de Jack Lang prendre date. Bref, le renouveau va saisir le pouvoir. À la Bastille, sous la pluie, la foule scande « Mitterrand, du soleil ». Le public a le talent qu'on lui donne. En trois phrases, voici que vient de s'ouvrir l'aventure médiatique d'un homme d'État qui va bousculer tous les poncifs. Lui que l'on disait démodé, obscur, tortueux va inventer le nouveau langage politique. Sa force première sera de ne jamais lasser son public. Il ne cessera de renouveler son image, de relancer l'intérêt à son propos, de créer la surprise, de rebondir, et même parfois de se taire, restant à chaque instant maître du rythme. De

tontonphobie en tontonmania, les Français vont l'aduler ou le haïr et jusqu'à le nommer Dieu.

Le jour de gloire

La passation des pouvoirs est pour le 21 mai. Plus que le sacre du nouveau couronné, elle témoignera de la chute de l'ancien. Giscard, qui n'a décidément plus la main médiatique, va rater sa sortie. Après avoir chanté « Ne me quitte pas », il nous fait plein écran le coup de la chaise vide et abandonne son bureau, laissant trente secondes à l'écran son siège élyséen comme s'il était irremplaçable. Ce départ trop mis en scène prendra des allures de fuite à Varennes. Toujours en mauvaise veine, le Président déchu tiendra à quitter son regretté palais à pied pour mieux témoigner de son retour à la vie civile. Beau geste, mais il commettra l'erreur de l'annoncer la veille à la presse. Le public, informé de l'heure de la chute de son idole, aura l'indécence de se masser devant les grilles du palais et de huer. Certains iront jusqu'à cracher. L'indignité de la foule est sans limites. Giscard en restera aigri et Mitterrand, qui a toujours eu pour lui de l'estime, en sera tout aussi indigné.

Je vous paye mon billet qu'il quittera l'Élysée en voiture.

La vie continue, l'État ne porte pas le deuil de ses vaincus. Le jour même, le nouveau roi s'en ira chercher son sacre médiatique au Panthéon. Les annonceurs savent, lorsqu'ils mettent sur le marché de nouvelles marques, que le destin se joue le jour du lancement. Pourquoi en serait-il autrement le jour où un politique reçoit l'onction suprême ? François Mitterrand, à son habitude, tint à régler personnellement chaque détail de la représentation. Une pièce en quatre actes étrangement racinienne.

Premier acte : L'investiture.

Ici les mots pèsent leur poids d'histoire. C'est la première fois que François Mitterrand parle à son peuple en Président investi. La voix se casse :

« En ce jour où je prends possession de la plus haute charge, je pense à ces millions et ces millions de femmes et d'hommes, ferment de notre peuple, qui, deux siècles durant, dans la paix et la guerre, par le travail et par le sang, ont façonné l'Histoire de France sans y avoir accès autrement que par de brèves et glorieuses fractures de notre société. C'est en leur nom d'abord que je parle (...), il est dans la nature d'une grande nation de concevoir de grands desseins (...). Quelle plus haute exigence pour notre pays que de réaliser la nouvelle alliance du socialisme et de la liberté, quelle plus belle ambition que de l'offrir au monde de demain ? (...). Il n'y a eu qu'un vainqueur le 10 mai 81, c'est l'espoir (...). Président de tous les Français, je veux les rassembler pour les grandes causes qui nous attendent. »

Le style est donné. Il ne variera pas, lyrique jusqu'à l'utopie, passionné jusqu'à l'envolée. Sur une petite musique de France Unie, déjà lancée le soir de sa première élection, le Président trace ce qui deviendra le socialisme à la française.

Deuxième acte : « Coucou c'est moi » au Soldat inconnu.

Le nouvel hôte de l'Élysée fera ressortir des sous-sols une Citroën spéciale, allongée et découverte, qui dormait dans les parkings de la maison. Elle ne lui servira qu'une fois, pour cette lente remontée vers l'Arc de triomphe, debout dans cette voiture-carrosse qui laissera percer le monarque sous le républicain. Première faute médiatique, c'est lui et non Giscard qui aurait dû franchir à pied les grilles du palais. Une belle occasion ratée de transformer les Champs-Élysées en Roche de Solutré.

Troisième acte : L'Hôtel de Ville, tradition oblige.

Mitterrand, dans son premier match de Président contre Jacques Chirac, fera le break en parlant de « vieux face-à-face du roi et du prévôt ». Les rôles sont distribués. Ils ne changeront plus.

Quatrième acte : Le final, la cérémonie du Panthéon,

réglée par Jack Lang qui y fit ses débuts de maître de cérémonie des deux septennats.

La rose à la main sera déposée mais toujours renouvelée sur les tombes de Jean Moulin, Jean Jaurès et Victor Schœlcher l'anti-esclavagiste. Du grand art, même s'il frise le pompier. L'intelligentsia couinera, le public applaudira, il a toujours aimé les sacres. Son règne durant, l'homme à la rose saura ainsi resacraliser sa fonction tout en la chargeant d'une certaine symbolique de gauche.

Le déjeuner avait réuni à l'Élysée le ban et l'arrière-ban de la gauche pas encore caviar. Mauroy après Mitterrand tient la vedette, il sera le premier Premier ministre. Choix du juste parmi les justes, de celui qui commença à travailler à quatorze ans et ressemblait le plus à cette France de 81. Dix ans s'écouleront avant qu'un homme du peuple appelé Bérégovoy redevienne le premier.

Au café, pris dans les jardins, je croise Alain Bombard. Il va être nommé secrétaire d'État à l'Environnement.

« Donne-moi l'idée d'un combat médiatique », me lance-t-il.

Sans y réfléchir, j'improvise :

« Interdis donc la chasse à courre. Comment être socialiste et accepter encore une telle mascarade seigneuriale ? »

Le bougre me prendra au mot et y perdra son maroquin. Glorieux aventurier à la dérive dans un monde politique qui n'était pas le sien, il jouera le naufragé volontaire de ce gouvernement provisoire. Et moi le débile de service. J'aurais dû me souvenir des préceptes de Pierre Dac : « Rien ne sert de penser, il faut réfléchir avant. » Toucher au chasseur c'est toucher à l'électeur.

« Moi, j'aime bien l'Élysée »

Le lendemain, je suis le premier rendez-vous du Président. Je viens, une élection chassant l'autre, lui présenter les affiches des législatives. Le chef de l'État est guilleret malgré son épuisante journée, il me propose : « Séguéla, voulez-vous visiter l'Élysée ? »

Et nous voici arpentant, tous les deux, les couloirs légendaires. Quelle déception ! L'état des lieux est consternant. Hormis les quatre bureaux princiers du premier étage, ce ne sont qu'enfilades de cellules de moines aux murs lézardés, aux moquettes souillées, aux peintures fanées. La place ressemble plus à un vieux palais sicilien décati qu'à un palais présidentiel. Détail final, pas une prise TV à l'étage. Pour visionner un spot, il nous faudra nous replier en fond de cour dans le bureau de Salzmann, le centaure des études. Ne sachant me contenir, j'explose :

« Monsieur, vous avez, au soir même de votre élection, promis d'être le Président de la jeunesse et de la liberté. Vous ne pouvez installer votre QG en de tels lieux hors de notre temps. Pourquoi ne construiriez-vous pas l'Élysée de l'an 2000 ? Un building de verre et d'ordi, d'acier et de vidéo, témoin de votre société de communication naissante ? »

Mitterrand me remettra à ma place d'un sourire.

« Calmez-vous, Séguéla. Moi j'aime bien l'Élysée. »

Je prendrai la phrase au premier degré, imaginant sa jubilation intérieure à l'idée d'occuper un tel lieu après quarante années de lutte. Mais l'intention du Président était ailleurs. Il me l'expliquera plus tard. Le pouvoir n'est rien sans ses ors et ses fastes. Comment affirmer son autorité sans la légende des lieux, comment perpétuer le rêve sans les dorures de l'histoire ?

Premier faux pas

L'allégresse ira son chemin. Le premier faux pas arrivera dix jours plus tard, le 5 juin, pour la visite officielle du Salon du Bourget. Sur un malentendu, les avions de combat en démonstration ont été désarmés pour la journée. La presse lâche aussitôt ses chiens et taxe d'hypocrisie le Président d'un pays marchand d'armes grimé en pacifiste d'opérette. Le jeu du pouvoir est de rattraper au plus vite ses fautes médiatiques, que l'on en soit responsable ou non. Quatre jours plus tard, en visite à Montélimar, François Mitterrand tâche d'effacer le ratage du Bourget. Il lance un vibrant appel au vote à gauche :

« La France doit pouvoir entendre universellement pour sa paix et pour la paix du monde ce message de liberté et d'espérance, de force et de tranquillité que sera l'élection prochaine. Puisque l'occasion lui en sera donnée, je souhaite que le pays m'en donne les moyens (...) et qu'il sanctionne les 14 et 21 juin la politique de l'échec comme il l'a fait le 10 mai. »

La presse n'a pas été prévue. Les télévisions sont absentes ou presque. Les retombées se limiteront à quelques extraits. Le communicant débutant comprendra là qu'il ne sert à rien d'émettre si les micros n'ont pas été mis en place. Communiquer sans plan media, c'est parler pour ne rien dire. On ne l'y reprendra plus. 21 juin : le raz de marée législatif s'enchaîne à la vague du 10 mai. 285 sièges, 39 au-delà de la majorité absolue. La Chambre rose est en place.

Première séduction

24 juin : le premier Conseil officialise l'entrée de ministres communistes au gouvernement. À la sortie, sur le perron de l'Élysée, l'un d'eux, Rigout, fait se retourner en chœur ses trois autres coreligionnaires. La photo fera le tour du monde et glacera quelques milliers d'hectolitres de sang libéral.

Et d'abord celui de Reagan. La presse américaine aussitôt s'enflamme, mais le nouveau Président français éteindra l'incendie d'une boutade spontanée, aussi gaullienne que gauloise :

« Reagan éternue, et après ? Je ne vais pas aussitôt mettre

le doigt sur la couture du pantalon. Je ne me suis pas posé la question de savoir si ma décision d'appeler des communistes répondait au désir de tel ou tel pays et je ne me la poserai pas. La réaction des Américains c'est la leur, la décision c'est la mienne. »

L'improvisation paye parfois plus que tous les discours mûrement préparés. Mitterrand saura en jouer, pertinent connaisseur de lui-même, il estimera toujours le moment où il peut laisser parler son instinct et celui où il ne faut rien lâcher de ses sentiments.

Premier été rose

François Mitterrand est privé de vacances. Il va consacrer son mois d'août à rassurer. Rassurer les États-Unis, toujours inquiets du péril communiste français. À ce niveau d'incompréhension, les mots ne suffisent plus. Il faut des preuves. Le chef de l'État choisit son premier sommet des Sept pour révéler à Reagan l'existence de l'agent Farewell, l'un des plus grands espions occidentaux de l'après-guerre. Touché.

Le 3 août, il peaufine son image américaine en recevant Kissinger à Latche. L'entretien télévisé, retransmis par les networks américains, a lieu dans sa bibliothèque de campagne, une pièce étonnante recouverte de la collection complète du Livre de Poche. Dear Henry et avec lui l'Amérique seront séduits par la culture abyssale de leur hôte, et pourtant ils n'aborderont ensemble que les sujets de politique extérieure. Pas une seule envolée littéraire. La télévision est ainsi faite : le décor tient lieu de discours.

Les Américains ont repris confiance dans le Président de la France. Hélas, la haute finance, la haute administration et les milieux d'affaires français ne s'en laisseront pas conter aussi aisément. On ne gouverne pas un pays sans ses patrons.

Pour tarder à l'admettre, le chef de l'État va se heurter à

un mur. Déjà le peuple doute de lui, 76 % sont satisfaits des mesures sociales adoptées, 53 % favorables aux nationalisations, mais il n'en est que 29 % pour juger la gauche capable de réduire le chômage.

Mitterrand pressent le danger et réunit les ministres fin août pour leur donner une brève leçon de communication offensive :

« Vos discours sont trop narratifs et pas assez dynamiques, ripostez aux reproches de flou que nous font la presse et l'opposition. Sachez que, état de grâce ou pas, nous ne gagnerons pas la confiance de ceux qui nous l'ont refusée en perdant celle de ceux qui nous l'ont donnée. »

Et d'illustrer par l'exemple en proclamant quelques semaines plus tard :

« Je fais par les nationalisations ce que le général de Gaulle a fait en matière de stratégie nucléaire : je dote la France de la force de frappe économique. »

Curieux yo-yo politique que ce bal de nos grandes entreprises. L'État les rachète avec notre argent pour nous revendre ce qui nous appartient en le privatisant dès le premier changement de pouvoir. C'est l'éternelle histoire juive.

« Qu'est-ce que tu fais toi comme métier ?

— Oh ! moi tu sais, j'achète, je vends, j'achète, je vends, j'achète, je vends. »

Première rentrée

Septembre, c'est la rentrée. La France attend son nouveau gouvernement au tournant. L'état de grâce bat son plein, mais le ver est dans le fruit. Mitterrand le sent-il ? Il va faire feu de tout bois médiatique.

Le 1er septembre, à l'Unesco, il relance d'un slogan son combat contre la misère des peuples :

« Aider le tiers monde, c'est s'aider soi-même à sortir de la crise. »

Le 2 se décident les modalités des nationalisations, l'affaire est brûlante. Le Président a l'idée de déplacer son Conseil des ministres à Rambouillet. La presse est là, nerveuse. Elle n'aura à se mettre sous la dent que les images bucoliques d'une balade Mitterrand-Mauroy dans le parc avec le labrador présidentiel, ou celle d'une Édith Cresson et ses pairs canotant sur le lac. Le charme passe, les unes du lendemain annonceront le choc des nationalisations sur un air de sérénité gouvernementale.

Dans l'art de gouverner, chaque signe a un sens.

De Gaulle ? Non, Mitterrand !

Mi-septembre, le débat sur la peine de mort s'engage à l'Assemblée, 62 % des Français sont pour son maintien. À ce rejet s'ajoute celui de l'impôt sur les grandes fortunes. Plus symbolique que rentable, il finira de paniquer le bon bourgeois sans calmer pour autant l'angoisse montante du peuple de gauche.

Il est temps de parler. Le Président annonce sa première conférence de presse élyséenne. Il lui faut sans plus tarder expliquer sa politique économique et sociale et en montrer la cohérence. La vieille certitude qui veut qu'un socialiste n'entende rien à la gestion des affaires est tenace. Le peuple trouve que rien ne va assez vite et de l'autre bord que rien n'a été fait pour rassurer le patronat. L'épreuve est donc périlleuse. François Mitterrand a quatre-vingt-dix minutes, sans sombrer dans le démago, pour calmer la gauche qui trépigne et rassurer la droite qui panique.

Après un premier bilan, il précise et prévient : « Beaucoup reste à faire, j'en ai le moyen. Le temps ni la volonté ne me manqueront pour la mise en œuvre de mes engagements. » Le temps va d'ailleurs rythmer son discours, comme pour décourager ses rivaux qui trépignent déjà. Il va « l'esprit tranquille, assuré par la durée, d'ailleurs les règles du jeu sont fixées pour longtemps et moi, j'ai sept ans »...

Didactique, il inscrit ses décisions dans le prolongement d'un bilan préoccupant.

Technique, il explique que les nationalisations vont au-delà d'un assouvissement idéologique et leur donne l'image d'une « arme de défense de la production française ».

Pragmatique, il annonce qu' « il n'y aura pas de chasse aux sorcières, mais il ne faut pas que les sorcières nous chassent ».

Dialectique, il lâche quelques condamnations de l'exploitation et du totalitarisme, et, se trompant peut-être de lieu, énumère quelques-uns de ses combats planétaires : « Salut aux combattants de la liberté contre des oppressions toujours intolérables. »

Rassembleur, il rappelle que « ce qu'on croyait impossible s'est réalisé dans le calme, appuyé sur un grand mouvement populaire. La République a retrouvé son authenticité ».

Légaliste, il a lu les sondages sur la sécurité et la violence et prévient : « Je n'ai pas la religion de l'ordre moral mais je ne laisserai pas déchirer le consentement social d'hommes et de femmes appelés à vivre ensemble. »

Négociateur, il propose mine de rien un donnant-donnant aux entrepreneurs : en matière d'impôt, « il convient de ne pas frapper l'outil de travail, celui qui permet d'investir, d'innover, de servir la société et donc l'emploi ».

Pharaonien, il annonce deux projets qu'il mènera inégalement : la restitution du Louvre aux arts et l'Exposition universelle de 1989. Un rien d'humour, un brin de perfidie et le tour est joué.

Le Monde y verra un revenant, « De Gaulle ? Non, Mitterrand » ; July discerne dans ce nouveau ton « le radical mâtiné de gaullisme » auquel « on sera reconnaissant de ne pas avoir usé du socialisme (...) à tort et à travers ».

Pinay, lui, a trouvé le Président « intoxiqué de politique », et Charbonnel, maire de Brive, considère qu'il « traite les débats en les noyant sous un déluge verbal ».

À l'étranger, la conférence a rassuré Washington et Moscou; chez nous, aux quolibets près des adversaires patentés, elle a fait mouche. La France croit retrouver ce grand homme d'État dont elle rêve depuis son Général perdu.

Un ange rose passe !

Cancún : le prêche dans le désert

Les feux de la grogne nationale éteints, Mitterrand s'envole pour Cancún afin d'embraser ceux de l'Histoire. Éternelle dualité du pouvoir. Il faut calmer son peuple et dans le même temps attiser la légende.

À peine débarqué, le Président se rend devant le Monument de la révolution de Mexico et se présente en fils de la Révolution française. Du cœur de cette Amérique latine avare en démocratie, ce 20 octobre il va adresser au monde le poème en prose d'un Jaurès planétaire. Peut-être le plus beau discours qu'il ait jamais prononcé :

« Salut aux humiliés, aux émigrés, aux exilés sur leur propre terre, qui veulent vivre et vivre libres. Salut à celles et à ceux qu'on bâillonne, qu'on persécute ou qu'on torture, et qui veulent vivre, et vivre libres. Salut aux séquestrés, aux disparus et aux assassinés qui voulaient seulement vivre, et vivre libres. Salut aux prêtres brutalisés, aux syndicalistes emprisonnés, aux chômeurs qui vendent leur sang pour survivre, aux Indiens pourchassés dans leurs forêts, aux travailleurs sans droits, aux paysans sans terre, aux résistants sans armes, qui veulent vivre et vivre libres. À tous, la France dit : courage, la liberté vaincra ! »

Rarement déclaration officielle aura libéré une telle charge symbolique. Elle aurait dû dans l'hexagone installer définitivement l'image d'un nouveau grand de France. Il n'en sera rien. Seul l'exotisme marquera marqueront la presse, au point de faire de ce discours, prononcé à Mexico, le discours de Cancún. Dernier des ballots, Peyrefitte : dans sa diatribe contre le livre des allocutions mitterrandiennes, qui paraîtra quelques années plus tard, il accusera le Président de ne pas avoir osé publier sa mémorable harangue. L'immortel académicien aura seulement oublié, avant de formuler sa critique, de feuilleter le livre jusqu'à la page Mexico. Qu'importe, François Mitterrand a fait son entrée sur la scène mondiale par la grande porte mais le feuilleton de la vie politique, tels *Dallas* ou *Dynastie*, refuse les dénouements heureux.

Valence : le congrès suicidaire

Comme pour mieux annihiler les efforts de leur chef, les socialistes vont choisir cet instant pour s'exhiber au congrès de Valence et renvoyer leur Président à la case « départ ».

« Il faudra que les têtes tombent » fera de Quilès le Robespaul de sa génération et ruinera en six mots six mois de communication gouvernementale. Qu'a-t-il bien pu arriver aux nouveaux venus de l'establishment pour jouer les sans-culottes socialistes et tenir un congrès du fascisme rose le jour où, plus que jamais, il convenait d'asseoir la Force Tranquille de leur premier élu ? Comment Quilès la tendresse a-t-il pu devenir Quilès la maladresse ? Impayable PS, jamais en place, jamais en phase, toujours à contretemps, à contrecœur, à contre-courant.

Mitterrand ne s'y trompera pas, la blessure est grave, il fustigera ses barons, mais le mal est fait :

« On va payer cher ces dérapages verbaux. Vous avez donné à la droite des verges pour nous faire battre. »

Faux cancer, vraie rumeur

Un mal n'arrivant jamais seul, se répand la rumeur, orchestrée par l'opposition et la presse, de la maladie du chef de l'État. On ne trouve plus de dignitaire qui dans les dîners en ville ne jure que son médecin est au chevet du Président. *France-Soir*, jamais en peine d'un faux scoop, annonce à sa une que Mitterrand est depuis plusieurs années traité à Villejuif.

Avec Jacques Pilhan, nous rencontrons François Mitterrand tous les dix jours pour une sorte de point sociologique. Premiers à constater son bon état de santé, nous l'exhortons à faire cesser le mensonge. « À quoi bon, répondra-t-il désabusé. Le démenti en France ne fait dans les esprits qu'authentifier la fausse querelle qu'on vous porte. Laissez hurler la meute, mon cancer se porte bien. »

Je n'ai jamais partagé cette analyse et jamais pu faire changer d'avis l'homme à la rose. Il me fera enrager à nouveau lorsque Michèle Cotta et Pierre Desgraupes l'intervieweront pour TF 1 :

« Est-ce que vous allez bien, Monsieur le Président ? »

La réponse sera fuyante, l'accusé expliquera qu'il a « eu un lumbago [qu'il va] mieux, mais qu'il ne faut jurer de rien ». Pourquoi avoir laissé planer ce doute ? La presse le lendemain continuera d'agiter le suspens. *Libé* titrera : « Le Président pas rassurant sur Mitterrand. » La cause du mal est pourtant bien banale : le Président s'est, en fait, froissé une vertèbre en jouant au golf avec son inséparable compagnon de green, André Rousselet. Il n'ose, de peur du ridicule, l'avouer. Erreur. La société médiatique finit par tout savoir ; vouloir cacher la moindre peccadille, c'est la transformer aussitôt en péché mortel. Mais le dérapage servira de leçon, lorsque le vrai mal se déclarera à la fin de son second septennat, il ne ménagera pas sa peine pour rendre son cancer public.

La communication est un sport de combat. Le match est permanent, chaque round compte, tout coup porté et non rendu marque un point. Il faut étouffer la médisance. Impossible ? Nullement, il suffit de choisir le moment et le lieu pour tuer la rumeur dans l'œuf. Je n'ai jamais oublié Adjani au comble de la séduction et de l'exaspération, belle comme la douleur, venant au journal télévisé cracher à l'écran son mépris pour tous ceux qui colportaient son prétendu sida. L'affaire s'enterra là. Adjani, elle, est bien vivante.

À toute onde négative, il faut opposer une onde positive. Aussi le simple communiqué de presse ne suffit-il pas. L'efficacité du contre-feu tient dans la mise en scène du démenti. Mitterrand souffrira en silence, non de son mal, mais de celui qu'on lui fait en l'attaquant à tort. L'homme est plus sensible aux attaques personnelles qu'il ne le laisse entendre.

« Ces rumeurs, me dira-t-il comme il le répétera à qui voudra l'entendre, fonctionnent comme une sorte de meurtre sacrificiel, comme si on plantait des aiguilles sur ma photo. »

Il est vrai qu'en ce début d'automne, une certaine droite n'est plus que boule de haine. La France profonde, elle, n'a nul besoin d'exorcisme. À 53 %, elle juge les six premiers mois de pouvoir positifs. 57 % des Français ont l'impression d'assister à un changement de société. Le « Changer la vie » mitterrandien prendrait-il ?

Le manque d'NRJ

Le 10 novembre, la loi qui autorise les radios locales est votée. Je reçois, quelques jours plus tard, une invitation à déjeuner de Jean-Paul Baudecroux. Il était l'un de mes annonceurs, ayant lancé quelques années plus tôt une société de service téléphonique de réservation de spectacles et de restaurants : Élysée 12 12.

Je m'imaginais venir à une revue de pub, l'enjeu était

ailleurs : « Je vais créer la première radio musicale française. J'ai déjà le titre : NRJ. J'ai besoin à mes côtés d'un homme de pub et d'idées. Associons-nous, cinquante/cinquante. »

Interloqué, je lui demandai une semaine de réflexion et, je ne sais pourquoi, parlai de la proposition à François Mitterrand.

« N'allez pas vous perdre là, me lança-t-il. Vous avez mieux à faire. »

La brutalité de la réponse m'ôta toute ambition. Je ne me pardonne pas encore mon refus. Comment ai-je pu laisser passer ce ticket pour l'aventure des radios libres ? Je devrai donc à Mitterrand ma plus grande joie professionnelle, son élection, et mon plus grand regret, ce désistement.

Éloge du profit

Début décembre, HEC fête son centenaire dans un Palais des Congrès bondé : invité d'honneur, François Mitterrand. Assistance, un parterre de chefs d'entreprise venus en découdre. Toute l'intelligentsia du business est là. L'atmosphère est électrique, l'homme à la rose va prendre la salle à revers et créer la stupéfaction. Il légitime le profit, « moteur hors duquel il serait inconcevable qu'une entreprise soit compétitive dans la concurrence internationale (...). L'esprit d'entreprise est indispensable pour sortir de la crise ». Un peu chahuté lorsqu'il évoque les nationalisations, François Mitterrand continue de surprendre, faisant des rapprochements qui, à l'époque, relevaient du paradoxe : « Comme cela peut être exaltant de replacer toutes les forces de la nation dans cette perspective ! Dans la liberté d'entreprise, nous avons le culte de la création, de l'intelligence informée, l'amour de l'objet et le désir de le faire connaître et de le faire vendre. » Pour conclure, il demande aux chefs d'entreprise de montrer plus de réalisme que d'idéologie à l'égard du nouveau pouvoir, et de se poser la question de la finalité sociale de l'entreprise. L'auditoire est sous le charme.

Pourquoi Mitterrand a-t-il attendu dix mois pour cette explication publique ? À ne pas rassurer assez tôt le milieu des affaires, il a laisser germer les fleurs du mal. Elles se révéleront carnivores.

Les cent jours

Année folle que cette première année mitterrandienne : décentralisation, semaine de trente-neuf heures, nationalisations, prix unique du livre, abolition de la peine de mort, impôt sur les grandes fortunes, droit des locataires, des femmes, des homosexuels.

« Trop de réformes tue la réforme, lancerai-je plusieurs mois plus tard au Président, dans le silence de son cabinet.

— Peut-être, me répondra-t-il, mais j'ai de l'analyse des réussites et des échecs de mes prédécesseurs compris une chose. En France, vous avez cent jours pour réformer, puis les verrous se ferment à nouveau pour sept ans.

— Quels verrous, Monsieur le Président ?

— L'administration, la presse, l'opinion et très vite votre parti lui-même et jusqu'à votre gouvernement. »

Je n'insistai pas, ce n'est qu'un septennat plus tard que François Mitterrand conclura sa pensée :

« Vous savez, Séguéla, la politique n'est ni une morale ni une logique, mais une dynamique, généralement irrationnelle. »

Que reste-t-il en nos mémoires de ces cent jours et des quelque cinq mille qui vont suivre, que reste-t-il de tant d'espoirs ou de doutes, de passions ou de rejets ? Que reste-t-il de nos amours ?

La bonne année

Le 31 décembre fermera l'année sur les premiers vœux mitterrandiens : « Seule l'histoire pourra dire, avec le recul du temps, la trace laissée par l'année qui s'achève. » Décentralisation, solidarité, libertés publiques, réformes sociales, droits des immigrés, des femmes, des travailleurs ; « l'esquisse d'une société plus juste sera complétée en 1982 ».

Rarement la France aura accompli en si peu de temps une telle révolution. Elle aura davantage muté en ces sept mois que dans les sept ans à venir. Les Français ne s'y trompent pas, ils seront 53 % dans un sondage « Indice Opinion » à estimer positives la défaite de Valéry Giscard d'Estaing et la victoire de François Mitterrand. L'optimiste pourrait croire que, depuis les 51,7 % du 10 mai, la courbe des oui n'a fait que progresser. Ce serait oublier la versatilité des Français. Ils sont ainsi, n'ayant de cesse de brûler ce qu'ils ont adoré. L'état de grâce se consume déjà.

Ainsi se fanera cette première année rose et avec elle, signe du destin, les quatre géants de leur art réciproque, Bob Marley, Albert Cohen, Georges Brassens et Abel Gance.

1982
L'ANNÉE FAIBLE

Sept mois ont passé, la France est entrée en mitterrandie. Déjà elle renâcle, et le voyage ne fait que commencer. L'insatisfaction est aux Français ce que les trous sont au gruyère, un particularisme.

Particularisme qui rime avec corporatisme. Ainsi n'existe-t-il pas moins de onze cérémonies de vœux dans la tradition élyséenne. Corps constitués, gouvernement, Conseil constitutionnel, monde diplomatique, autorités religieuses et ainsi de suite. Le Président est amateur de symboles, pour son premier Nouvel An, il rajoutera les syndicats au marathon officiel.

Le fait passera inaperçu, l'opposition est encore sous le choc, le pays sous le charme. Cependant, derrière les apparences, l'opinion s'interroge. Aux législatives partielles du 17 janvier, la gauche perdra six points, aux cantonales de mars, l'opposition prendra la tête : 49,9 contre 49,6 %. Simple balancier politique, diagnostiquent les spécialistes. Le mal est plus grave : le cancer de la désillusion s'installe, sournoisement et sûrement.

François Mitterrand attaque l'année à mi-voix. Ni interview théâtrale ni émission-spectacle, une insémination douce de son credo socialiste, cible par cible. Le Président sait bien, et nous ne cesserons de le lui rappeler, que toute communication se doit d'agir à deux niveaux. En surface, un message grand public, générique et populaire. Dans le grand bleu des profondeurs sociologiques, des rappels spécifiques qui déclinent le discours commun.

Il s'en acquitte avec chaleur, par ce début frigorifié de janvier. S'adressant au président de la Cour de cassation, il dicte ses tables de la loi aux gens de robe :

« Tous les citoyens, même ceux qui ne vont pas en justice, sont en droit d'attendre du juge qu'il fasse justice (...). En vérité, chaque jugement sert une mission collective : le bien commun. Il appelle à respecter les libertés de tous, et d'abord des moins favorisés, c'est-à-dire ceux qui ont le moins de capacité à se défendre eux-mêmes, si nous n'y songeons nous-mêmes. [Ils sont] les victimes d'un ordre social qu'il faut transformer où la misère, l'ignorance, la solitude et les privilèges tiennent encore trop de place. »

Le 24 janvier c'est l'événement de la décennie : la naissance d'Amandine, premier bébé-éprouvette français. Pour la presse, l'information tiendra plus du fait divers, du fait de société. Pour le Président, le fait sera phénomène. L'instinct d'un chef d'État est de sentir la longue portée de l'actualité et de la marquer de son sceau. François Mitterrand a toujours été attentif à l'éthique biologique. Homme de traditions, comment pourrait-il laisser la science manipuler la plus sacrée d'entre elles, celle de l'évolution humaine ? Il confiera le jour même à Michel Serres la mission de réfléchir à un comité de bio-éthique. La décision parut prématurée, voire anecdotique. L'avenir allait prouver combien elle était fondamentale.

Patron, je t'aime moi non plus

Le Président est nerveux, il sent la baraka l'abandonner. Certes, sa cote reste au plus haut, mais rien ne va assez vite ; il règne un de ces calmes étranges qui annoncent la tempête.

Trois mois après son discours de Cancún, les « négociations globales » n'ont pas bougé d'une ligne. En France, les nationalisations se font à marche forcée, l'Assemblée résonne du martèlement du 49-3. Avec le patronat, c'est la guerre ouverte. Les bonnes paroles du centenaire d'HEC n'ont pas calmé la grogne des P-DG. Sur une idée de Pierre Joxe, François Mitterrand a même donné l'ordre aux entreprises publiques de ne plus cotiser au CNPF. Yvon Gattaz hurle comme un beau diable et entraîne ses amis dans la résistance. Est-il bien utile de froisser le grand capital pour quelques francs de cotisations ?

En fait, le blocage est dans la tête du Président. Depuis 81, je le supplie de nouer des liens plus privés avec les grands managers. Mais la haine qu'il prête à cette caste le dévore, elle l'a trop combattu. À plusieurs reprises, je lui suggère d'organiser une dizaine de tables rondes, réunissant autour de lui les clans qui mènent ce pays. Il aurait pu, de cette façon simple, écouter puis apprivoiser ce corps apparemment si hostile mais toujours prêt à coopérer. Business is Business ! N'obtenant pas de retour, je m'en ouvris à Jacques Attali qui me regarda de cet œil qui semble résumer l'intelligence du monde et me dit : « Comment ? Tu ne connais pas la recette ? Il ne faut jamais présenter au boss une note utilisant le mot patron. Son esprit se ferme. Écris-lui donc la même note en parlant de chef d'entreprise, tu auras ta réponse. »

Trop tôt visionnaire

Fin janvier, la Pologne pleure, les amis de Lech Walesa sont descendus dans les rues de Gdansk pour manifester contre les insoutenables hausses de prix. Le seul interlocuteur qu'ils trouveront s'appelle Kalachnikov. La France est en émoi, François Mitterrand intervient le soir même sur FR3 à cœur ouvert :

« Le peuple polonais sait enfin qu'il subit encore les

conséquences de la Seconde Guerre mondiale et qu'il n'y échappera que le jour où auront disparu et la coupure de l'Europe en deux blocs et le système qui l'opprime. Son étonnant courage dans l'adversité montre que cette évolution, même s'il y faut du temps, a d'ores et déjà commencé. »

Visionnaire ! Et cependant le jour de la libération de l'Est venu, nul ne s'en souviendra. Un septennat plus tard, la France et le monde reprocheront à notre Président son inertie face à l'éclatement du Mur de Berlin. Tout avait déjà été dit, mais trop tôt. La communication partage avec les trains cette règle intangible : avant l'heure ce n'est pas l'heure, après l'heure ce n'est plus l'heure.

L'année se poursuit sans tambour ni trompette. François Mitterrand est allé voir le pape, ce passage obligé de tout chef d'État d'un pays catholique. Mais le Président veut donner une tournure plus laïque à un entretien dont il ne souhaite pas qu'il soit trop confessionnel. Il a l'idée de se faire recevoir dans la bibliothèque du Vatican. Ainsi la littérature prendra-t-elle le pas sur le religieux. Futile, dirait-on, et répétitif après Latche et l'Élysée, mais un septennat, tel un tableau de maître, est fait de milliers de touches successives. La réputation s'établit ainsi en gravant les circuits imprimés de nos mémoires, de petites phrases enfouies en images scellées.

Giscard, le retour

Le 24 février, Valéry Giscard d'Estaing annonce sur Radio-Chamalières son engagement aux cantonales. Le prince du signe revient sur le terrain. Quel étrange personnage. Si habile dans ses pensées, si malhabile dans ses actes. Une des plus belles distorsions d'image que je connaisse. L'homme dans le privé a de l'humour, de la modernité, de l'humanité et, vous allez rire, de la simplicité. Sa projection est à l'opposée, celle d'un monarque égaré dans un siècle qui n'est plus le sien, insensible jusqu'au mépris, orgueilleux jusqu'à l'isolement. Et que de bévues médiatiques lorsqu'il fut au pouvoir ! Ah ! ce petit déjeuner élyséen de trop avec les éboueurs parisiens médusés de passer sans transition de leur benne à ordures à la vaisselle d'or ! Et ce bracelet en poil d'éléphant qu'il omettra de retirer avant une émission comme pour mieux s'attirer l'ire des écolos. Et ce coup de l'accordéon que les Français ne lui pardonneront pas, simplement parce qu'il n'a pas la tête d'André Verchuren. Et, pour finir, cette sortie de mauvais théâtre...

Les symboles sont à double tranchant. Selon le moment, l'opinion, l'environnement, ils propulsent leur émetteur ou se retournent contre lui. Giscard, dès 82, l'a compris. Son échec lui a ouvert les yeux. Il va désormais suivre pas à pas les études socioculturelles, consulter les experts de-ci et les experts de-là, tout remettre à plat et repartir de la case départ, celle de l'élection la plus infime qui soit.

Dès cet instant, le Président déchu ne commettra plus d'erreurs. Chaque geste sera vrai, chaque mot sincère, chaque hardiesse pertinente, chaque prévision réussie. Mais les Français, qui d'ordinaire pardonnent, n'oublieront jamais. Inexplicable blocage, ils refuseront toute seconde chance au vaincu de 81. Quelle injustice ! ils vont rejeter sur sa seule personne une défaite dont ils sont les premiers responsables et qu'ils vont ressasser jusqu'à la reconduire en 88. L'âme du peuple est impénétrable.

Le prêche visionnaire

Le 3 mars, François Mitterrand part pour Israël. Premier chef d'État français à se rendre en Terre sainte depuis Saint Louis en 1251, il fera de sa visite un symbole. Il réécrira son discours, déjà rédigé par le Quai et corrigé par l'Élysée, jusqu'à 5 heures du matin, ciselant chaque mot. Il sait que le monde l'écoute, il sait aussi que pour être écouté, il faut créer le suspens. C'est la technique de l'aguiche, bien connue des publicitaires et des allumeuses. On affiche un premier message sibyllin pour mettre en appétit. La révélation apparaît le lendemain, rendue plus événementielle par l'attente.

La veille de son allocution. Le chef de l'État dîne à la Knesset, ses services lui ont préparé un speech, il le repousse. Inspiré, il va improviser. François Mitterrand philosémise et poétise. Il est dans son registre :

« Je ne suis pas venu pour regarder un arbre en fleur. Si toutefois j'en aperçois comme tout à l'heure sur la route, j'essaierai de comprendre le symbole qui vient avec la pluie qui m'accueillait : cette promesse de la moisson (...). Le pas du paysan est un pas lent. Il doit épouser le relief du terrain. Il n'a pas beaucoup de temps pour regarder derrière lui. Sa raison d'être est d'avancer et que la terre fructifie. »

Romantique lecture de l'histoire en marche qui va étourdir les esprits. L'assaut du lendemain n'en sera que plus brutal devant cette même Knesset : à côté de « l'irréductible droit de vivre » des Israéliens, « il est celui des peuples qui vous entourent et je pense bien entendu (...) aux Palestiniens de Gaza et de Cisjordanie (...). Pourquoi ai-je souhaité que les habitants arabes de Cisjordanie et de Gaza disposent d'une patrie ? Parce qu'on ne peut demander à quiconque de renoncer à son identité (...). Il [leur] appartient (...) de décider eux-mêmes de leur sort, à l'unique condition qu'ils inscrivent leur droit dans le respect du droit des autres (...) dans le dialogue substitué à la violence (...). Comment l'OLP, par exemple, qui parle au nom des combattants, peut-elle espérer s'asseoir à la table des négociations tant qu'elle déniera le principal : et le droit d'exister, et les moyens de sa sécurité, à Israël ? (...). Le dialogue suppose que chaque partie puisse aller jusqu'au bout de son droit, ce qui, pour les Palestiniens comme pour les autres, peut le moment venu signifier un État. »

Et le Président, prophète en Terre sainte, conclura en

hébreu : « Longue vie aux peuples d'Israël. » La force est dans le pluriel.

Begin fulmine, la presse occidentale applaudit, le *Time* félicite. Le Président jubile, le compliment *made in USA* est si rare. En quelques lignes, François Mitterrand vient d'écrire le futur. Chacun a senti passer le frisson, comme si cette journée initiait l'inéluctable.

Première fessée

Le 14 mars, la France élit ses conseillers généraux. Les socialistes, qui dix mois plus tôt triomphaient sans équivoque, vont prendre la première claque d'une fessée qui les conduira au piquet. Le balancier de nos gouvernements de liberté a certes l'inconvénient de l'instabilité mais il nous protège. Woody Allen, le veilleur attentif de notre société assoupie, nous l'a soufflé un jour : « Le fascisme c'est ferme ta gueule, la démocratie c'est cause toujours. »

Premier courage

En cette fin mai 1982, deux jours après l'attentat dirigé contre l'ambassade de France, il atterrit à Beyrouth. Beau geste qui ne restera pas dans l'histoire. Il faudra attendre la tuerie du « Drakkar », dix-huit mois plus tard, pour immortaliser Mitterrand marchant seul, en gilet pare-balles, sur les routes du QG en flammes de la Légion française.

« Il n'y a pas d'amour, il n'y a que des preuves d'amour. » Ainsi les voyages et leurs falbalas journalistiques restent-ils l'arme préférée de ceux qui nous gouvernent. Le déplacement éclair, à la condition de ne pas oublier d'inviter quelques journalistes, fait plus de petits qu'une conférence de presse. Le souvenir de nos grands hommes est souvent davantage lié à des lieux qu'à des faits. L'histoire s'écrit à coups de géographie : Roland c'est Roncevaux, Napoléon Waterloo, de Gaulle Londres, Mitterrand Solutré. Balladur Chamonix. Et Chirac, c'est où ?

Ce Père François est homme de racines, le terroir est donc sa terre d'élection. De là à en faire un argument électoral, il n'y a qu'un pas qu'il franchira souvent. Les Landes, le Morvan, la rue de Bièvre bâtiront les marges de sa légende et aussi ses incessants voyages aux quatre points cardinaux.

Les lieux génèrent leurs images mais aussi leurs petites phrases. Le 31 mai, Mitterrand est à Solutré, son pèlerinage laïque, il sait qu'une dévaluation va suivre, il va donc préparer, sans l'alerter, l'opinion. Un exercice de haute voltige, aux figures imposées mais qu'il faut jeter au débotté sans avoir l'air d'y penser. L'anodin épouse alors le sibyllin. Le Président, en chemise Lacoste et veste Schreiber, lâchera sa bombe à retardement entre deux foulées télévisées : « Aucune grande direction ne sera changée mais la politique économique peut être modifiée selon les circonstances. »

La langue de bois peut aussi être langue de Janus.

Le déjeuner de dupes

De retour à Paris, le Président me convie à l'Élysée pour un déjeuner de travail. Ciel joyeux et soleil tendre, l'été prépare sa rentrée. France triste et sondage cruel, le gouvernement, lui, prépare plutôt sa sortie. Je retrouve autour de la table, la garde des prétoriens en cour : Attali, Rousselet, Lang et Defferre. Invité surprise : JJSS.

Nous sommes dans la salle à manger modern-style, daim, acier nickelé, camaïeu fauve, éclairage en grappe : tout de la suite présidentielle façon Hilton. Pompidou avait cru devoir sacrifier à la vogue du design, en rénovant ces quelques mètres carrés du désuet palais. Ce n'est pas Beaubourg, cette fois le talent est resté au vestiaire. Mais l'heure n'est pas à la décoration. Le chef de l'État est soucieux. Il vient de décider

son changement de politique : adieu mansuétude, bonjour rigueur ! Il n'aura pas ces habituelles interrogations de début de déjeuner où le Président sait d'un mot montrer son affection à chacun. À peine assis, Mitterrand m'interpelle :
« Alors, Séguéla, quel est votre sentiment ? »
L'ambiance et celle d'un examen de passage. Autant tirer le premier. J'attaque :
« Président, la publicité enseigne à ne pas avoir de sentiments, mais des réflexes. La réaction logique à tout changement de produit est un changement de campagne. Vous changez de politique, il faut changer de gouvernement.
« Votre Premier ministre est votre première communication. Comment pourrait-il jouer les père-la-rigueur après douze mois de père-la-générosité ? La scène politique n'est pas celle du théâtre, où les acteurs peuvent continuer de nous toucher en changeant de personnage. Mauroy est le symbole de la distribution, rien ne peut le rendre crédible dans le rôle du gabelou. Vous connaissez le proverbe hindou : " La main qui donne et qui reprend, c'est la main du serpent. " Garder Mauroy serait suicidaire. »
Ni Mitterrand ni personne ne lève le nez de son filet de barbue à l'oseille. Je poursuis donc ma plaidoirie :
« De toutes les façons, Monsieur le Président, les Français resteront hermétiques à tout discours coercitif. C'est un plan d'espérance qu'ils attendent, non un plan de redressement. Ils peuvent consentir des sacrifices sur l'autel du futur, certainement pas sur celui du présent. Et notamment les jeunes. Ils ont trop espéré en vous. Ils veulent que vous leur montriez l'horizon. Le terrain présent ne les concerne pas, le concept porteur est celui de la modernité. »
L'assemblée reste muette. C'est l'instant que choisit Jean-Jacques Servan-Schreiber pour me prêter main-forte. Il n'était jusqu'alors qu'une statue de sel, desserrant à peine le bout des lèvres pour avaler une bouchée. Il s'anime d'un coup, passant d'emblée de l'immobilité presque totale aux extrêmes de la vivacité. Tout en lui parle, ses yeux, ses

mains, son corps. Il n'est qu'un torrent de mots. Et le courant vous emporte. Il reprend au bond le thème de la jeunesse. Il décrit ses attentes et notre devoir d'adultes de la préparer au monde qui serait le sien. L'ordinateur, dans son discours, prend des allures de divinité moderne. Soudain l'avenir se déploie, magique et informatique. Un nouveau savoir flotte dans la pièce, entre vaisselle de Sèvres et murs Nobilis.

C'est à cette seconde, je pense, que j'eus mon coup de foudre pour le futur. Cette fringale d'un nouveau monde qui vous tenaille soudain les tripes. Tout me sembla suranné : cet îlot de fausse sobriété dans un océan de dorures, ces serveurs en gants blancs aussi raides qu'inutiles et même ces têtes abstraites de conseillers muets.

Personne n'écouta l'oracle. JJSS rentrera dans sa coquille. Mitterrand se leva le dessert à peine terminé, et partit pour son tour de parc élyséen. Quatre jours plus tard, alors que la deuxième dévaluation frappe le pouvoir de plein fouet, Mauroy se verra félicité et confirmé. Le chef de l'État donnera une conférence de presse euphorique. Comme si de rien n'était.

Je sentis confusément que la locomotive socialiste allait patiner là. En ne changeant pas de conducteur, le Président courait au déraillement. Certes, Fabius viendra, mais si tard... Et le temps aura déjà tant aiguisé les passions contraires. Tout eût-il été différent si le bon aiguillage s'était fait en ce jour de juin 1982 ?

Verges et martyr

Réunir la presse deux jours après le somptueux mais dispendieux sommet de Versailles, autant distribuer les verges pour se faire battre. Ce qui devait arriver arriva. Une des premières questions posées au chef de l'État consista en un rappel de sa petite phrase d'opposant au soir de la clôture du sommet de Rambouillet, en 1975, par Valéry Giscard d'Estaing : « L'on s'effraie que tant de grandes presses se soient associées pour célébrer le mariage du péremptoire et du dérisoire. » L'interpellé répondra d'une boutade en se déclarant « fier d'une formule qu'il avait oubliée ». Rires dans l'assemblée, mais rires jaunes, la France s'interroge et son mentor ne répond plus.

Chaque acteur du gouvernement ressent l'humiliation de la seconde dévaluation. Elle sonne le glas des largesses sociales et, plus profondément, celui de l'espoir fou qu'il suffisait de répartir un peu mieux les richesses pour relancer l'économie. L'inflation galope, le déficit se creuse, le chômage empire, la croissance baisse. La désillusion est à la hauteur de l'illusion qu'avait fait naître la victoire.

Quel cercle vicieux qu'une élection présidentielle ! On y vote pour un espoir, mais cet espoir sécrète son venin suicidaire et rend le pouvoir mortel. Aucun de nos Présidents n'a échappé à cette mante religieuse. Sans la cohabitation, qui permit en deux ans de ruiner le changement de rêve, Mitterrand n'aurait jamais été réélu. Sommes-nous donc condamnés à vie à avancer en crabe ?

Oradour sur Jourdain

Début juillet, le Président s'envole pour son premier voyage à l'Est. Destination Budapest, un voyage sans apparat ni importance. Le Président s'ennuie plutôt. Il prie, comme à son habitude, quelques ministres de l'accompagner dîner dans un restaurant de la capitale hongroise. Mais à peine le hors-d'œuvre est-il servi qu'il se détourne pour suivre à la télévision la fin de la Coupe du monde de football. L'humeur présidentielle est détendue. Trop peut-être, il va le lendemain se faire piéger par la question d'un journaliste palestinien sur les « Oradour » commis par l'armée israélienne en territoire libanais. La réponse mitterrandienne n'arrangera pas les relations avec Tel-Aviv : « Le propre des interventions militaires, lorsqu'elles rencontrent une résistance, c'est de provoquer, comme vous dites, des " Oradour ". Pas plus que je n'ai accepté l'Oradour provoqué par l'occupation allemande en France, je n'accepterai les Oradour, y compris à Beyrouth. »

Begin explose et avec lui la presse internationale.

De retour à Paris, le Président sera contraint de publier une réponse aux protestations. Un geste que Mitterrand déteste, sa position étant de ne jamais répondre aux attaques sous peine de les voir s'amplifier. Mais le feu est trop vif pour s'éteindre de lui-même. Le chef de l'État devra, en sus, s'expliquer devant le Conseil des ministres, afin que chacun colporte son explication de texte. Éprouvante épreuve pour ce cheval d'orgueil.

Mauroy, gilet pare-balles médiatiques

La France est partie en vacances refaire ses forces, mais déjà elle n'est plus socialiste et faussement mitterrandienne. La cote de popularité présidentielle pavoise à 56 % (baromètre mensuel, *Figaro*-Sofres de juillet), mais ce n'est que façade; le drapeau présidentiel et en berne, la grogne cerne l'hôte de l'Élysée, la guigne aussi. Le 31 juillet, un accident sur l'autoroute près de Beaune tue 53 personnes, en grande majorité des enfants. Le fait tragique aurait dû rester divers. Il devient aussitôt politique : on met en cause le pouvoir. Lorsqu'un peuple accuse son chef d'État de tous les maux, c'est qu'il a mal. Il est urgent d'agir. François Mitterrand le sent. Il va s'en confesser à la presse lors d'un petit déjeuner à Latche, le 2 août.

« Le crédit de Mauroy est entamé, c'est normal, c'est lui qui est au premier plan (...) mais au-delà de sa propre personnalité c'est davantage le gouvernement qui est atteint et je commence moi-même à être touché (...). Si les municipales avaient lieu demain, la gauche serait battue sévèrement, mais nous avons encore quelques mois devant nous (...). Vous oubliez trop que nous sommes au début d'une bataille et que, comme en sport, seul le résultat final compte. »

Double aveu de la situation et du rôle de gilet pare-balles médiatiques que joue le Premier ministre pour son Président. Stupéfiant dans la bouche d'un homme de plus en plus secret sur cette science qu'il voudrait exclusive, la communication.

En 81, le Président m'avait confié son souhait de ne recourir qu'à deux Premiers ministres par septennat, estimant à trois ou quatre ans la durée optimum de la conduite des affaires par un même homme. Comment, dès lors, ménager le perpétuel goût de sang neuf de la presse et ce besoin de stabilité inhérent à toute réussite ?

Car l'électeur est un être compliqué : tout en lui refusant la stabilité de ses gouvernements, la première efficacité qu'il attend de son Président n'est pas de rendre compte, c'est de rendre possible, et donc de tenir la distance.

Oradour sur haine

Le 9 août, jour de deuil et de honte. Deux fanatiques entrent dans le restaurant Goldenberg qui jouxte la synagogue de la rue des Rosiers et dégainent mitraillette et folie meurtrière. Bilan : six morts, vingt blessés.

Menahem Begin ne laisse pas passer l'occasion et voit dans le crime commis à Paris le résultat de déclarations choquantes sur les « Oradour ». Retour à l'envoyeur.

Il est des petites phrases dont le cours détourné déclenche bien des torrents de boue. Le Président sera pris à partie lorsque, le lendemain, il se rendra rue des Rosiers.

Un mois plus tard, la voiture d'un diplomate israélien explose devant le lycée Carnot. François Mitterrand est dans son bureau, il rédige aussitôt un texte qu'il lira le soir même à TF 1. Cinq heures de réflexion et de ratures pour cinq minutes de télévision. L'homme à la rose est ferme, acéré, grave, il rapproche les attentats du foyer du Proche-Orient :

« Les extrémistes de tous bords entendent frapper la France parce qu'elle est le principal facteur de paix dans le conflit qui s'y déroule... »

Commence à se dessiner une des stratégies médiatiques préférées du Président. Rendre coup pour coup. Communiquer à chaud dans l'instant et apporter la solution au moment même où se pose la question. Washington pratique cette technique depuis belle lurette, mais en France elle est neuve, l'hôte de l'Élysée va la faire sienne.

Une nouvelle façon de gouverner la France se dessine.

Œil pour œil

Cette bataille est gagnée, mais celle de l'économie perdure. Le déficit du commerce extérieur pour le mois de juillet est un désastre. Le franc aussitôt s'affaisse, et avec lui le peu de moral qui restait aux Français. Mauroy règne toujours sur Matignon tandis que Giscard lance le 16 septembre à la télévision un appel aux « déçus du socialisme ». La formule restera, preuve qu'elle était à propos.

De l'autre côté de la Méditerranée, Beyrouth est à feu et à sang. À peine élu Président, Bechir Gemayel meurt dans un attentat à Beyrouth. Il n'aura pas régné trente jours. Au même moment, la Force multinationale, s'étant acquittée de sa tâche, quitte les lieux. Deux jours plus tard, les Israéliens investissent les camps de réfugiés palestiniens de Sabra et Chatila. Ils laissent pénétrer les phalangistes, qui sèmeront la terreur et la mort.

Le lundi 20 septembre à 23 heures, le chef de l'État use, pour la première fois depuis Charles de Gaulle le 30 mai 1968, du « Droit d'intervention télévisée ». À la même heure dans le monde, les Présidents italien, américain et français annoncent le retour de leurs troupes au Liban. C'est le moment que choisit Mitterrand pour lancer une pierre dans le jardin de la droite. Alors que Barre dénonce « l'échec cinglant » du gouvernement, il demande à André Bercoff, par l'intermédiaire de Jacques Attali, de préparer un livre « qui dirait sur ses opposants ce que ni les journalistes ni les socialistes ne disent ». Une suite en quelque sorte à son essai de politique-fiction tout à la gloire du socialisme, publié quelques mois plus tôt. Bercoff a l'esprit aussi rapide que la plume. Il propose de publier, sous un pseudonyme, les réflexions cyniques et critiques d'un homme de droite sur son propre compte. Le titre est tout un programme : *De la reconquête*, et le pseudonyme tout un symbole : Caton. Bercoff écrira son pamphlet en quatorze jours, il éclatera un mois plus tard dans les plates-bandes de l'opposition.

Le discours pour rien

En France, la rigueur est en marche. Le Président décide de monter au créneau. Il improvise, à Figeac, un discours qui sera l'un des plus beaux de son année. Il va, dans les rousseurs de l'automne et le calme de cette France profonde qu'il aime plus que tout, chercher à redonner confiance à ses « chers compatriotes ». Quel dommage que cet appel aux âmes n'ait pas vraiment dépassé les limites cadastrales de cette petite ville du Lot ! L'inspiration ne choisit pas toujours ses moments, arrivant à l'improviste et s'envolant au vent de l'oubli lorsqu'elle n'est pas relayée par les caméras de télévision. D'ailleurs inspiration peut-il encore rimer avec télévision ?

Communiquer est d'abord choisir son media. Donner du rythme à sa présence, alterner moments forts et silences doux. Une longue marche qui exige de garder le meilleur de soi-même pour les grandes interventions et de s'économiser le reste du temps de peur de manquer de souffle le moment venu.

François Mitterrand appelle donc les Français à ne pas « faire le gros dos sous l'orage, ils ont à l'affronter debout, sûrs d'eux-mêmes, volontaires (...). Difficile, lorsqu'on représente ce mouvement populaire qui s'est affirmé victorieux en mai 81, de disposer de la confiance de ceux qui ont toujours douté, qui ont toujours cru que l'offensive et la volonté des socialistes, de la gauche, c'était de mettre tout en carte, de bureaucratiser, d'étatiser, d'étouffer l'initiative, d'empêcher de penser. Légende et calomnie ». Sa vérité est bien plus belle, quasi voltairienne : « Ce que j'ai appelé le socialisme à la française, je n'en fais pas une bible. Je dois exprimer les volontés saines de la nation. Il en est d'autres. Ah ! ce pluralisme, comme j'y tiens. Pluralisme des pensées et des philosophes, pluralisme spirituel, les idéologies et les moyens de les exprimer. Ah ! comme je veux que la France reste en sa profondeur, aussi diverse et colorée, contraire, non pas contradictoire. Ah ! comme j'aime ceux qui me contestent dès lors que je trouve avec eux le langage commun de ceux qui veulent servir la France et qui l'aiment. Rien ne se refait, rien n'a jamais été fait, rien ne sera fait sous mon autorité qui puisse en quoi que ce soit altérer cette diversité (...). L'important, ce qui doit rassembler, se résume en deux idées simples : résister, conquérir. Je demande aux Français de retrouver, s'ils l'ont jamais perdu, le grand élan des moments forts de leur histoire. »

Mitterrand a ses conseillers, ses informateurs, ses nègres qui ne sont pas toujours ceux que l'on croit (d'Orsenna il me dira un jour : « Ce bougre n'a jamais écrit un seul de mes discours »), mais nul mieux que lui n'a ce sens de la formule, si nécessaire au pouvoir. Le pire est qu'il n'accepte de corriger discours, articles ou interviews qu'à la dernière minute sous la pression de la parution. L'Élysée s'arrête alors de respirer, la rédaction du journal qui craint la page blanche n'en mène pas plus large. Et Mitterrand de jouer avec délice au chat et à la souris, stimulé par l'énervement général comme si son style était rendu plus tranchant encore par le fil du rasoir de l'horaire. La légende raconte que trois jours après son improvisation de Figeac, il ordonnera au jet présidentiel de tourner vingt minutes au-dessus de l'aéroport de Strasbourg, pour peaufiner son discours devant le Conseil de l'Europe.

La prestation vaudra son pesant de kérosène. Au hasard, ce bijou : « Le travail doit être un instrument de la vie et non la vie un instrument de travail. »

Rien ne va plus

L'art du verbe n'exclut pas, hélas! le commerce de la guerre. Le 26 novembre, le chef de l'État est à Assouan, il s'explique sur le conflit Iran-Irak, la première guerre du Golfe : « Nous souhaitons que l'équilibre millénaire entre le monde arabe et le monde persan soit préservé. » C'est pourquoi la France vend Mirage et Exocet à Saddam Hussein.

L'année s'achèvera ainsi, en aller et retour d'un continent l'autre. Fin novembre, le président est à New Delhi, début décembre à Kinshasa. En France, rien ne va plus. Triste année que celle du premier anniversaire de la gauche au pouvoir. L'embellie aura si peu duré. Le 1er octobre, le candidat de mai 81 n'est plus qu'à 51 % de popularité. Le fil du rasoir des sondages. Dire que tout avait commencé dans une allégresse qui frisait les 70 %, record absolu pour un Président de la République. Je me souviens d'avoir personnellement annoncé ce score au Président en mai 81. J'exultais. Il devint soudain sévère :

« Séguéla, vous vous trompez. Les Français m'ont élu à 52 %, ils me donnent aujourd'hui 70 %. Ils vont me faire chèrement payer ces 18 points de trop. »

Le chômage monte, il ne baissera plus, la Banque de France s'épuise à soutenir le franc, le commerce extérieur s'enlise, la terreur explose aux coins des rues, dans le Paris-Toulouse, rue Marbeuf, rue des Rosiers — vingt et un attentats en six mois. La fête est bien finie, y compris celle du football. L'Allemagne nous a vaincus en demi-finale de la Coupe du monde.

1983
L'ANNÉE FATALE

Le Président que l'on croyait économe de ses apparitions parlera plus qu'aucun autre avant lui. Mille sept cent cinquante-trois discours et messages politiques en sept ans, Giscard d'Estaing n'en aura prononcé dans le même temps que mille quatre, de Gaulle s'étant contenté de six cent vingt pour onze ans d'omniprésence.

À chacun son langage, lyrique pour le Général, tactique pour Giscard, rhétorique pour Mitterrand. Initiée au collège, cultivée dans sa jeunesse, maîtrisée lors de ses différents ministères, projetée au cours d'innombrables meetings, son éloquence est particulière. Des mots simples mais des phrases complexes, des idées fortes mais noyées dans un torrent d'incidentes, des convictions mais jamais affirmées sans échappatoires. L'homme est libre, dans ses propos comme dans sa vie. Il ne tolère aucune entrave, ni celle du pouvoir, ni celle des promesses.

Libre est aussi l'expression : Mitterrand se coule dans les vagues de ses pensées, et nous emporte dans le sillage de son verbe. Il prendra soin, pour ne rien perdre de ses effets, de ne jamais distribuer ses discours à l'avance aux journalistes, les obligeant ainsi à entrer dans un ballet de phrases dont il mène la danse.

Séduction supplémentaire : la langue est toujours belle. Seuls Edgar Faure hier, Jean-Marie Le Pen (hélas !) aujourd'hui, peuvent rivaliser sur ce terrain. De Giscard, il dira lui-même : c'est du « technocratisme hautain » ; de Chirac, « il parle comme une machine à écrire ». Le pire est qu'il a raison.

Toute supériorité se mérite. Si la langue du Président est supérieure, c'est qu'il ne laisse à personne le soin de la composer à sa place.

Nombre de conseillers lui préparent notes et discours, mais il reprend le tout et s'agace que l'on puisse dire qu'il n'a pas mis la main à la pâte. Ses nègres ont pourtant beaucoup d'adresse. Son préféré, bien qu'il ne l'ait jamais avoué, fut je crois Régis Debray, parti en claquant la porte. Le style d'Attali l'a toujours insupporté : « Je ne comprends rien à ce qu'il écrit, me confia-t-il un jour. Je lis ses livres pour lui faire plaisir, mais quelle torture. » À chacun ses goûts, moi j'adore. Il aime la finesse de plume de Jack Lang, mais pour les exercices politiques et notamment ses professions de foi, cet ultime message envoyé la veille du vote à tous les inscrits, il n'a jamais accepté que celle de Bérégovoy.

Pour l'ironie, le Président, un jour où je l'appelais à l'aide, me conseilla Fabius : « Allez voir Laurent, me souffla-t-il, ce garçon a l'écriture mordante et de l'avenir. » Mauroy était réservé au politico-mélo. Lorsqu'il s'agit de faire pleurer dans les chaumières il s'en acquitte mieux que personne.

La petite mort

1983 perdra Hergé, Arthur Koestler, Louison Bobet, Buñuel, Tino Rossi. François Mitterrand perdra sa cote, la petite mort d'un politique. En avril, les courbes confiance-défiance, ce point de rupture, si souvent point de non-retour, s'inversent. La popularité est une échelle d'amour, la chute vous brise le cœur et la tête. À ce titre, la politique n'a rien à envier au show-biz.

Question :
Savez-vous pourquoi une star rit lorsqu'elle gravit les marches de sa réussite ?
Réponse :
Parce qu'elle est sûre de croiser toutes les têtes qu'elle rencontre au moment de la descente.

L'année débute, coutume oblige, par les vœux présidentiels. Mais ils seront formulés à Latche, une façon de leur donner un zeste de France profonde. Cette courte parenthèse entre un an qui meurt et un an qui renaît est le tremplin idéal de tout nouveau concept. Elle permet de lancer une de ces idées habiles qui tiendront lieu, quelques mois, de référence. Le Président, sans avoir l'air d'y toucher, lâche les mots de « voie médiane ». La presse s'engouffrera le lendemain dans le piège : « Le plus socialiste des socialistes est devenu un représentant éloquent de ce centre d'où l'on a toujours gouverné notre pays. » Il ne restera plus à l'opposition, pour une fois unanime, qu'à railler l'aisance présidentielle, tout en cachant mal son dépit. Seul Pasqua relèvera la tête en lançant : « C'est toujours le ministre de la parole. » Facile, l'archétype du ministre de l'Intérieur fait facilement dans le facile, mais toujours dans l'efficace. En matière de communication, je ne crois qu'à la primarité, sinon comment toucher cinquante-cinq millions de Français ? Jerry Lewis, qui a oublié d'être bête s'il oublie parfois d'être drôle, grimace souvent : « Si les intellos devenaient mon public, il ne me resterait plus qu'à vendre des valises chez Vuitton. »

La première semaine de janvier sera africaine. Jadis tournée des popotes, le voyage est devenu, au fil des indépendances, tournée des grands-ducs. Le Bénin marxiste en oublie son petit livre rouge, le Togo autoritariste cache ses prisonniers politiques, le Gabon exhibitionniste fait dans le fastueux. Le chef de l'État cause, cause, cause, et relance son appel de Cancún sur « le nouvel ordre économique mondial ». L'exercice est périlleux, il faut séduire les planificateurs lénino-marxistes de Cotonou comme les businessmen de Libreville.

Le prêche romantique

Mais l'Afrique n'intéresse personne. Le 20 janvier est programmé un exposé au Bundestag, le terrain est plus propice aux reprises médiatiques. La légende rapporte qu'il mettra pêle-mêle sur ce dossier Hernu, Cheysson, Vedrine, Bianco et Saulnier. En fait, il écrira seul son discours, avec Attali. La question mérite réflexion : « En cas de risque de guerre mondiale, que doit faire le Président français ? » Son discours ne sera pas le plus romantique qu'il ait écrit, mais assurément le plus stratégique. Il fera date. Comment assurer la paix ? « Il faut que la guerre demeure impossible et que ceux qui y songeraient en soient dissuadés (...). Seul l'équilibre [des forces] peut conduire à de bonnes relations avec les pays de l'Est (...) mais le maintien de cet équilibre (...) implique que des régions entières de l'Europe occidentale ne soient pas dépourvues de parade face à des armes nucléaires spécifiquement dirigées contre elle. » Lucide, il explique d'ailleurs : « Les forces françaises ne peuvent être seules prises en compte », et conclut : « Amis allemands, en cette année fatidique, recherchons ensemble et pour longtemps, comme naguère, les chemins de l'équilibre, du développement et de la paix. »

En choisissant l'alliance franco-allemande, ce sont les vieux volcans qui s'éteignent et l'Europe qui s'éveille. Adenauer et de Gaulle, puis Schmidt et Giscard avaient tracé la voie mais le pont se bâtira là.

À l'étranger, bingo !

Pour les Américains, le propos a scellé la loyauté de ce Paris socialiste qui faisait si peur. Pour Helmut Kohl, il est l'ultime coup de pouce dont il avait besoin pour gagner les

élections. Six semaines plus tard, il sera élu, l'amitié des deux hommes ne faiblira plus. En France, fiasco !
On hurle au ralliement à l'Oncle Sam. Et puis les Français sont en pleines années-frime. Le discours du Bundestag avait du fond, mais manquait de forme. Point de formules à faire les unes, courir les rédactions et les salons. Quelle cruelle photographie de l'époque ! Le Président venait de marquer la politique de la France et de l'engager définitivement dans la construction de l'Europe et de la paix, mais l'information sera à peine reprise parce qu'elle n'a pas trouvé son slogan. Qu'importe, la faute revient à l'émetteur. Goebbels professait : « Nous ne parlons pas pour dire quelque chose mais pour obtenir un certain effet. » Les caciques crieront à la décadence, ils sont à contre-courant.

L'auditeur retient d'abord l'anecdote, le geste. Hélas, il ne s'agit trop souvent que d'un mot pour le mot, rarement d'un juste mot. Les ténors du pouvoir traînent à leur botte deux ou trois faiseurs de formules patentés qui grattent pour eux à la semaine sans autre ambition que de faire rire ou de provoquer. Les media en sont les premiers fautifs, leur quête est d'abord celle du contenant, celle du contenu leur semble moins vendeuse. Ce culte de la petite phrase explique le paradoxe des Français, méprisant leurs hommes politiques, mais continuant sans broncher à les regarder défiler sur leur petit écran, comme s'ils allaient au guignol. Nous assistons tous les soirs au théâtre du 20 heures et notre opinion s'y forme. Je devrais écrire s'y déforme.

Le 13 février, sur une idée languienne, le Président est à la Sorbonne. Quatre cents sommités de la culture et du savoir font le parterre, de Graham Greene à Leontief, Coppola, Bofill, Aron, Wiesel, Senghor, Peter Brook, Eco, Schlöndorff. Jamais chef d'État n'aura réuni si belle affiche.

Ces cénacles médiatiques n'ont pour but que de snober le bon peuple. Aucun des intellectuels présents ne pouvait se laisser aller à changer d'opinion, tout est dans le spectacle, l'important c'est la rose. Le thème a du nerf : « Et si la culture était un vrai remède à la crise ? », et Mitterrand du punch, mais c'est Umberto Eco qui aura le talent et cette repartie sulfureuse : « Moi, je fais mon métier d'homme de culture, je ne résous pas les crises, je les instaure. »

Un clignotant n'est jamais vert

Trois jours plus tard, Mauroy entrera au bêtisier de l'histoire en lâchant à « L'Heure de Vérité » : « Les gros problèmes sont derrière nous, (...) tous les clignotants se remettent au vert. »
Carton rouge !
Le faux pas est d'autant plus faux que la France va mal, la crise s'installe et gagne les esprits. Crise de foi plus qu'économique, elle traduit la grande déconvenue face aux socialistes. La France voulait voir la vie en rose, elle s'avère grise. Le 6 et le 13 mars, l'opposition rafle trente villes, c'est le signal de ces « dix jours qui ébranleront Mitterrand ».
Le pays a voté. Il attend le vote de son Président. Oui ou non à Mauroy. La presse mène sa battue au Premier ministre. Delors, lui, est à la chasse au serpent monétaire et dépose sa démission tous les quarts d'heure. Bérégovoy s'agenouille dans les starting-blocks de la course à Matignon. La France halète dans les tribunes.
Six semaines électorales viennent de s'écouler, tempétueuses comme un fleuve en crue. Inondation plus qu'élection : les media, débordant de leurs lits, ont noyé le pays. Nous avons vécu une guerre civile des mots.

Séguéla se prend pour Mitterrand

J'ai pour ma part rendez-vous avec le chef de l'État.
Ordre du jour : la communication de l'après-élection. L'habitué, dès le poste de garde, peut flairer l'humeur de

l'occupant de l'Élysée. Ce matin, ni anxiété ni agitation. Le palais du faubourg Saint-Honoré, île protégée d'un archipel déchiqueté par la tempête électorale, vit au calme. Paris trépigne, la France s'empoigne, l'Europe s'inquiète, les partis gesticulent, Mitterrand réfléchit. Il sait que les esprits sont à l'orage, mais c'est mal le connaître que de le croire capable de brusquer son complice, le temps.

Je fais antichambre depuis une dizaine de minutes lorsque jaillit Mauroy, tel un diable à ressort. À son sourire satisfait, à son regard tous azimuts, je pressens qu'il vient d'être reconduit.

Le Président écrit à son bureau : ces trois dernières années, je ne l'ai jamais surpris autrement. Son regard s'échappe du courant de sa plume, il me sourit et replonge dans ses feuillets. Je perçois en un éclair les sentiments qui m'agitent à chaque rencontre avec lui. Fascination et attendrissement. La fascination vient de cette indéracinable force dont il rayonne. L'attendrissement naît, quand on le connaît mieux, de la tendresse qui transpire sous le masque présidentiel. Mitterrand se lève pour m'accueillir.

J'ai, une seconde, une vision cartoonesque de Grand Sachem. Ce n'est pas l'inquiétude, moins encore l'indécision, mais une intense réflexion : le corps est en apesanteur, l'esprit plus dense. Sa concentration est telle que la voix reste intérieure, presque inaudible. Je serai deux heures durant à quelques centimètres de lui ; il me faudra prêter l'oreille et, malgré cela, certains mots s'envoleront, sans que je puisse les saisir. Comment forcer ce monologue ? Hésitant, j'entame la lecture de mon exposé. Mais, dès la première phrase, le chef d'État se lève et m'invite à prendre place côté salon, sur son canapé d'apparat. Je connais ses habitudes. S'il a quitté sa table et ses notes, c'est qu'il est disposé à entendre, mais pas à écouter. Et, de fait, je frapperai en vain à cette porte de bronze. Aucun judas ne s'ouvrira.

« Monsieur le Président, les Premiers ministres sont

comme les miroirs, désarmés une fois ternis. Comme le disait Cocteau : " Les glaces feraient mieux de réfléchir avant de renvoyer une image. " Je crains que l'image Mauroy ne vous reflète plus. La France est en mal de management. C'est un Premier ministre technicien et non politique qu'il vous faut.

— Ah ! Séguéla, s'agace-t-il, vous êtes un homme pressé. Un septennat, cela se gère avec le temps. Ne vous laissez pas gagner par l'alarmisme parisien, nous n'avons jamais reperdu que trente des quatre-vingts villes que nous avions gagnées en 77. Où voyez-vous un motif de changement d'équipe ? Calmez-vous. Où est votre Force Tranquille ? »

Si j'étais le conseiller que l'on dit, j'en serais resté là. La publicité m'a souvent montré qu'il ne faut jamais forcer une vente, quel que soit le produit, quel que soit l'annonceur. Mais je n'ai jamais su apprendre à taire mes convictions. À mon habitude, je craque. Oubliant la solennité du lieu, l'imperméabilité de mon interlocuteur, je me lance toutes études dehors dans la plus passionnée des recommandations de ma carrière. Ce sera mon plus beau bide :

« Monsieur le Président, le pouvoir en France s'est toujours exercé selon un découpage politique. Autant de ministres que de sensibilités partisanes. La politique ne fait plus la France. À coups de pavés dans la mare, la sociologie a pris le pouvoir depuis 68. Il ne vous suffit pas de changer de Premier ministre, c'est le système qu'il faut changer. Pourquoi n'envisagez-vous pas un gouvernement basé sur les attentes sociologiques plutôt que sur les rejets politiques ?

— Séguéla, tranche François Mitterrand, la psychologie chez vous tourne à la psychose.

— Mais non, je n'en appelle qu'au bon sens, Monsieur le Président. Les Français ne forment plus un peuple, mais trois. À chacun devrait correspondre un ministère-phare qui s'adresserait enfin à un profil socio-culturel homogène. Dès lors, il serait aussitôt possible de trouver pour chaque entité son concept mobilisateur. »

Je m'arrête pour observer et je le sens de plus en plus

irrité. « Lorsque Tonton ne veut plus t'entendre, m'a dit un jour Jean-François Bizot, il cherche désespérément une fenêtre pour laisser s'échapper son regard. » Justement, ses yeux se sont envolés, en voyage dans les jardins de l'Élysée. Je continue donc dans le vide.

« Il y a trois peuples en France. Le premier est celui de la désimplification, du hors-jeu et de l'hédonisme. Centres d'intérêt pour ces apprentis narcisses : la nouvelle pensée, l'information, le dialogue et, avant tout, eux-mêmes. Leur attente essentielle est l'épanouissement personnel. Apôtres du plaisir en quête d'une autre religion, ils sont en marge. Pour les mobiliser, il faudrait leur offrir un super ministère de la Vie qui serait le creuset de la Culture, de la Communication, du Temps libre, de la Jeunesse, des Sports et du Tourisme et de l'Environnement. Le deuxième peuple fédère les actifs et les individualistes, tous identiquement en errance. Ballottés par les aléas de la crise, ils cherchent un guide et, avec lui, un grand projet qui canaliserait leurs énergies dispersées. Ils rêvent d'un super ministère de la Dynamique, d'un regroupement de l'Industrie, de la Recherche, du Plan, de l'Agriculture, du Commerce extérieur, de la Formation personnelle et du Transport.

Population trois, celle des craintifs. Voici les repliés, avec leur conservatisme, leur passivité, leur naturalisme et leur coopération. Goût de son corps, culte de sa santé, amour des siens. Pétain pas mort, mais version "Jogging, Famille, Patrie". Leur temple fédérateur pourrait être un super ministère de la Protection : Solidarité, Travail, Famille, Santé, Droits de la Femme et Anciens Combattants.

Implacable logique, ces trois univers, vie, économie et social, correspondent aux trois contre-pouvoirs du moment : les media, marchands de plaisir ; les entrepreneurs, marchands d'action ; les syndicats, marchands d'espoir. Dès lors que l'on dispose de ministères cibles, le choix des ministres devient simple. Pour la Communication-Culture, un catalyseur ; pour l'Industrie-Recherche, un guide ; pour le Social-

Santé, un protecteur. Restent les portefeuilles fonctionnels : Intérieur, Défense, Justice, Éducation nationale, Affaires extérieures, Économie et Budget, qui reviennent à des spécialistes. Il peut sembler fou de cantonner l'économie et les finances dans un seul rôle de fonction, mais ils seraient plus efficaces en outils qu'en haut-parleurs. »

À nouveau je m'arrête, le souffle court, la rage au cœur. Je cherchai l'envolée, voilà que je m'enlise.

« Monsieur le Président, les Français attendent un gouvernement imaginatif, entreprenant, garant de l'ordre. Répondez-leur par un ministre de l'Imagination, un ministre de l'Entreprise et un ministre de la Sécurité. Communiquer est clarifier. Inventez le gouvernement de la communication. »

Je vois, au sourire jocondien de Mitterrand, qu'il a cessé depuis longtemps de m'écouter. Dans le bureau, entre l'or des plafonds et le pourpre de la moquette, plane comme une lumière intersidérale. La planète Pouvoir et la planète Communication voguent dans l'espace à des années-lumière l'une de l'autre. Leurs routes galactiques n'ont aucune chance de se croiser, l'une s'amarre au passé, l'autre dérive vers l'avenir.

« Eh bien, nous parlerons de tout cela une autre fois, conclut le Président en guise de congé. Comment va Sophie ? »

Mauroy III, le Mauroy de trop

Le 22 mars, neuf jours après les municipales, Mitterrand annonce un gouvernement de combat. De trente-quatre ministres, on passe à quinze. Hélas ! l'ancien Premier ministre est une nouvelle fois confirmé alors que son pouvoir de séduction est définitivement éteint. L'équipe Mauroy III perdra la partie non par ses actions (après tout, c'est en 83-84 que l'on vit les indices commencer à redresser la tête), mais par son incapacité à les vendre. Comment croire en un pouvoir qui ne communique que par allers-retours, cafouillages et camouflets en un temps où le discours vaut autant que le fait politique ? Le Président aurait bien mis Delors à Matignon, la chose ne se fera pas, le Mauroy III jouera donc jusqu'au bout la symphonie de la rigueur. Je me souviens de ma mère me ressassant : « Une fois passe, deux fois lasse, trois fois casse. » C'était cassé.

La méthode du discours

Le 23, c'est l'explication des gravures au journal télévisé. Mitterrand est nerveux, il sait qu'il joue gros. Pour la première fois de sa vie, il va utiliser un prompteur, cette canne blanche de nos présentateurs attitrés. Il y gagnera en vigueur ce qu'il y perdra en spontanéité, un marché de dupes. En se faisant homme-tronc, Mitterrand vendait son âme à l'électronique. De Gaulle apprenait ses interventions par cœur, tout en se laissant aller de-ci de-là à l'improvisation. Vingt ans après, ses interventions nous martèlent encore la tête.

L'intervention, si elle manque de chaleur et d'authenticité, ne péchera pas par manque de construction.

« J'ai perçu dans les résultats du premier tour des élections municipales l'expression de votre inquiétude, même si au second tour la confiance l'a emporté sur le doute (...), la politique engagée depuis le mois de mai 81 est-elle une bonne politique ? » Assurément, et c'est ce qu'il éclaire, justifie, défend à la manière d'un patriarche rassurant ses enfants : car « sans vous que pouvons-nous faire ? » Et d'énoncer les pivots qu'il a demandé à Pierre Mauroy de mettre en œuvre.

S'ensuivra la chasse aux superstitions. « Mais ce que l'on appelle la crise, comme s'il s'agissait de la colère des dieux, d'un phénomène incontrôlable, d'une fatalité par nature plus forte que le génie de l'homme, n'est au contraire que le produit de ce génie désordonné. Tout simplement, nous assistons aux soubresauts d'un monde qui meurt, en même temps qu'un autre naît. »

C'est la construction type du discours mitterrandien, lorsqu'il lui faut reconvaincre et remobiliser. Deux phases, chacune en trois points :

Premier temps, on reste terre à terre, c'est le chapitre raison :

Un — Répondre : je vous ai compris.

Deux — Exposer : les choses ne sont pas si simples.

Trois — Rassurer : mais je fais ce qu'il faut.

Second temps, on décolle, c'est le moment de passion :

Un — Aimer : ne laissez pas les certitudes (ou selon les cas, les beaux parleurs, voire la haine ou l'ignorance) s'emparer de vos cœurs.

Deux — Rêver : à ce prix, je vous emmènerai (au choix, plus loin, plus haut, ou plus fort).

Trois — Partir : donnons-nous la main et allons-y, rien ne peut se faire sans nous.

Un petit chef-d'œuvre de rhétorique, les plus belles campagnes publicitaires n'aspirent pas à un autre schéma.

La crise c'est pas moi

La France sue la morosité et transpire la déception. Mitterrand va jouer la diversion et tenter d'attirer l'attention ailleurs.

Le 30 avril, le *US News and World Report* lui offre l'occasion de souffler sur les cimes de l'Histoire. « Le temps n'a pas de rails. Ni l'histoire de programme. L'irréductible liberté de l'homme en est la cause (...). Alors où serons-nous, dans un demi-siècle, sur quelle sorte de planète, qui peut le dire ? On voudrait nous faire choisir entre la Troisième Guerre mondiale et une espèce de Yalta pétrifié (...). Ce dilemme, je le refuse. Cette caricature d'avenir, je la récuse (...). » Après l'exorcisme, l'espoir. « En revanche, si les hommes, les peuples, les nations prennent en main leur propre destin, si les solidarités naturelles s'expriment, si l'Europe mais aussi des communautés semblables retrouvent audace et identité, un ordre moins chaotique peut éclore. Souvenons-nous que le respect de la diversité, c'est à la fois le moteur de la richesse et l'inverse de la guerre. Tandis que le manichéisme est une cendre où couve le feu. Certes, il nous faut répondre aux totalitarismes. Mais cette réponse n'est ni la complaisance qui conduit aux sordides capitulations des années 30 ni la force seule, nécessaire pour dissuader, impuissante pour résoudre. Croire que l'avenir dépend de nous et que l'enjeu en est l'homme, telle est ma définition du socialisme. Et le sens de l'action que je mène aujourd'hui. »

C'est l'une des plus belles envolées de l'homme à la rose. Hélas ! elle restera sans écho, la France au comble du futile est trop occupée à sa propre insouciance.

Alors le Président s'en va courir le monde à la recherche d'un autre souffle. Il ne sera pas mieux entendu.

Du 2 au 6 mai, il est au Népal et en Chine. Lors d'une conférence de presse à Katmandou, un journaliste lui demande ce qui l'amène en Asie, alors qu'en son propre pays, il y a fort à faire avec la crise. La réponse mitterrandienne est autant aveu d'impuissance que de lucidité : « Il n'y a pas de réponse à la crise, y compris celle dont souffre la France. »

Tout va, tout va, tout va mal

Interrogé fin juin lors d'un petit déjeuner sur Europe 1, une première en France, par Levaï, Bauchard et Carreyrou, le Président prêche pour la rigueur : « On ne règle pas en deux ans des problèmes qui ne l'ont pas été en dix », et dénonce « ces intolérances qui gagnent du terrain ». Mais surtout, il tente un peu tard de rassurer les entreprises : « Je ne crois pas à la conjuration des patrons, je dis simplement qu'ils sont en état de défiance à l'égard de tout ce qui s'appelle " socialiste " (...), on va s'habituer à une meilleure harmonie sociale, si on veut bien nous faire confiance. »

Au moment de conclure, Levaï lui rappelle son slogan de campagne et lui demande s'il se sent aussi fort et tranquille qu'à l'aube de mai 81 : « La force au-dedans de moi-même et la tranquillité n'ont pas changé, parce que rien n'a changé en moi de ce qui est profond. »

Ainsi, trois ans plus tard, le leitmotiv de mai 81 est-il toujours aussi vivace. Preuve que les slogans sont inusables lorsqu'ils définissent l'individu et non son programme. La politique varie, jamais l'homme. La seule trouvaille de la Force Tranquille fut là. Une formule tout compte fait banale, mais sans cesse régénérée par l'action de celui qu'elle illustrait. En fait un homme politique est plus tenu par l'unique promesse de son slogan que par toutes celles de son programme. Qui se souvient encore de l'une des cent une propositions socialistes de 81 ?

Ça ne nous intéresse pas encore, Monsieur le Président

L'été s'avance, morose. François Mitterrand a beau faire feu de tout bois, rien ne réchauffe plus l'opinion. Le 14 juillet, il donnera avec Yves Mourousi ce qui apparaît aujourd'hui comme une répétition du « Ça nous intéresse Monsieur le Président » d'où surgira le Mitterrand « blécâ-chébran » d'un redépart en conquête. Mais nul observateur ne s'apercevra ce jour-là du changement de ton.

La journée avait un petit air baroque avec cette remise de la Légion d'honneur à la plus pacifiste des stars, Joan Baez, le jour du plus guerrier défilé de l'année. Après avoir, face à son interviewer, balayé le Tchad, les euromissiles, les relations avec Jacques Delors, la confirmation de l'Opéra Bastille et du Grand Louvre, l'emploi, la formation et la jeunesse, la prestation présidentielle finit en pied de nez.

Mourousi : « Vous avez une console de jeux ? »

L'hôte de l'Élysée : « Je sais mieux m'en servir que vous n'avez l'air de le croire. Lors de votre prochain rendez-vous, si vous le voulez, nous pourrons faire une démonstration. »

Août verra l'opération Manta plier bagages. Le 9, trois mille cinq cents de nos paras prennent position sur le 15e parallèle. Les combats cesseront aussitôt. L'opposition, toujours négative, c'est son métier, jouera les trouble-fête, arguant que le chef de l'État a impliqué militairement la France sans convoquer le Parlement. Mitterrand réglera le différend d'un seul entretien dans *Le Monde :* « Si nous avions agi autrement, la France serait en guerre depuis déjà plusieurs semaines ou bien l'armée libyenne serait à N'Djamena (...), l'engrenage, il y a beau temps que nous y sommes. On en est sorti d'une certaine manière en décembre 1980, lorsque les soldats libyens appelés par M. Goukouni Oueddei ont conquis N'Djamena d'où nos troupes s'étaient retirées, sur décision du gouvernement de l'époque. Quand je suis arrivé à la présidence de la République, en 1981, telle était la situation : la Libye de M. Kadhafi occupait entièrement le Tchad. Devrais-je m'inspirer d'un tel exemple ? »

Rarement riposte aura été plus efficace. En quelques lignes, le chef de l'État aura repris l'avantage. *Le Quotidien* titre : « Tchad, Mitterrand joue la Force Tranquille », et *Libé* clôt le dossier d'un romantique « La Rose au fusil », sur huit colonnes.

Hélas ! en politique, toute victoire est oubliée à peine obtenue. La rentrée mitterrandienne sera glacée. Le premier octobre, la Sofres le crédite de 38 % de cote de confiance pour 56 % de défiance.

Le 15 octobre, notre homme est l'invité de « L'Enjeu ». Face à Closets tendu, Mitterrand rayonne d'un calme olympien. Attali a préparé son mentor avec intelligence et application, comme il sait le faire. La leçon d'économie du président va laisser pantois l'intelligentsia financière.

« Je constate qu'autour de nous il y a beaucoup de

protectionnisme dans quelques pays qui n'ont à la bouche que le libéralisme (...). Je ne suis aucunement l'ennemi du profit dès lors que le profit est justement réparti (...). Oui, on peut faire fortune. » Il s'en prend aux charges excessives, notamment la taxe professionnelle : « Un impôt insensé, un impôt imbécile. Il a été voté en 1976, moi j'ai voté contre (...). Trop d'impôt, pas d'impôt. On asphyxie l'économie, on limite la production, on limite les énergies (...). Qu'on amorce la décrue, qu'on inverse la vapeur. »

Voici Mitterrand devenu fils illégitime de Reagan et Thatcher... De ce jour, il sera déstressé devant ces chiffres qui l'embrouillaient jadis à la moindre citation économique. Quel chemin depuis le terrible face-à-face de 1974, qui le vit petit écolier balbutier devant le maître d'école Giscard !

Le « good shot » trouvera un aussi bel écho dans le monde qu'en France. Voyage après voyage, discours après discours, le Président s'est forgé une image de défenseur du grand partage. Au jour venu de l'élection, les déshérités d'une France en crise s'en souviendront. Rien n'est jamais inutile.

Le Père Courage

Dimanche 23 octobre à 6 h 20, deux camions-suicides foncent, la mort en tête, dans les QG français et américain de Beyrouth. Deux cent quarante et un morts côté américain, 58 côté français. Réveillé en pleine nuit (il est 4 heures à Paris), le chef de l'État prend d'instinct la décision de s'envoler pour les ruines du « Drakkar ». Le 24 au matin, les Français abasourdis apprennent que leur Président vient d'atterrir à Beyrouth. C'est un Mitterrand au bord du dégoût qui, le soir, à l'instant d'embarquer, reste obstinément sur la piste, jetant un regard fauve aux missiles chiites et syriens camouflés dans les collines environnantes. Instant d'exception, image d'exception, que nul conseiller ne peut inspirer.

Que faire lorsque l'opinion du pays vous est définitivement contraire ? Prendre son mal électoral en patience, reconstituer pas à pas son image, infléchir son discours intérieur, ne rien cacher de ses convictions extérieures ? Mi-novembre, le Président est sur le plateau de François-Henri de Virieu. Mais comment une « Heure de vérité » aurait-elle pu calmer une année de dérive ? La tempête est à son comble. Le mieux est encore de l'admettre.

« L'opinion française a des raisons tout à fait fondées de s'inquiéter. La crise que nous connaissons est la plus sérieuse que le monde ait connue depuis les crises de Cuba et de Berlin mais il ne faut pas pour autant perdre son sang-froid et l'opinion française doit garder le sien. Personne ne veut la guerre, ni à l'Est, ni à l'Ouest. » Il ajoutera, comme pour rappeler qui veille à la paix : « La pièce maîtresse de la stratégie de dissuasion, c'est moi. »

La France ne craint pas la guerre, mais le socialisme. À se tromper volontairement d'objectif, le chef de l'État ne fait qu'irriter davantage les Français.

Chute libre

Décembre arrive. L'hiver ne fera rien pour réchauffer le froid entre les Français et leur Président. L'opposition n'a plus de limite. À la proposition de loi socialiste sur le pluralisme de la presse, visant directement le papivore Hersant, elle répondra par mille sept cent cinquante-trois amendements.

L'image présidentielle est à vau-l'eau. Le communicant va réagir. Il intervient plus souvent, espérant faire l'opinion en la prenant de court. Il cible ses messages par grands thèmes et les segmente par catégorie de Français.

Il s'est donné de nouvelles frontières : l'économie, grâce à la prestation réussie de « L'Enjeu », et la France dans le monde par ses incessants voyages toujours teintés d'humanisme. Lorsqu'il reçoit Michel Serres, nommé un an plus tôt président du Comité d'éthique pour les sciences de la vie et la santé, il s'exprime en philosophe plus qu'en politicien :

« La science d'aujourd'hui prend souvent l'homme de vitesse (...). La médecine et la biologie modernes cherchent des raisons que la seule raison ne parvient toujours pas à saisir. » Il recommande à chaque chercheur de se poser la question de confiance : « Quels risques mes travaux font-ils courir à l'espèce humaine ? »

Qui d'autre que Mitterrand pouvait lancer un tel pavé dans la mare scientifique ? Pour lui la politique c'est le futur, pas le présent.

Malgré cette bouffée philosophique, les vœux présidentiels seront aussi fatalistes que l'année écoulée :

« 1984, c'est demain et nous allons vivre une action continue pour le redressement national rendu si nécessaire par la crise mondiale qui nous frappe depuis dix ans. »

« Rien de grand ne se fait sans chimère », écrivait Cioran. Quelles sont les chimères mitterrandiennes ?

1984
L'ANNÉE VIRAGE

La mitterrandie aborde les quarantièmes rugissants. Le patron changera de second et le choisira jeune, comme pour renouveler ses forces ébranlées. La crise a été mal prévue, mal vue, mal revue et corrigée. Elle va sournoisement s'installer sans que nul ne la discerne. En toile de fond surgira la guerre de l'école, la grande déchirure. La droite lâchera ses chiens de paille. Pour François Mitterrand, ce sera la descente aux enfers. Comment le héros de 81 a-t-il pu si vite en arriver là ?

L'Europe et moi et moi et moi !

L'année avait pourtant débuté sur une parole de paix. Lors de la désormais classique cérémonie des souhaits présidentiels aux ambassades, le chef de l'État n'oublie pas qu'il est à son tour pour six mois le chef de l'Europe. Il marque son territoire : « La France déclare à tous sans exception qu'elle ne se reconnaît comme l'ennemi d'aucun peuple sur la terre. Nous respectons les États que nous reconnaissons, quelque idée que nous ayons de ceux qui les dirigent (...). L'histoire va le plus souvent lentement, mais jamais il ne faut céder à la tentation du chacun pour soi ou du repli sur soi. »

Le grand projet dont rêvent les Français, ce sera l'Europe. Son Europe à lui, celle de la tolérance, de la culture, de la jeunesse et du social.

En visite officielle début février à La Haye, l'homme à la rose en appelle au sens de l'histoire, au dépassement des contentieux technocratiques et au « supplément d'âme » qu'invoquera plus tard Delors : « L'Europe peut prétendre nous apporter, et aux autres avec nous, un message de raison et d'espoir dans la capacité de l'homme à organiser son destin (...). L'Europe n'a pas d'avenir si la jeunesse n'a pas d'espoir. »

Pour l'heure le pays a la tête ailleurs. La crise s'avance, le chômage gronde. L'Europe c'est les autres. Et moi, et moi, et moi, hurle en lui-même chaque Français.

Plus les esprits s'enflamment, plus l'image présidentielle se consume ; c'est le double triomphe de l'opinion sur les faits et du verbe de l'opposition sur le silence gouvernemental. Depuis 81, le pouvoir d'achat a crû de 5 %, l'inflation a baissé de moitié, l'épargne ne perd plus, le déficit extérieur est trois fois moindre, la France est encore le troisième exportateur mondial. Hélas ! chaque ministre, trop occupé à couvrir son territoire, et leur Président, trop acharné à courir l'histoire, oublient de le dire. La « médiatique », si je puis inventer ce mot, est avant tout logique, seul est su ce qui est dit et redit. Que nous a donné l'Europe ? Un hymne, une administration, un drapeau, rien qui nous donne la réelle envie d'être ensemble. Qu'attend Strasbourg pour proposer un jour férié transnational où nous mêlerions nos traditions, nos cultures, nos jeux, nos ambitions et nos rêves ? L'Europe devrait d'abord être une fête. À elle d'inventer le plaisir d'être ensemble, de faire ensemble, de croire ensemble. Même le sport reste nationaliste. À quand des équipes européennes ?

Giscard sans destin

Quelques mois après sa chute, Giscard m'avait convié à déjeuner. Il cherchait une explication à son subit déclin; pourquoi ne pas sonner à la porte de l'adversaire?
« Dois-je m'y rendre? avais-je demandé à François Mitterrand.
— Mais bien sûr, vous me raconterez tout », m'avait répondu le nouvel élyséen, presque coquin.
Je me rends à la convocation. Le déjeuner se passe en tête à tête chez sa nièce, dans un petit deux pièces mi-bourgeois mi-étudiant près de la place Victor-Hugo. Je n'avais jamais approché celui que chacun décrivait comme un monarque déchu. Je trouvai un homme meurtri mais lucide. Intelligent comme il n'est pas permis, courageux comme il est si rare, généreux comme il ne saura jamais le transmettre. La discussion en vient aux diamants. « Qu'aurais-je dû faire? », l'ancien Président me questionna d'une voix blanche, comme si la plaie était toujours ouverte. Ma réponse ne fit qu'un tour : « Être au journal de 20 heures le soir même de la première accusation et brandir votre vertu. Qui ne dit mot consent, mais surtout laisse la parole libre à son adversaire. Se taire est suicidaire. »
Ce 11 janvier 84, Giscard, mêlé à l'affaire des avions renifleurs, se souvient. Il tonitrue plein cadre face caméra et agite le dossier qui l'innocente. L'affaire en restera là. Il aura suffi d'un 20 heures pour enterrer le scandale naissant.

Langue de Fer

Pour le nouvel hôte de l'Élysée, l'hiver n'en finit plus. Le triomphateur d'hier aborde l'année avec une réputation de vaincu. Le vieux lion n'est jamais aussi lucide que lorsqu'il se sent en danger, il va toutes griffes dehors se battre à l'extérieur comme à l'intérieur.

Le Président invite Margaret Thatcher au Pavillon de Marly, pour un déjeuner tour d'horizon. « À mon avis, à la fin du siècle, confie-t-il à la Dame de Fer, l'Empire soviétique s'effondrera une fois de plus. Les jeunes espèrent davantage de consommation. Et la police ne peut l'empêcher, il faut tenir et s'ouvrir. »

La prémonition présidentielle se fera réalité, mais ce jour venu, nul ne voudra croire en l'adéquation à l'histoire de l'homme à la rose. Pour l'heure, le bateau élyséen fait eau de toutes parts. Le commandant, qui comprend l'ampleur du désastre, va reprendre la barre et former une cellule de communication de crise. Pilhan et Colé entrent en scène. De ce jour, la communication présidentielle en France va devenir professionnelle.

Les Marketing-Brothers

Jamais couple plus opposé ne fut uni pour s'atteler à une cause. L'un est grand, sec, brutal et despotique, l'autre petit, rond, tendre et consensuel. Mais quel tandem ! Ils inventeront tout du marketing politique moderne jusqu'à remonter, jour après jour, la pente boueuse des sondages et réinstaller leur annonceur sur les cimes azurées de la majorité retrouvée. La technique de ces duettistes de l'image est simple.

Un : prendre en permanence non pas le pouls de l'opinion, à l'instar du consultant ordinaire, mais sonder son âme. Avec Jean-Marc Lech, ils ajusteront l'instrument mis en place dès septembre 80, un outil qu'aujourd'hui encore la Maison-Blanche nous envie.

Chaque mois, ils testent l'opinion française sur l'homme qui les gouverne et de ses concurrents directs. L'image d'un

Président, telle une marque, fût-elle de pensée et non de fabrique, peut se résumer à une dizaine d'items qui la stéréotypent. Je sais : le propos est réducteur et les passéistes de service ne se gêneront pas pour hurler à l'informatisation de l'âme. Ne leur en déplaise, communiquer est une tactique avant d'être un art, et le secret de toute stratégie reste la connaissance de son marché.

Deux : ne jamais céder au marketing de la demande. Facilité fatale qui consiste à interroger les sondés sur leurs attentes pour mieux leur servir des solutions toutes prêtes. La force d'un homme d'État est de n'accepter qu'un marketing de l'offre. Il se doit d'affirmer ses convictions, sans jamais céder aux envies populaires du moment. La démagogie, il faut la circonscrire à la forme en se saisissant de l'humeur et du ton du moment. Mais ne jamais céder sur le fond.

Trois : se servir des media au lieu de se tenir à leur service. Ne pas attendre les propositions de tel ou tel, mais solliciter le bon créneau au juste moment. Mieux, réinventer l'émission dont on est l'invité, s'en faire ainsi le propriétaire et dès lors, maître du jeu, abaisser ses cartes.

De Gaulle communiquait par ses conférences de presse théâtrales, Pompidou par ses causeries au coin du feu et au coin du bonheur, Giscard par ses discours emphatiques. Mitterrand ira plus loin en s'instituant son propre metteur en scène multimedia.

Anne, ma sœur Anne...

Le rodage de la formule se fera le 12 février : François Mitterrand émet à l'émission « 7 sur 7 ». S'emparer de l'antenne de la brûlante Anne Sinclair n'est jamais chose aisée. Elle entend régner sans partage sur son émission et défend question après question son indépendance, mais elle aura ce soir-là, dans le regard, cette admiration pour son invité qu'aucune technique ne saurait masquer. Le Président, préparé par ses conseillers, en joue. Il est le chat, elle reste la souris. Il mènera l'interview à sa guise, profitant de l'ambiance qu'il aura su créer pour faire endosser par la crise les péchés de jeunesse du gouvernement Mauroy. Quelques jours auparavant, celui-ci a renoncé à tenir les promesses de 81 d'augmenter la production d'acier. Mitterrand joue la lucidité : « C'est dur, mais c'est ne rien faire qui coûterait des emplois, de l'argent et finalement du désespoir. La crise, c'est l'absence d'adaptation à la compétition mondiale. »

Le coup d'essai sera un coup de maître. La presse abaissera pour un temps sa garde, l'opposition aussi. Hélas ! pour le Président il est déjà trop tard, le cours de l'opinion est trop tumultueux pour se calmer en une heure de télévision.

Méfiez-vous des enveloppes

Il me narrera lui-même, quelques années plus tard, cette histoire savoureuse. Un vieux Président passe la main au bouillonnant successeur qu'il s'est choisi. Il profère les conseils d'usage : « Vous verrez, mon jeune ami, gouverner n'est pas chose facile. Aussi ai-je préparé, pour vous aider, trois enveloppes que j'ai déposées au coffre. Les six premiers mois seront l'état de grâce, puis brusquement tout se gâchera. Calmez les esprits autour de vous et annoncez à vos conseillers que vous tenez la solution bien en main. Alors, sans rien dire à personne, allez à votre cachette et descellez la première enveloppe. Faites ce qui est écrit et tout se remettra en place. Pour douze mois, guère plus. Aussitôt la grogne revenue, décachetez mon second message, suivez-le à la lettre et les sondages reviendront au beau fixe. Surtout ne criez pas victoire, l'embellie ne passera pas le cap d'une année supplémentaire. Il vous restera alors la dernière chance, la dernière enveloppe.

« Ainsi fit le nouveau Président. Après six mois de nirvana, la première enveloppe lui dit : " C'est la faute de mon prédécesseur. " Il réunit la presse, s'expliqua et chacun applaudit. Douze mois plus tard, il découvrit le deuxième conseil : " C'est la faute de la conjoncture. " Et le remède opéra jusqu'à la nouvelle rechute. Il ouvrit le cœur léger l'ultime recommandation. Elle était lapidaire : " Préparez trois enveloppes. " »

François Mitterrand, en pleine tourmente, vient de lâcher le concept de mutation. Il faudra huit ans pour qu'il soit compris. Presque une décennie perdue par ce peuple d'éternels conservateurs que nous sommes. Einstein répétait à ses élèves : « Je ne pense jamais au futur, il viendra bien assez tôt. » Chez nous il vient toujours trop tard.

De cet instant, le chef de l'État, oubliant sa vocation de jardinier du social, se voudra le forgeron de l'économie. Le savetier se fera financier, mais la France ne l'écoute plus, elle se noie dans le vide d'esprit des eighties de la facilité. La dérive s'affirme inexorable.

Mitterrand made in USA

Pour ne rien arranger, l'Europe a toujours mal aux Europes. La Dame de Fer joue les cœurs de pierre et refuse toute avancée. En réponse, le Président se veut plus sage : « Nous allons recommencer, ce qui veut dire continuer ; l'Europe des Dix n'est pas morte, elle a vécu un coup supplémentaire. Mais pour ceux qui sont disponibles, la cause n'est pas désespérée. »

L'Union européenne se fera ainsi, de réplique en réplique sur le grand théâtre de la scène diplomatique. Aucun auteur n'oserait revendiquer autant de platitudes et cependant l'histoire s'écrit là, à coups de banalités qui sont autant de vérités premières.

En France, rien ne va mieux, l'école agite toutes les unes, le chômage, toutes les statistiques, la crise, toutes les consciences. Aussi le Président s'envole-t-il pour Washington fin mars, avec l'espoir d'y trouver un sursaut d'image.

Toujours cette éternelle nécessité de naviguer au loin, pour nourrir son image de pilote au long cours de l'histoire, et de très vite revenir au près pour calmer les angoisses quotidiennes de son peuple. La politique ne tourne son feuilleton qu'en plan éloigné ou très rapproché. Le plan moyen n'intéresse personne.

Quelle leçon que cette tournée américaine ! La sidérurgie française se meurt et, avec elle, cette vieille industrie qui avait forgé notre orgueil et notre richesse. Les États-Unis sont, eux, entrés avec vingt ans d'avance dans le troisième millénaire. Nous protégeons la Lorraine, ils bâtissent Silicon Valley et le nouveau monde de l'informatique.

Mitterrand, s'il est homme de racines, n'en est pas moins apôtre du futur. Jean-Jacques Servan-Schreiber l'a initié à l'ordi. Certes, le professeur aurait pu être plus réaliste, mais l'enseignement est passé. De l'Amérique prospère et reaganienne, le Président lance un vibrant appel aux armes : « Notre pays aborde cette phase avec du retard. C'est pourquoi nous faisons un effort considérable et nous nous gardons du protectionnisme. C'est la tentation du déclin. Pour garder son rang, il faut accepter la lutte. » Le discours n'est pas en direction des États-Unis, mais de la France. Pourtant les media ne retiendront du voyage que le chic et les chocs des couples présidentiels, les poignées de main, les sourires hollywoodiens, les menus de la Maison-Blanche et le concert privé que donnera Julio Iglesias pour les quarante invités du dîner d'adieu.

Show devant

La remontée présidentielle est commencée, nul ne s'en doutera et moins encore les sondages qui prédisent le contraire, entraînant dans leur chute l'humeur nationale. Un temps décontenancé par une si subite adversité, un temps paralysée par une si violente décrue, le marcheur de Solutré a repris de son calme pas l'ascension de sa cote de popularité. Il ira son chemin, entouré de fidèles, cerné par la meute médiatique, freiné par les intempéries économiques, mais rien désormais ne lui fera baisser la garde. Son *come back* médiatique commence. Il lui prendra quatre ans de ténacité maîtrisée. Au contraire de la conquête du pouvoir qui mêle passion et spectacle, sa reconquête impose persévérance et méthode.

À l'opinion, cet an 84 semblera celui de la disgrâce. La réélection de 88 s'est pourtant jouée là, dans les boudoirs des conseillers élyséens, les réflexions marketing et les plans media.

Pilhan et Colé sont à la tâche. Ils ont désormais tout en main de ce qui touche l'image présidentielle. Ces soldats de l'ombre sont peu à peu devenus les radiologues de notre société. L'inverse de ces conseillers politiques ordinaires toujours prêts à calquer les idées de leurs candidats sur les attentes des électeurs. Une démagogie suicidaire. Déjà les clans se forment. Attali, qui a tous les talents sauf celui du partage, hait Colé ; Bérégovoy craint les deux, Rousselet les ignore. Mais Jacques est trop lisse pour être saisi et Gérard trop abrupt pour être abordé. Ils avanceront à découvert, au mépris des rafales, auréolés de la protection sans faille du tout-puissant. Mitterrand a choisi ses Jedaï d'images, il ne les désavouera jamais. Du moins tant qu'ils lui seront nécessaires.

Le prêche humble

Le 4 avril, première conférence de presse *new look*. François Mitterrand parle debout derrière un pupitre et devant un drapeau français. Colé a réglé chaque détail, il y a de la Maison-Blanche dans l'air, solennité et gravité en prime. Les rendez-vous washingtoniens sont débonnaires et quasi quotidiens. À peine le Président américain a-t-il une nouvelle qu'il convoque la presse dans les deux heures et s'explique sans effet ni formule. L'information est ainsi continue. L'Élysée a toujours usé avec la presse du courant alternatif, aussi la sacralisation est-elle de règle. Au programme de la prestation mitterrandienne, rupture de forme mais aussi de fond. Risques entrepreneuriaux, nouvelles technologies, Fabius nommé au Redéploiement industriel (comment n'a-t-on pas saisi ce jour-là qu'il était le futur Premier ministre?), publicité autorisée sur les radios libres : le virement de bord libéral est engagé. Certes, la finalité reste sociale : « La justice dans la répartition des fruits de l'activité économique », mais le socialisme nouveau est arrivé. Et pour marquer le virage, un sincère *mea culpa*. Au sujet du revirement de sa politique industrielle, le Président confesse : « Cette erreur, je l'ai commise en même temps que tous les autres, de droite et de gauche (...), mais qui placera-t-on plus haut dans l'estime ? Ceux qui, s'étant trompés, ont camouflé leur responsabilité, ou celui qui s'est trompé et qui entend bien ne pas faire payer au pays le prix de cette erreur ? »

La presse sera, comme à l'accoutumée, ironique, s'attachant plus à la confession qu'au repentir. Il est pourtant décisif; plus rien ne sera désormais comme avant, en mitterrandie. Et le virage de bord n'ira pas sans ménagement.

À peine entré d'un mille dans les eaux libérales qu'il faut choquer les voiles vers la bonne terre du peuple. François Mitterrand s'en acquitte trois semaines plus tard, dans une interview à *Libération*. « Il n'y a pas de tournant. Nous aurions changé si nous avions effacé les nationalisations. Simplement, nous avons pris des mesures pour tirer la parenthèse. Le pays reconnaîtra au bout du compte que la gauche apporte non seulement plus d'équité sociale, mais aussi plus d'efficacité économique que la droite. » Le Président enchaîne en jetant en pâture à la presse un des concepts concoctés par ses conseillers : il prône une société d'économie mixte. L'idée est belle mais pas de saison, il eût fallu moins d'orage dans l'air, elle ne survivra pas au gouvernement Mauroy. Le score de réussite des lancements de nouveaux produits politiques rejoint celui de la nouvelle consommation : un rescapé sur dix. Par bonheur, le public n'a la mémoire que des succès.

Voyage autour du monde

Le printemps se traîne, les sondages persévèrent dans le déclin et la nuisance, le chômage s'installe en mal nécessaire. Le clivage de l'école est irréversible, on en est à la motion de censure, Mitterrand en revient à son combat premier : donner aux Français le goût de l'Europe. Président de la Communauté pour peu de semaines encore, il lui faut choisir le moment et le lieu idéal pour laisser sa trace. On l'attendait sur une émission spéciale, une « Marche du siècle » d'avant la lettre ou une impérissable interview du seul journal politique officiel, *Le Monde*. Il choisira, à son habitude, le contrepied, en réservant son message à l'Assemblée de Strasbourg. Les députés qu'il cherche à convaincre n'ont aucun vrai pouvoir, sinon celui de ne pas oublier. L'homme à la rose sait bien que le temps n'est pas encore à la mode européenne, les électeurs un mois plus tard ne se priveront pas de le lui rappeler. Peu lui importe. Il choisit de parler pour demain. Ce qu'il va annoncer dans cet hémicycle feutré qui renvoie si mal tout écho deviendra cinq années plus tard, l'Union européenne. La faible résonance du jour d'émission reviendra en onde porteuse, le moment venu, colporté par le bouche à oreille. Quelle belle intuition pour convaincre son pays que de choisir le media des hommes !

Communiquer est avant tout cibler son message. La grande consommation arrose les foules à la motopompe du *prime time*. Le message politique connaît plus de subtilité, il prodigue le goutte-à-goutte qui donne vie aux destins.

« Depuis trop longtemps, dira le Président, l'Europe s'attarde dans des querelles dérisoires qui lui font perdre de vue l'objet même de sa démarche (...). » Elle doit « mobiliser ses entreprises mais aussi ses chercheurs, ses universitaires afin qu'ils sentent que leur avenir est sur notre continent (...). Dans l'électronique, l'Europe consacre à sa recherche plus de crédits que le Japon ou les États-Unis d'Amérique. Les tentatives d'alliance industrielle ont jusqu'ici échoué. N'est-il pas temps que les États les incitent à s'unir ? »

Le 20 juin, c'est le départ pour Moscou, premier voyage officiel du septennat en Union soviétique. La grève de la faim de Sakharov agite le monde occidental, François Mitterrand sait qu'on l'attend là. De Gaulle, avec son « Vive le Québec libre », avait prouvé, s'il en était besoin, qu'un slogan, à condition d'être subversif, valait tous les discours en terre étrangère.

Dieu sait qu'elle aura été concoctée, ressassée, discutée la petite phrase présidentielle qui fera le tour du globe : « Toute entrave à la liberté pourrait remettre en cause les principes [de la conférence de Stockholm]. C'est pourquoi nous vous parlons parfois de cas de personnes dont certaines atteignent une dimension symbolique (...). C'est le cas du professeur Sakharov. »

Il y a des mots qui sont des balles doum-doum. Dans ce coup de feu, Sakharov trouvera l'envol de la liberté. François Mitterrand y gagnera son statut d'homme d'État. Tenir le langage qui convient aussi bien à Paris et Washington qu'à Moscou est moins simple qu'il n'y paraît. Un mot peut enthousiasmer l'un mais blesser l'autre, faire l'unanimité en de telles circonstances touche donc à la performance. L'universalité politique est rare, chaque nation voyant l'histoire à sa fenêtre et midi à sa porte. Aussi faut-il ne pas laisser passer les rares occasions d'affirmer ses convictions d'un même ton au-delà de quelque frontière que ce soit.

Presse, je te hais

L'été rougeoie, le Président s'en revient en son royaume, auréolé de la grâce internationale mais la France reste sourde. La querelle de l'école a viré au liberticide. L'opinion est à feu et à sang. Mitterrand vit mal ce retour de flamme. Je me souviens d'avoir, à cette époque, assisté à deux ou trois journaux télévisés en sa compagnie, étant retenu à déjeuner ou à dîner à sa table. La cérémonie commençait toujours par l'auscultation des nouvelles. Le Président vaque à ses occupations, relisant une note ou discourant alentour comme sourd et muet à l'agitation du monde, puis soudain, le voici devenu plus blanc que neige, le journal aborde sa page de politique intérieure. Dès lors, aucune image, aucun mot qu'il ne sente tourné contre lui. Le raisonner est impossible, il flotte une odeur de complot médiatique et invariablement le repas s'ouvre sur la mauvaise foi du présentateur du treize ou du vingt heures. Les oreilles de Patrick Poivre d'Arvor ont dû tinter plus souvent qu'à leur tour.

Pilhan et Colé s'attellent donc à la coordination de la communication gouvernementale. Peine perdue, chaque ministre, trop attentif à son image personnelle, se complaît dans l'indiscipline. C'est curieux, l'ego semble plus développé à gauche qu'à droite. Comme si créativité, passion, indépendance conduisaient irrémédiablement à la mégalomanie. Aucune équipe mitterrandienne ne saura maîtriser son verbe. Dès lors, comment faire? Parler d'une seule voix, celle de Matignon. Certes, il n'est pas logique d'exiger le silence de ceux-là mêmes que vous avez nommés dans le seul but d'expliquer votre politique. Tout ministre n'est-il pas avant tout un chef de pub du gouvernement? Mais trop de langues tuent le discours.

Début juillet, le Président est au Puy-en-Velay, face à la presse. Il se prend de bec avec le maire de la ville : « Le projet Savary est respectueux de toutes les libertés dont vous venez de parler et quiconque affirme le contraire cherche à tromper l'opinion (...). Cette affaire est mal comprise, c'est la faute de ceux qui l'expliquent mal. Nous sommes tous coupables. »

Dont acte, Monsieur le Président.

De fait, il est trop tard pour tenter une quelconque remontée du courant. C'est au départ que se terrasse le mal. Laisser ainsi, des mois durant, s'emporter les eaux troubles de la critique systématique sans les endiguer, est suicidaire. L'éducation restera la pierre d'achoppement de tous les gouvernements. Balladur, le prince des malins, l'apprendra aussi à ses dépens.

L'intermède Fabius

Le pire est désormais à la porte. Mitterrand le sait, il va donc biaiser, Jacques Pilhan et Gérard Colé vont utiliser leur arme favorite : le suspens.

Le 11 juillet, un peu avant minuit, à l'heure où les salles de rédaction sont closes, le Président lâche une dépêche AFP pour annoncer son intervention le lendemain. L'habileté consistera à ne pas en dévoiler le thème. Nul ne saura, pas même Mauroy. Ainsi dès l'aurore, l'ensemble des radios puis des télévisions annonce à qui mieux mieux la prestation présidentielle. Le plan media s'est mis en place, gratuit, mais il s'avérera payant.

À 20 heures, le chef de l'État s'adresse à la nation de son bureau ; il lit son texte, crispé et pâle.

Il propose un référendum sur l'école libre et donc, avant celui-ci, un élargissement de la Constitution, un référendum autorisant le référendum.

« J'ai l'impérieux devoir de préserver l'unité nationale (...), rien ne sera possible si vous vous laissez entraîner à d'excessives divisions (...). C'est le peuple qui tranchera. »

Le dégagement en touche est sans faille. Comment la

droite pourrait-elle critiquer le recours à la sagesse populaire ? Le projet Savary est éclipsé, le ministre de la laïcité donnera sa démission le lendemain et le Premier ministre de la gauche quatre jours plus tard. L'ère Fabius commence.

Il aura suffi de cinq minutes de télévision pour qu'un gouvernement chasse l'autre et que se calment les remous de la contestation. La technique de la communication est ici à son risque ultime. Le jeu consiste à faire monter l'anxiété pour mieux apaiser les esprits de quelques images télévisuelles. Dès lors, l'apparition tant attendue est un délicat numéro d'équilibrisme. Tout faux pas peut être fatal. De Gaulle en 68, pour n'avoir su maîtriser son appel au calme, y risquera le pouvoir.

Le 14 juillet, piqûre de rappel dans les jardins de l'Élysée. Entre petits fours et champagne, François Mitterrand, très en voix, confirme sa position à un Mourousi qui commence à perdre la sienne : « La loi Savary disparaît dès lors que le processus référendaire est engagé au niveau parlementaire. »

La carotte suit, c'est l'annonce de la baisse des prélèvements obligatoires. La presse, le lendemain, enterre la hache de guerre.

L'orage est passé. Rien ne vaut la période estivale pour changer en douceur de gouvernement, la France n'a plus que ses vacances en tête ; mais si le peuple met sa mémoire en congés payés, il n'oublie rien. La rentrée sera chaude.

Verdun, ville de paix

Dernier rayon de bonheur, l'automne débute sur ce qui restera le plus beau style de la mitterrandie. Le 22 septembre, François Mitterrand et Helmut Kohl célèbrent la mémoire des morts de la Grande Guerre. L'idée de ce rendez-vous de Verdun vient de la cellule marketing, toujours cette diversion au quotidien cherchée dans les évasions étrangères. Mais cette fuite-là sera l'échappée belle, personne n'avait prévu la fin du script. La nuit est blafarde, la pluie s'est glissée dans le décor sans invitation préalable. Comme l'été semble loin dans cette froidure. Au centre de l'ossuaire de la Grande Guerre trône un catafalque recouvert de drapeaux hier ennemis. Les projecteurs transforment le mémorial en scène. Le silence est au diapason, lui aussi de glace. Soudain en ce lieu martyr, le Président a une inspiration. Il saisit la main de Kohl. L'ombre mêlée du Goliath allemand et du David français se profile sous les flashes. La photo est saisissante ; elle fera le tour du monde, et surtout celui des consciences. L'image fait l'histoire.

Les signes sont toujours supérieurs aux phrases. Mitterrand le sait, il usera de l'un pour ne pas abuser de l'autre. Le 12 octobre, il est à Bayonne, puis à Saint-Jean-de-Luz. L'indépendantisme basque rôde dans la ville, lui s'affiche à la terrasse d'un bistrot et se promène à pied dans les rues, sans protection apparente. Instantané d'un homme qui incite au courage. Quel discours aurait mieux frappé l'opinion ? Beyrouth en 83 après l'attentat du « Drakkar » et Sarajevo en 92 au bras de Kouchner n'ont pas eu d'autre but.

Grogne profonde

Coup double mais insuffisant pour parer à la grogne renaissante. La mi-novembre va marquer le point culminant du mécontentement des Français. Fabius a fait un temps illusion ; son « Parlons France », quart d'heure hebdomadaire de télévision imposé, a d'abord plu, puis déplu. Quelle folie pour un politique que de se prendre pour un animateur et d'oser donner un rendez-vous permanent aux Français ! Nous supportons Poivre ou Drucker parce qu'ils ne sont que des faire-valoir, mais de là à accepter qu'un Premier ministre acteur, auteur, producteur se fasse valoir lui-même, il y a un océan. Le Président qui avait donné un jeune Premier ministre à la France s'en étonne. De toutes les façons, il prend ombrage de tout, des media, de son gouvernement, des socialistes. À son idée, rien n'avance. Partant du principe que l'on n'est jamais si bien servi que par soi-même, il va s'installer à Matignon et gouverner plus que guider. Erreur d'aiguillage, un Président est homme d'espoir. De lui, on attend projets, idées, destin. Un Premier ministre est homme d'action. On le juge sur les faits.

Un malheur n'arrive jamais seul. Quelques semaines plus tard, le chef de l'État sur un coup de tête va commettre le plus bel écart médiatique de sa carrière. Il s'en ira en Crète, retrouver Papandreou. Invité surprise : Kadhafi.

Loin de moi de juger l'enjeu. François Mitterrand, alors que je m'étonnai devant lui, quelques jours plus tard, de son geste, me remit en place : « Une guerre vaut bien un déjeuner. » Certes, mais il eût été si simple d'en faire un déjeuner secret.

Le voyage fera couler beaucoup d'encre sale. Le Président, plus irrité que jamais, sera forcé, au lendemain de son retour, de donner une conférence de presse au goût amer. L'entrevue a permis de régler le problème tchadien, le Kaiser libyen s'est engagé à ne plus intervenir à N'Djamena, autorisant du même coup le retrait des troupes françaises. Les interventions diplomatiques valent toujours mieux que la plus infime des interventions armées. Hélas ! les règles de la popularité ne l'entendent pas de cette oreille. Faites la paix, et on vous taxe de traîtrise. Faites la guerre et on vous traite de héros. Le tohu-bohu sera général. De Fabius à Chirac, de Giscard à Rocard, il n'y aura pas une voix pour s'engager aux côtés du foudre de paix. La cicatrice laissera des traces terribles, se rouvrant à tout moment, comme des feux mal éteints. La droite a désormais sorti les couteaux. De cet instant, elle ne pensera plus, ne parlera plus que cohabitation. Kadhafi sera l'ultime banderille qui finira d'affaiblir l'homme à la rose. Mais le taureau n'est pas à terre, bien au contraire. C'est même lui qui portera l'estocade finale.

Le seul projet c'est l'Europe

Peut-être les historiens ne verront-ils en 84 qu'un septennat courant à son échec. Aux antipodes, l'analyse médiatique en fait l'an neuf d'un nouveau Mitterrand. Le vainqueur de 88 est né dans les marécages de la sidérurgie, de l'école libre, du Tchad, des Caldoches, du chômage.

L'homme a compris qu'il ne saurait y avoir de politique sans économie et que l'on pouvait respecter le profit sans trahir le partage. Il résumera sa pensée nouvelle en déclarant à *L'Expansion* : « Mon socialisme, c'est tout simplement la recherche d'une vraie démocratie politique, économique et sociale, le contrôle par la nation des grands moyens de production, une juste répartition des profits, la fin des privilèges de classe. »

Le 16 décembre, François Mitterrand s'invite à nouveau à « 7 sur 7 ». Le Président, moins en verve qu'en février face à la belle Anne, fait le bilan des douze mois évanouis. Définition de la politique de la France dans le monde, pédagogie sur la Nouvelle-Calédonie et distanciation vis-à-vis des États-Unis : « La militarisation de l'espace conduit au surarmement (...). Il nous faut aller vers le désarmement, c'est-à-dire un équilibre au niveau le plus bas possible. De ce point de vue, nous avons une position différente. »

Nous sommes à des années-lumière des préoccupations des Français. Il flotte dans le studio noir et bleu de TF 1 comme un avant-goût de cohabitation. Le Président est redevenu homme d'État. Il a quitté Matignon pour s'en retourner vers le paisible palais élyséen. À Fabius, en attendant Chirac, la politique et les tourments quotidiens, à Mitterrand la diplomatie et les vapeurs de l'histoire.

Comme pour sceller ce nouveau personnage, l'hôte de l'Élysée, dans ses vœux à la Nation, en appelle à la Patrie, au courage, à la solidarité, à l'effort, à la tolérance, pour conclure : « Le grand projet, c'est l'Europe. » L'année médiatique s'achève telle qu'elle avait commencé. À Platini la Coupe d'Europe, à Rousselet Canal +, à Los Angeles les Jeux olympiques. On a enterré Andropov et Truffaut, assassiné le père Popieluszko et Indira Gandhi, réélu Reagan, nobelisé Tutu et rejeté Mitterrand. C'est pour mieux le ressusciter.

1985
L'ANNÉE MOUROUSI

À Noël, voici dix jours, Bob Geldof, sur un air de Big Band-Aid, a fait chanter « en cœur » tous les artistes du monde. Coluche commence l'année en inventant les Restos du Cœur, son plus beau sketch. Entre ces deux générosités, que de bassesses en ce bas monde !

Et d'abord en France où François Mitterrand va tomber à 27 % de cote d'amour (Sofres-*Le Figaro Magazine* du 7 avril) et le PS à 30 % de voix lors des cantonales de mars.

Comment s'étonner que les vœux présidentiels soient plus consignes que souhaits ? Aux corps constitués, le chef de l'État trace une année 85 « de la mise en place définitive de la décentralisation et de son corollaire indispensable, la déconcentration (...). Elles doivent s'accompagner d'un allégement des administrations au moins pour l'État, de simplifications des procédures, de raccourcissements des circuits ».

Mitterrand me confiera un soir de doute : « L'administration tue tout pouvoir, ce pays est à tout jamais ingouvernable. Comment briser les chaînes du corporatisme et du conservatisme ? » Déjà la nostalgie s'installe en cet être pourtant si volontariste. Sa recommandation au corps diplomatique trahira d'ailleurs sa tempête sous un crâne :

« Exercice très utile, très utile pour une vie personnelle que celui-ci : l'arrêt, la réflexion, le tour d'horizon, réfléchir un moment pour considérer le monde (...). Nous vivons sur une planète rétrécie (...). Je forme des vœux pour que s'élargissent de plus en plus les zones où la nature des hommes et la nature des choses permettront aux droits de l'homme, qui sont partout les mêmes, de s'affirmer. »

Pas clair, pas clair, l'écrivain a repris ses vices de littérature orale. Il se lancera même dans une phrase interminable et donc indéchiffrable de cent vingt mots sur l'égoïsme du Nord et le courage du Sud. Un record digne du *Guinness book*. Dans son apprentissage de la communication, soulignerai-je jamais assez la maîtrise du verbe ? Mitterrand est, avec de Gaulle, l'homme d'État qui a su le mieux user de la langue française, dont tant de politiques abusent. Manœuvrier des mots, il est le premier de sa caste à avoir réussi la synthèse impossible entre la nécessaire brièveté télévisuelle et la victoire de l'expression. Sa vraie télégénie est là. Mais chassez le naturel, il revient au galop. Le Président se laissera aller de-ci de-là.

François d'Artagnan

C'est la débâcle mais l'homme à la rose ferraille de plus belle. En Alsace, un journaliste le questionne sur sa façon de gérer son impopularité. La réponse fuse, sincère : « La survie n'existe que si l'on est conquérant. Toute situation défensive est perdue. C'est un principe que j'applique chaque matin. »

Beaucoup s'étonneront lorsque deux ans plus tard, Mitterrand épousera Tapie en noces blanches. Et s'il n'y avait entre ces deux hommes qu'une inextinguible soif de victoire ?

De l'énergie, il en faut. En Calédonie, c'est l'état d'urgence. Le rebelle Éloi Machoro est abattu par le GIGN. La bavure fait des vagues. Le 16 janvier, édition spéciale sur A2, la reine Christine reçoit à sa table du journal télévisé le roi François. Ockrent lance la balle.

« Le président de la République irait-il jusqu'à aller en Nouvelle-Calédonie comme il était allé au Liban ?

— Mais oui, j'irais en Nouvelle-Calédonie, reprend au bond le Président.
— Quand ?
— Demain.
— Demain jeudi ? lâche, incrédule, la journaliste.
— Demain jeudi », répond-il.
L'effet est bœuf. July se dira « estomaqué » : le Président a annoncé cela « comme s'il s'était agi d'aller à Romorantin le lendemain matin ». Interrogé sur la France, il parle de la nécessaire rigueur qu'il faut maintenir, en appelle au courage, à l'énergie, à la résolution. Le Mitterrand que voient les Français est dopé. On l'interroge sur les sondages, il rétorque : « Impopulaire ? Mettez cela entre guillemets (...) attendez la suite ! » ; il propose en souriant de donner des conseils à cette opposition qui ne propose « rien de très particulier aux Français sinon un " remake ", comme on dit en franglais, une resucée de ce que l'on a déjà connu ».
Interrogé sur l'inversion des rôles entre un Premier ministre qui essaie d'apparaître au-dessus de la mêlée et un Président qui descend dans l'arène, il fait assaut de sérénité : « Nous y sommes tous les deux. Nous y sommes ensemble et en parfait accord. » Il trouve très bien que Fabius soit mieux placé que lui dans les sondages même si, « pour moi, ce n'est pas tout à fait la part que je mérite ». A-t-il le sentiment d'être incompris ? « Cela m'arrive. Je considère souvent que les jugements qui sont portés sur mon action sont injustes. » Et Renault ? « Renault pose un grave problème qu'il faudra résoudre dans les jours qui viennent. » (Le 21 janvier, Georges Besse sera nommé à la tête de la Régie.)
Le chef de l'État poursuit en confirmant la politique économique engagée ; les résultats sont tangibles.
On lui rappelle ses vœux où il en appelait à la tolérance. Vœu pieux ? « Non, ce n'est pas un vœu pieux. Je suis comme les autres, je vieillis, donc j'acquiers quelques degrés sur le chemin de la sagesse ; je cherche donc à harmoniser, à réduire les passions, les rivalités, les antagonismes. Je le

cherche... mais je ne le cherche pas au détriment de la démocratie (...). Le premier cadeau à faire à la France, c'est d'apporter la tolérance, c'est-à-dire le respect de l'autre. C'est de renoncer, lorsqu'on a un privilège, à certains avantages pour que joue la démocratie. « Les Français, ajoute-t-il, ont su se battre sur des champs de bataille autrement plus dangereux et terribles. Qu'ils gagnent donc la bataille de l'économie ! » Enfin, il donne le feu vert aux télévisions privées locales. « Il y aura, en plus du service public, d'autres chaînes. Des chaînes verticales, c'est-à-dire de grandes chaînes nationales qui passeront des arrangements avec les chaînes locales (...) dans l'ensemble de la France, il doit y avoir place pour 80 ou 85 chaînes locales. »

Il bondit lorsque l'un des journalistes présents parle d'explosion : « Interdisez la liberté, vous êtes accusé de tyrannie. Accordez cette liberté, et vous êtes accusé d'anarchie. » Le petit monde de la communication reste sans voix : pourquoi 80 chaînes et pas 372 ou 6 024, pourquoi un tel saut du rien audiovisuel vers la prolifération amazonienne ? Qui le fera et comment ? Même ses plus proches l'ignorent et André Rousselet crie à l'assassinat. Devant l'assaut, l'hôte de l'Élysée demande à Jacques Pomonti d'étudier de près le « cas Berlusconi ». On sait où cela mènera.

Les habituels flatteurs se surpassent, charmés par les traits d'humour et l'aisance présidentielle : Jack Lang l'a vu « magnifique », Duras « lui-même à un point génial. La presse sera plus réaliste. Colombani résume la prestation présidentielle en écrivant dans *Le Monde :* « Il lui faut convaincre que la gauche gère au mieux la crise ; qui plus est qu'elle le fait en restant elle-même. » Mais c'est la crise calédonienne qui fera les titres des autres journaux. *Le Quotidien de Paris* titre : « Banco chez les Canaques », July parle d'un « coup de poker », Tesson trouve que « François Mitterrand prend des risques » et Claude Cabanes estime dans *L'Huma* que « la magie du verbe, même investie des attributs de la plus haute autorité, vient toujours se briser sur la force de choses ». Le mot de la fin restera à un obscur **RI** (sans rire). Il trouvera pour sa part « qu'il n'y a plus d'image et de son entre le Président et les Français », méchant, mais surtout pour le service public. Trois pannes d'image interrompirent l'émission. Un comble technique !

Le 18 janvier, le professeur Montagnier identifie un second virus du sida. Le fait passe presque inaperçu, il faudra attendre que Rock Hudson, quelques mois plus tard, avoue en direct son mal maudit pour que le monde s'interroge. Hollywood pas mort !

Mitterrand d'Outre-Mer

Le 19 janvier, c'est le départ pour la terre canaque. Mitterrand trouve l'île en état d'alerte. Charles Pasqua, jamais en retard d'un coup bas, lance à la presse : « Le Président est parti imbibé d'idéologie. [S'il prend le parti de l'indépendance] il manque à son devoir et sort de son cadre de chef de l'État » ; *Le Monde,* plus serein, titre : « L'Exorciste ».

Le retour au pays n'autorise pas de faute. Mitterrand va lancer une nouvelle arme : le ton ciblé. Tout en développant les mêmes arguments pour tous, il usera, selon son auditoire, du langage le plus approprié. La phrase en phase, voilà qui est neuf.

Le 20 à la télévision, il expose en quatre points son approche : dialogue, sécurité, reprise de l'activité économique, propositions pour la Calédonie. Conclusion : « La France entend maintenir son rôle et sa présence stratégique dans cette partie du monde. » Une prestation d'énarque du Quai d'Orsay.

Le soir même sur Radio-France Outre-Mer, le discours change : romantisme et humanisme sont au programme. Le fond est le même, la forme est différente, le propos est au je et le vocabulaire passionné.

Tant d'adresse n'apaisera pas la fournaise calédonienne pour autant. En avril, la violence reprendra ses droits et la rue. Le 29 septembre, les urnes trancheront : RPCR 51,99 % FLNKS 28,75 %. Les Blancs garderont Nouméa, les indépendantistes gagneront trois régions. Et Mitterrand le calme pour un temps.

Mitterrand d'en France

Les Français à leur tour vont voter, c'est désormais une maladie chronique. François Mitterrand profite de l'accalmie pour faire des allers-retours dans cette France profonde qui le lâche. Ce provincial aguerri sait que toutes les reconquêtes se font par la région. Il multiplie incursions et confrontations. Petit chef-d'œuvre du genre, à Grenoble. Carignon lui a préparé un discours aux limites de la courtoisie. « La France retient son souffle », smatche-t-il. « La France reprend son souffle », rectifie le Président. Le talent est un métier. À Angoulême, quelques jours plus tard, célébrant la bande dessinée, il choisira de ronsardiser. S'inquiétant de « l'arrivée des résineux en forêt morvandelle », réclamant leur « part de lumière aux charmes, aux hêtres et aux chênes ». La tournée continue, François Mitterrand est à Château-Thierry, son maire UDF André Rossi, dûment préparé par ses pairs, place des banderilles : « Détérioration, stagnation, dégradation. » L'homme à la rose, en taureau blessé, force et encorne le toréador de pacotille :

« Eh bien, Monsieur le Maire, vous souhaitez des réponses, les voilà. Je viens d'entendre une caricature, je vous répondrai par une analyse sérieuse. Est-ce que vous croyez que qui que ce soit m'empêchera de dire ce que je veux dire, ici, à Château-Thierry ? (...) Non, il n'est pas exact de dire que le chômage s'est accéléré (...). Non, les investissements industriels ne connaissent pas aujourd'hui une crise plus grave qu'hier. Non, le différentiel entre les prix français et les prix étrangers n'a pas connu une aggravation (...). Non les exportations industrielles n'ont pas connu de crise au cours de ces derniers temps. »

La colère rend les femmes belles et les présidents loquaces. Chaque propos est assorti de chiffres précis, de démonstrations claires. La voix est sèche, le corps en nage, le cœur en rage.

Un septennat sans éclat de voix reste un septennat sans éclat. En pleine déroute, le Président acculé va assener l'un des plus durs discours de son règne, rendant coup pour coup, jusqu'à laisser son adversaire hébété, KO debout. En substance : Dirigisme ? Allons, ça date de Colbert, petit ignare. Une entreprise qui quitte la Picardie pour la Lorraine ? Si vos amis ne l'avaient pas laissée crever, cette Lorraine. Je vais changer le mode de scrutin à un an des élections ? Les gaullistes l'ont fait en six semaines. « Relisez votre histoire ! » conclut-il.

Le lendemain, *Le Figaro* parlera de « Passe d'armes », *Le Monde* de « Courroux de la Force Tranquille ». La vérité est bien plus profonde. Le Président, cerné de toutes parts, a retrouvé le militant. Il se bat et pense encore pouvoir inverser le destin. Est-il encore temps ? Les 10 et 17 mars, la gauche pour les cantonales perd sa majorité : 53,5 % pour la droite, 30 % pour le PS, 10 % pour le PC. Dur, dur, le vrai rendez-vous est celui des législatives, mais il reste si peu de mois pour remonter la pente.

À Moscou, Tchernenko s'en va, Gorby le Magnifique entre en scène, la perestroïka n'est plus loin.

À Paris, Fabius annonce le changement de mode de scrutin. Pour sauver le PS, le gouvernement laisse Le Pen entrer dans la bergerie. Tollé de l'opposition et huée de Rocard. Il réveille François Mitterrand à 2 heures du matin et lui donne sa démission. Nouvelle brouille de deux êtres aux caractères antagoniques. Qui est le chat, qui est le chien ?

Merci Mourousi

L'opinion est la croisée permanente de trois forces, souvent contradictoires : l'information, la publicité et le discours public. Chacun cherchant à infléchir l'autre et s'auto-annihilant à tour de rôle. La vérité naît ainsi du choc de convictions, bien ou mal intentionnées, qui s'affrontent. La domination de l'influence par l'écrit est morte et bien morte. Difficile à avouer pour un auteur, fût-il publicitaire. Le petit écran est devenu notre quotidien, notre magazine et notre *Journal officiel*.

Je me souviens de mon père croisant il y a vingt ans un de ses amis à Perpignan :

« Félicitations pour ta Légion d'honneur, lui lance-t-il.

— Tais-toi, chuchote l'autre, ce n'est pas encore officiel.

— Comment, reprend mon père, je l'ai lu ce matin dans le *JO*.

— Peut-être, mais *L'Indépendant* [le quotidien régional] ne l'a pas encore publié. »

L'anecdote est toujours valable, mais elle deviendrait aujourd'hui : « On ne l'a pas vu à la télé. » Désormais, l'officiel est audiovisuel.

Je suis ahuri de constater que lorsque dans mon métier je mène des réunions de groupes, les échantillons dits représentatifs n'évoquent plus comme il y a une décennie leurs problèmes familiaux, professionnels ou quotidiens mais les dernières émissions, débats, journaux, reportages vus à la télévision ces dernières semaines. Le réel désormais c'est l'écran.

Un réel éphémère, la mémoire de l'événement n'excède pas deux mois. Mais elle est collective. Nous devenons, sous l'influence de l'étrange lucarne, un peuple monolithique. La société de masse des années 70 a laissé la place à une société d'individus mais notre culture est horriblement synchronique, chacun de nous souhaite sa différence mais l'assujettit à un reçu collectif.

Autres temps, autres media, tout a basculé en communication le jour où le choc des images l'a définitivement emporté sur le poids des mots. Mitterrand l'a intégré, d'autant qu'il sait charmer cet ogre électronique qui, hier encore, le dévorait à chaque apparition. Il a même pris goût à l'exercice. Presque trop.

Gérard Colé qui est désormais son conseiller à plein temps sait que la rapidité d'intervention est capitale. Il va faire installer, à trente mètres du bureau du « patron », au 4, rue de l'Élysée, un studio présidentiel. À la manière des chefs d'État américains, le Président pourra à tout moment intervenir en direct, de chez lui. Les éclairages ont été réglés par Serge Moati comme pour le débat de 81. La technique est d'avant-garde et permet tous les montages vidéo. Un vrai bijou mais qui très vite se révélera superfétatoire. Le chef de l'État en usera peu, préférant pour les interventions et selon les circonstances, la solennité de son bureau, l'intimité de sa bibliothèque, ou la quotidienneté des studios de télévision.

Stupéfiant Mitterrand : cet homme de l'écrit, prince des mots et fils de littérature saura en quelques années devenir le premier communicant audiovisuel de France. Changement de méthode de pensée, bouleversement de la rhétorique, adaptation permanente à l'actualité, ce sera la plus décisive de ses mutations professionnelles.

Auguste et le clown blanc

Flanelle grise, œil de velours, teint lustré et sourire charmeur, François Mitterrand entre sur le plateau de TF 1 ce 28 avril au soir. Le mobilier est plus starkien qu'élyséen, le décor plus salon que studio. Surgit Yves Mourousi plus agité encore qu'à l'ordinaire, éternel costume bleu aux poches biseautées, chemise à col rond, et voix cassée ; il reçoit le Président pour une spéciale très spéciale.

Premier sacrilège, le journaliste le plus doué de sa génération s'assied sur le bureau du chef de l'État et pose la première question. La France téléspectatrice retient son souffle. L'émission a été annoncée à grand fracas mais qui aurait pu s'attendre à un tel politique show ? Deux heures durant, le Président, changeant tour à tour de place dans le studio, va faire face à un déluge de films, d'infos, de sondages. À l'impertinence de Mourousi, il opposera la pertinence mitterrandienne. Aux pièges des questions de société, une extraordinaire conscience de son temps. À la frénésie des images, sa Force Tranquille. Il ira jusqu'à mettre out son interviewer qui lui demande s'il parle le verlan : « Chébran, c'est dépassé, il faut dire blécâ », rétorquera le Président.

Les Français stupéfaits découvrent un homme qui n'a plus soixante-dix ans mais trente. Plus au fait qu'eux-mêmes des dernières nouveautés. Sous leurs yeux, le leader politique se fait leader d'opinion. L'homme du passé, le prescripteur du futur.

Mourousi mène le jeu à merveille, humeur et humour, densité et légèreté sont au programme. Il demande, coquin, au Président d'expliquer « craignos », mais lui fait dire à la réplique suivante : « Mitterrand a changé beaucoup de choses, mais lui n'a pas changé. » Il l'interroge sur sa bébête : « Je ne me voyais pas en grenouille (...), je m'écoute parler de temps en temps. »

Enchaînement sur le cours de l'histoire : « Deux septennats dans la même ligne de conduite, pour poursuivre un même projet, ce serait plus sûr, car sept ans, je suis en train de m'en apercevoir, c'est court. »

De la popularité de Fabius et Lang, il sourit : « Je suis très content (...) de pouvoir leur servir de bouclier. » Mais aussitôt, la tendresse fait place à la hargne : « À tous ceux qui, parce qu'ils ont un gros appétit, se précipitent vers ce qu'ils croient un fromage (...) je dis je ne resterai pas inerte. »

Ultime séquence : Mourousi présente « Les Chevrons sauvages », le film « culte » de Citroën, et François Mitterrand fait la pub de ma pub : un rêve !

La conclusion, vibrante comme l'homme à la rose sait les faire, sera unitaire. Le Président câblé redevient le Président de tous les Français : « Cohabitation, c'est un terme tout à fait impropre. Les institutions de la République sont faites pour que les Français vivent ensemble. »

L'émission restera comme un chef-d'œuvre du genre. Cent vingt minutes d'un show froid ébouriffant. Recette : une dose de gravité pour une dose de légèreté ; liant du tout : un nappage de modernité. Le rythme est celui du clip, le langage celui de la pub, l'image celle des variétés. Jamais la politique ne se sera autant donnée en spectacle, jamais pourtant elle n'aura paru aussi sérieuse. L'époque a pour un temps brisé les chaînes de l'académisme. Gainsbourg et Coluche mènent le jeu de la provoc, Tapie et Berlusconi celui du business-show, Goldman et Renaud celui de la révolution des mots. C'est l'apogée du décalage, cet humour baroque qui prend tout et n'importe quoi à contretemps, à contre-pied. L'enjeu pour le Président était de savoir donner du fond à cet excès de forme. Il est le seul homme d'État capable de mener ce grand écart. Imaginez Édouard Balladur parlant chébran. L'opération n'était pas sans risque, les dangers du direct étaient énormes. Mais en période de chute pour un homme politique, le seul risque est de ne pas en prendre. L'impact sur les consciences vint en partie du péril perçu par le téléspectateur d'un Président sur le fil du rasoir médiatique, près de faillir à chaque instant. Et Mitterrand lui-même, conscient du danger, se trouva dans cet état de tension qui entraîne inévitablement le spectateur dans le même vertige. Ainsi se créa une intimité qui décupla la perception du message.

L'électrochoc va réussir. Mourousi avait bien choisi son titre, le « Ça nous intéresse, Monsieur le Président » fait exploser l'Audimat (47,7 %). La salle composée sur mesure affiche les têtes du moment : Harlem Désir, Maurice Béjart, Jacques Calvet, Olivier de Kersauson. Mitterrand m'a ajouté à sa liste, j'ai entraîné Bernard Tapie. À la fin de l'émission, je le présente au Président :
« Nous nous reverrons, lui lance l'homme à la rose.
— Je l'espère bien », répond l'homme qui monte.
L'espoir n'a pas été déçu.

La presse se déchaîne. Jean-Yves Lhomeau du *Monde* ouvre le ban : « Mourousi vainqueur d'une variété politique et souvent mondaine. » Erreur de jugement, il n'y eut qu'un gagnant ce jour-là, celui qui avait tout à perdre. « Un spectacle à fabriquer du consensus », écrira July. Mieux que cela. Le plus rapide lifting d'image qu'ait jamais connu la société politique. « Du sous-Montand, dans " Vive la crise " », persiflera André Rossinot. « Une prestation qui marquera l'histoire des media et l'histoire tout court par son absence de contenu », scande *Le Quotidien de Paris*. Quelle bévue ! L'émission laissera des traces profondes. Le vieux monsieur de l'Élysée a témoigné de la seule jeunesse qui compte, celle de ses neurones. Le courant est passé, il n'y a plus de coupure entre le Président et son peuple.

La remontée mitterrandienne partira de là, de ces deux heures où un presque septuagénaire, attaqué sur tous les fronts et d'abord celui de son âge, sut prouver qu'il n'y avait ni usure du temps, ni déphasage avec le temps. La télévision peut en une soirée changer la perception que le public se fait d'un être. Certes, elle ne change pas d'un coup l'opinion, elle la fait insensiblement glisser d'une rive du jugement vers l'autre. En quelque sorte, elle change le sens du vent. Reste pour l'heureux bénéficiaire à savoir se laisser porter.

Deux mois plus tard, les sondages trancheront. Les

mécontents se tassent, les satisfaits frémissent. En mars 86, ils relèveront la tête.

Le réveil mitterrandien interviendra six mois trop tard pour éviter la cohabitation, mais déjà 88 s'illumine.

On épiloguera longtemps sur le montage de l'événement, plus d'un cherchant à s'en attribuer la paternité. Quant à ceux qui croient encore à l'improvisation, ils sont naïfs. Dans une telle émission, les sujets, les questions, les films, les décors sont triés sur le volet, par l'Élysée soi-même. Certes, l'improvisation demeure de-ci de-là, mais dans des limites préétablies. Et que l'on n'agite pas l'éternel spectre de la manipulation. N'en déplaise aux critiques de service, la préparation méticuleuse d'une telle apparition est la moindre des choses. Pensez-vous qu'une star de cinéma passant à « 7 sur 7 » ou un patron invité à « L'Heure de vérité » ne mettent pas la même méticulosité à préparer leur prestation ? « L'immaturation » en la matière relèverait de la faute professionnelle.

Quelques jours plus tard, *Le Quotidien de Paris* et TF 1 réaliseront un sondage resté secret jusqu'au deuxième épisode de « Ça nous intéresse... » qui viendra clore l'année. 77 % des téléspectateurs ont apprécié l'émission, 76 % trouvé le Président sympathique, 75 % ont aimé son sens de l'humour, 72 % l'ont jugé adapté à son époque, 60 % clair dans son message, 57 % chaleureux, 52 % proche de leurs préoccupations. Et dire que le microcosme journalistique n'avait pas caché son scepticisme.

La solitude du coureur de fond

Début mai, au onzième sommet des pays industrialisés, à Londres, le chef de l'État confirme sa pugnacité en ne cédant rien aux Américains de son plan de lutte contre la sécheresse et la famine. Le *Times* présente François Mitterrand comme « le vainqueur du sommet », le jour même où *Le Monde* titre : « Seul et fier de l'être ».

Tout redressement de cote de popularité nationale va de pair avec une affirmation internationale. Une distorsion de l'image extérieure avec l'image intérieure, ou vice versa, peut être fatale.

Mitterrand sent qu'il renoue avec les charmes de cette fée indispensable et volage qui accompagne toute réussite : la baraka. Il ne va plus rien laisser au hasard, écrivant lui-même dans la revue juive, *Les Nouveaux Cahiers,* un article enflammé : « L'honneur et la honte, je ne sais ce qui l'emportait en moi ce jour de mai 1945, lorsque je suis entré dans les camps de Lanzberg. Seule la mort nous attendait. La neige était tombée sur le sang et la boue, images terribles et ineffaçables. Jamais je n'oublierai cette vision d'un monde soudain privé de raison : toute trace d'humanité avait disparu, c'était la nuit, la nuit absolue de l'âme. Une telle vision de folie vous marque à jamais. Quand on a pu voir où mènent le racisme et le fanatisme, la vigilance devient une règle de tous les instants. »

Le 10 mai est diffusé sur FR 3 « Le Portrait d'un Président ». Anne Gaillard et Roland Cayrol ont suivi l'homme à la rose six mois durant. Les questions, les images sont volées entre deux week-ends, deux audiences, ou deux avions. Plus philosophique, plus authentique, moins médiatique, cette heure de télévision fait partie du plan de renaissance. Mission : l'homme du futur étant posé, revenir à l'homme de racines.

Le 14, au Collège de France, le Président lance l'idée d'un Arte avant la lettre, une chaîne culturelle et éducative à dimension européenne, une sorte de « vidéothèque du cinéma, du théâtre, des arts et des lettres, français, anglais, allemands, une encyclopédie générale spécialisée ».

Et le Paf de piaffer.

Le 26, c'est Solutré et sa marche symbole. Un journaliste rappelle à François Mitterrand qu'en 65, il se présentait comme un Président jeune pour une France moderne, qu'en sera-t-il en 88 ? « Je mettrai, répond l'homme à la rose, un Président rassis [a-t-il voulu utiliser le verbe rasseoir ou rassir ?] dans une France qu'il a modernisée. Finie l'agitation, un peu de calme, on souffle pendant sept ans. »

Le 14 juillet, Mitterrand retrouve Mourousi pour la classique garden-interview-party. Le ton est redevenu solennel, au point de paraître ennuyeux. Le Président se livre à un cours en règle de droit constitutionnel. Il fixe d'avance ses marques :

« Alors, conclut Monsieur Bonjour, la cohabitation c'est sourire, changement de conversation ou revolver ?

— Loyauté, loyauté à l'égard du pays », répond Monsieur France.

Green chaude peace

Le 10 juillet, le *Rainbow Warrior* sombre dans le port d'Auckland. Le 6 août, *L'Événement du jeudi* et *VSD* publient de concert « Le dossier ». D'après les sources néo-zélandaises, la DGSE est impliquée dans ce qui va devenir l'affaire Greenpeace. La presse française tient son Watergate, elle ne va pas le lâcher.

Le lendemain, François Mitterrand demande une « enquête rigoureuse » à son Premier ministre qui en charge le conseiller d'État gaulliste Bernard Tricot, un homme au-dessus de tout soupçon.

Le 18, au cœur de la tourmente, le chef de l'État est forcé d'affirmer son autorité : « Je réitère l'ordre donné aux armées d'interdire, au besoin par la force, toute entrée non autorisée dans les eaux territoriales françaises et l'espace aérien français des atolls polynésiens de Mururoa. »

Mitterrand est homme de crise. Il n'a pas son pareil en période trouble pour alterner fermeté et dialogue, sans jamais laisser s'enliser l'affaire. Il connaît les effets du pourrissement d'un scandale. Le contre-feu est simple :

briser la rumeur, désigner un responsable, enterrer l'affaire. Et cependant le vieux renard se laissera prendre au piège. Les morts médiatiques ne se laissent pas aisément mettre sous terre.

Le rapport Tricot dégagera la responsabilité des services français, mais les vannes sont ouvertes. *Le Monde* et *L'Express* parlent d'une troisième équipe, deux nageurs de combat plongent dans le scandale et font déborder la vase. L'heure des démissions a sonné. Lacoste, le patron de la DGSE ouvre le bal. Mais c'est Hernu qui aura la vedette et pour finir le beau rôle. Le 20 septembre, François Mitterrand diffuse sa lettre d'adieu à son fidèle parmi les fidèles : « Au moment où vous demandez à quitter vos fonctions, je tiens à vous exprimer ma peine, mes regrets et ma gratitude (...) pour avoir dirigé avec honneur et compétence le ministère de la Défense. Vous gardez toute mon estime, vous gardez celle des Français qui savent reconnaître les bons serviteurs de la France. À l'heure de l'épreuve, je suis, comme toujours, votre ami. »

Le 22, Fabius trébuche — un faux pas qui laissera des séquelles. Le Premier ministre, croyant que son ministre de la Défense endosserait la faute, reconnaît la responsabilité de l'État. Mais Hernu, en vieux sanglier, va charger. Il précise le lendemain « n'avoir jamais donné cet ordre imbécile ». Le combat de mots s'achèvera là. D'une déclaration, chacun aura gagné ou perdu la face. Fabius restera le lâche, Hernu le bon, et Mitterrand le fort.

Le mot de la fin reviendra à l'ex-ministre de la Défense : « Les principes, conclura-t-il, sont comme les jupes des jolies femmes. Je veux savoir ce qu'il y a dessous. »

Le duel truqué

Le 27 octobre, Fabius tente de se refaire une santé, et provoque Chirac en duel. L'initiative est dangereuse ; dans un *mano a mano*, le plus anxieux est toujours plus exposé. Des débats télévisés, on ne retient qu'une image ou une formule. Celle qui fait mouche. Le Premier ministre est jeune dans ce sport sans pitié où il y a inéluctablement un vainqueur et un vaincu. Chirac, sous ses aspects immédiatiques, est un vieux de la vieille. Il va pousser son adversaire à la faute et lui casser les reins. Très tendu, Fabius se contient mal ; Chirac le sent et a l'ingéniosité de le traiter de « roquet ». Au lieu d'utiliser l'humour, seule garde possible contre une telle attaque, l'agressé grince son devenu célèbre : « Je vous en prie, vous parlez au Premier ministre de la France. » Le mal est fait, les Français vont se lancer la boutade les semaines suivantes. Le jeune homme bien sous tous rapports qui plaisait tant au pays en 84 n'est plus qu'un chien d'orgueil. Mitterrand lâche lui-même à ses proches : « Il n'a pas su rester lui-même. Fabius le policé a voulu mordre. »

Ah ! ces signes extérieurs de faiblesse d'une société qui ne s'attache plus qu'aux détails. On ne scrute plus les faits, on scrute l'homme. La télévisualisation de la politique est un langage facial : les moues, les sourires, les froncements de sourcils, les hochements de tête forment le discours visuel. Ils nous en disent plus sur celui qui parle que les mots qu'il emploie.

Comme souvent, le jugement médiatique sera injuste. J'étais un invité du débat. *Paris-Match* m'avait demandé d'organiser, dans une salle attenante, une médiascopie. Un panel de téléspectateurs actionnaient un curseur informatique pour noter en temps réel les adversaires. Une courbe sur un écran affichait les hauts et les bas de chacun et comptabilisait les points. Le verdict fut équilibré : 50/50.

Mais la presse a besoin de sang et plus encore lorsque c'est le camp adverse qui est blessé. Plutôt que de se fier à la véracité de ce sondage instantané, elle préférera donner son propre jugement. Je me souviens d'avoir déjeuné avec Robert Hersant quelques jours plus tard. Le Tycoon se vanta d'avoir lui-même fait modifier, en les dictant, les titres du *Figaro* et de *France-Soir*. Il les trouvait trop mesurés. Et assurément pas assez destructeurs.

Le surlendemain, l'ensemble des media clamait la victoire du poulain de la droite. Et l'opinion de suivre.

La mort jeune

Fin novembre, le Président est à un sommet de plus. Moiteur et torpeur sont du voyage. Sans prendre la moindre précaution oratoire, il annonce la venue de Jaruzelski à l'Élysée le 4 décembre. Il aurait difficilement pu trouver plus impopulaire. Aussitôt rugit le chœur ulcéré de l'opposition et de la presse. Plantu résumera d'un trait l'opinion générale. Il dessine Mitterrand serrant la main du général polonais alors que Pinochet et Khomeiny piaffent à l'arrière-plan en s'écriant : « Et nous alors, il n'y a pas de raison. »

Mais le pire viendra de Fabius. À la tribune du Parlement, il ne cache pas qu'il est « troublé ». S'il est une faute que Mitterrand ne pardonne pas c'est la trahison, fût-ce d'une seule phrase. L'affection quasi paternelle pour ce fils surdoué mais si fragile s'est brisée là. Des Antilles, il fulmine : « C'est infantile (...), en plus tout cela est d'une telle bêtise. » Aux journalistes qui l'entourent, il raconte *off* cette expérience de laboratoire : « On inocule à un singe une décharge électrique toutes les cinq minutes. Il s'en accommode vite et vit vieux. À un autre, on fait subir le même traitement mais de façon irrégulière, il meurt jeune. » Fabius le jeune s'est tué. À quand Fabius le vieux ?

Le vieux singe a senti le danger, il va à toute vitesse mettre en place un dispositif de riposte. Il ne veut pas risquer la gangrène du *Rainbow Warrior*. Pilhan et Colé vont tour à tour lui organiser une conférence de presse le jeudi, un Elkabbach le lundi, un Mourousi le dimanche. Rarement tel tir de barrage médiatique aura été mis en place. La contre-attaque réussira, il n'y aura pas de foyer Jaruzelski, alors que l'affaire Greenpeace restera un feu mal éteint et couvant de ses cendres encore chaudes tout autre brasier parallèle.

Cumul médiatique

Le 9 décembre, Mitterrand est sur Europe 1. Il a choisi Elkabbach, ce bourru mordant, pour son sens de la question juste et son acharnement à recueillir la réponse juste. Le rapprochement entre les deux hommes commence là. Il les conduira de 93 à 95 à une expérience exceptionnelle : les premières mémoires audiovisuelles et instantanées d'un Président. Ils se rencontrent chaque semaine, l'un interrogeant, l'autre commentant son action. Seul témoin, une caméra. Parution du film lorsque François Mitterrand aura quitté l'Élysée.

Au menu de l'entrevue radio de cette fin d'année : sérénité et pugnacité. Le chef de l'État témoigne de sa confiance en son Premier ministre. Air connu. Cela lui rappelle les fractures entre Debré et de Gaulle pendant la guerre d'Algérie. Le ton est donné, il restera gaullien. Il faut prendre place dans la perspective de la future réconciliation des deux parties de l'Europe ; quant à Jaruzelski, le Président assume et pour faire taire les lazzis, il annonce qu'il recevra Walesa et conclut face à la cohabitation : « Je serai là. » Au fil des interviews, le Président a ainsi préféré le terrain de l'alternance.

Fixant lui-même les règles du jeu, il définit les limites de son futur Premier ministre. Tout est en place pour que la cohabitation soit l'antichambre d'une nouvelle présidentielle. Le vieux trappeur a posé ses pièges.

Derrière vague du plan media, un nouveau « Ça nous intéresse Monsieur le Président ».

L'espace TV et le complet présidentiel signé Cifonelli sont plus sages que le 28 avril précédent. Après l'émission de la forme, voici celle du fond. Il n'est plus question de peaufiner l'image, il faut faire cesser le bruit et la fureur, finir d'argumenter le bilan, poser les pierres de l'avenir.

L'émission est bâtie autour de six thèmes : travail, Noël, demain, gouverner, France, liberté. L'invité choisit l'ordre de ses réponses. Un petit clip sur le sujet sert d'envoi. Mourousi, échaudé par les critiques de la première prestation, lance pour débuter qu'il n'attend pas de son interviewé un monologue. « Avec vous ce serait difficile », répond le Président.

Ironique et tonique, souriant et vibrant, charmeur et meneur, Mitterrand va franchir sans effort les chicanes du slalom médiatique.

« Vous incarnez l'ardeur nouvelle, taquine Mourousi (c'est le titre du dernier livre de Pasqua).

— Le service de la France, il n'y a rien de tel pour donner de l'énergie », rétorque le mis en examen.

Le Président salue au passage l'abbé Pierre et Coluche mais rappelle que leurs efforts ne doivent pas se substituer à l'État dont le rôle est de concevoir « des textes de lois qui évitent à chaque individu de se transformer en assistante sociale ».

C'est à mi-émission que Mourousi tendra son piège. Il repasse des extraits du débat Mitterrand-Giscard d'Estaing de 74. Mais la chausse-trape est un faire-valoir. Le contraste entre les deux Mitterrand est saisissant. Le nouveau, bien qu'il soit plus vieux, l'emporte sur l'ancien bien qu'il fût plus jeune. CQFD.

Deuxième moment fort, celui d'un reportage alternant les images de SOS Racisme et d'un meeting du Front national.

Le ton est grave : l'homme à la rose prend son auditoire à contre-pied en saluant d'entrée le « Mitterrand fous l' camp » scandé par les lepénistes « comme une rime, mais une rime pauvre ». L'appel à la fraternité des races qui suivra n'aura que plus de poids.

Pour enchaîner, Mourousi coupe la parole au Président d'un spot qui, en cinq secondes, a fait des vieux Lajaunie les plus sexy des cachous. Ainsi est lancée la séquence du problème de l'audiovisuel privé. Le mois précédent, Berlusconi a lancé sa télé-spaghetti qui prend les Français pour des téléspectateurs italiens. « Sua Emittenza » a signé l'arrêt de mort de sa chaîne la nuit de son lancement, il n'avait pas compris que toute télé nouvelle dans ce pays doit être porteuse d'un souffle neuf.

La fin de l'émission virera à l'appel électoral — il est temps de lancer la campagne : « Je suis socialiste et je m'efforce de construire une société de socialisme, qui est la liberté même (...). Les Français sont bien libres de voter pour qui ils voudront le 16 mars prochain, mais il serait vraiment dommage qu'ils se privent des acquis sociaux et des conquêtes sociales (...). L'opposition, elle, a toujours voté contre. »

À bon électeur, salut !

33 % : l'Audimat n'égalera pas les cimes de mai, mais les retombées presse restent bonnes. Seuls les experts en marketing politique s'adonneront à leur sport favori, la querelle de clocher.

L'année s'enfuit. Fabius a fait son temps, déjà. Mitterrand réimprime le sien. Pour la première fois depuis deux ans, les Français qui se classent à gauche (34 %) repassent devant ceux qui se veulent à droite (33 %). La confiance a doublé depuis 82, et fin décembre, un sondage de *La Croix* baptise François Mitterrand « Personnalité la plus tolérante de l'année ». Contexte fragile mais suffisant pour faire des vœux de campagne :

« Moi, je suis fier des Français. Ils protestent toujours, mais ils sont courageux. On a dit que nos réformes sociales avaient coûté trop cher. Demandez donc aux bénéficiaires de la retraite à soixante ans si cela coûte trop cher un peu de repos après tant de travail (...), demandez aux familles, aux salariés du SMIC, aux personnes âgées, aux handicapés si cela coûte cher de les aider à vivre mieux. Croyez-moi, un peuple, pour être grand, doit être solidaire. Eh bien, il faut continuer. Surtout ne lâchons pas la rampe (...). Quant à moi, garant de l'unité nationale, je serai là pour assurer la continuité de nos institutions et répondre comme il se doit aux volontés de notre peuple. »

Chirac n'a qu'à bien se tenir. En avant 86.

1986
L'ANNÉE GUÉRILLA

Plus on entend une marque s'exprimer, plus on est enclin à l'acheter. Plus on la consomme, plus on la préfère. La règle est inverse pour le discours public. Plus on voit un homme politique, moins on a envie de le regarder. Plus on le consomme, moins on l'aime. La « part de voix » du politique obtenue est inversement proportionnelle à son pourcentage de voix espéré : le matraquage pour un homme public a toujours conduit au rejet. La règle est opposée pour la maîtrise de la communication comme pour celle des manifestations.

Le produit est objet d'usage, la politique objet de désir. Certes le métier de publicitaire est de transformer la marque en personne, de tout faire pour lui donner une âme et ainsi la vie éternelle. Mais l'homme politique a l'avantage d'être personne avant d'être marque. Nos rapports avec lui sont aussitôt plus exigeants, plus passionnels, plus versatiles.

Les gens du pouvoir n'ont pas encore intégré que leurs rapports avec leurs électeurs n'étaient pas publics mais privés. Ils raisonnent en masse mais n'ont, face à eux, qu'une somme d'individus. Plus que d'opinion publique, il s'agit d'intimité publique.

8 763 semaines de séduction

Le premier-né du 1ᵉʳ janvier s'appelle Europe. Un accouchement au forceps qui préfigure une enfance difficile mais l'important est qu'il soit né.

Le chef de l'État commence l'année à la hausse. Il retrouve sa place dans les sondages : 50 % d'opinions favorables, un bond de 7 % alors que Fabius s'écroule de 13 %. La chute est d'autant plus flagrante que François Mitterrand entraîne dans son ascension le PS (+ 3 %). Mais l'échéance électorale est trop proche pour que le renversement de majorité n'ait pas lieu. Il aura manqué six à douze mois à la stratégie de reconquête pour porter ses fruits. Dès juin, 55 % des Français se sentiront à nouveau proches de leur Président. Jamais dans l'histoire un tel chemin médiatique n'aura été refait en si peu de temps. L'opiniâtreté et le talent du Président, l'efficacité du duo Pilhan-Colé et le goût des Français de se laisser courtiser par leurs hommes de pouvoir auront sauvé une situation que les experts jugeaient irréversible.

Un grand Président est toujours la conjonction d'un caractère hors du commun et d'événements hors de l'ordinaire. Qu'un homme de force prenne le pouvoir et que l'histoire ne soit pas au rendez-vous, son destin, quoi qu'il en fasse, restera terne. François Mitterrand n'aura connu ni révolution, ni guerre mondiale. Il fera toutefois de ses deux septennats une page d'histoire à rebondissements. Tenant en haleine son auditoire durant 8 763 semaines, grâce à son art de la médiatique.

Le pire pour un séducteur est bien de se banaliser. Le secret de Casanova ne résidait-il pas dans le changement incessant ? La politique est logée à la même enseigne, avec une difficulté supplémentaire : ne perdre le contact avec personne. Charmer les électeurs un à un, sans jamais décevoir l'ensemble.

Tout se joue donc dans la gestion de ses apparitions. Trop, c'est l'overdose, pas assez, c'est l'oubli, seule gagne la mesure.

À nous deux, l'ouverture

Le Président, dès la première semaine de 86, donne le ton des mois à venir. Lors des cérémonies de vœux, il y mettra le détachement imparti à toute chronique d'une défaite annoncée : « Je m'apprête à voir le pays s'ébrouer comme dans les grands rendez-vous qu'il a régulièrement avec lui-même. »

En revanche, la cohabitation marquera son autorité : « La Constitution peut donner lieu à plusieurs interprétations, mais c'est le Président de la République qui tranche. » D'ailleurs, il trouve excellente la formule de Chaban selon laquelle « le Président préside et le gouvernement gouverne ».

Mitterrand finit ainsi de marquer son territoire, c'est le principe d'antériorité — autre règle que partagent la politique et la communication.

Quant au choix du futur Premier ministre, sa nomination doit alimenter le doute. Faire appel au leader du parti le mieux représenté au Parlement : « Ce n'est pas une règle (...). Le Président choisit qui il veut... Mais ça peut coïncider. »

En ce début d'année, le Président a fait son choix, mais il va jouer sur son terrain préféré, celui du suspens, afin de tenir son public en haleine jusqu'à l'ultime seconde. Hitchcock aurait dû faire de la politique.

La campagne est lancée et François Mitterrand, au risque de déplaire, va en assumer personnellement l'orientation. Il choisira pour l'annoncer Le Grand-Quevilly, fief de Fabius : « Il serait triste pour la France qu'à tout ce que nous pouvons faire s'oppose le programme des privilégiés contre le peuple (...). Je ne voudrais pas d'une France où les plus forts, parce que les plus riches, pourront écraser les plus faibles, parce que les plus pauvres. »

Et le Président finira d'une parabole. Ne va-t-il pas bientôt devenir Dieu ? « Un voyageur longe un chantier. Tous les corps de métier s'affairent, le quartier est embouteillé. Que faites-vous là ? demande le voyageur à deux ouvriers. Le premier lui répond aussitôt : voyez ce que je fais, je mets une pierre sur l'autre. Et vous ? demande le voyageur au second : moi, je bâtis une cathédrale. Nous les socialistes, nous ne sommes que les ouvriers sur le chantier et tous ceux qui viendront pour bâtir la cathédrale seront les bienvenus. Et quand elle sera finie, ce ne sera pas la nôtre. Elle sera celle qui exprimera l'espérance et la force d'un peuple tout entier. »

François Mitterrand n'a jamais fait qu'une seule et même campagne dans sa vie. Celle qui mêle deux concepts ennemis : clivage et rassemblement. Un combat frontal entre gauche et droite, mais qui toujours en appelle à l'espoir et qui finit en union.

Une élection ne se gagne jamais dans la nuance. Elle se résume à un choix de société exprimé par un idéal. Plus nos media se sophistiquent, plus les stratégies s'affinent, plus les politiques se professionnalisent, plus le public revient en force à sa donnée de base : un vote est un choix simple d'un oui ou d'un non à l'un ou l'autre camp, en se donnant l'illusion que toute la France partage en cet instant votre choix.

Au secours la pub revient

Mais voici que le ton monte. La droite, plus impatiente encore qu'à son habitude, sort les couteaux. Léotard traite le Président de « colleur d'affiches ». *Le Quotidien* lui reproche

« sa conduite en chef de guerre et non en chef d'État ». *La République du Centre* titre : « François Mitterrand, allez ma France. » Les hostilités sont bel et bien engagées. Les forces chiraquiennes ne font pas plus dans la dentelle : Goudard et Brochand, les publicitaires du RPR, affichent une horde de futurs ministres bras dessus, bras dessous, cravates au vent (en fait scotchées sur l'épaule, pour les besoins de la photo) dévalant une colline corrézienne au son de « Vivement demain ».

Je ne suis pas sûr que l'impatience soit un concept porteur. Cette campagne achèvera d'ailleurs de façonner l'image d'un Chirac agité. La réplique socialiste ne sera pas plus opportune ; concoctée par Daniel Robert, elle entérinera la défaite avec talent mais cynisme d'un « Au secours, la droite revient ». Drôle mais drôlement néfaste. Comment le Parti socialiste a-t-il été assez fou pour se confier au publicitaire de Charles Pasqua ?

Mitterrand c'est de Gaulle

Début février, Lille accueille le grand meeting de la campagne. Après avoir soutenu son nouveau Premier ministre, le Président est venu seconder l'ancien. Le ban et l'arrière-ban de la gauche sont présents, venus en caravelle, de Coluche à Attali, de Bedos à Schwartzenberg. Le show-biz donne la main à l'intelligentsia pour l'un des derniers grands meetings mitterrandiens. Il faut dire que le genre se perd, la réunion Tupperware et son intimisme forcé tendent à remplacer le bain de foule et son populisme obligé.

Trois cents projecteurs éclairent le héros du jour qui gravit seul 300 mètres de tapis rouge. En arrière-plan le clocher de la petite église de Sermages. Le symbole de l'affiche de 81 est là pour témoigner que tout est toujours possible. Le discours du Président est un petit chef-d'œuvre de maturité politique.

L'introduction, fonction oblige, est unitaire. « On me dit :

vous êtes chef de parti ! Je l'ai été. Ce n'est plus vrai. J'ai participé à la montée du socialisme en France, c'est vrai que j'ai ma préférence. Mais je suis le Président de tous les Français, je considère l'intérêt des autres comme plus exigeant encore que les intérêts des nôtres. Ce que j'aime, c'est la France. »

Le corps du texte n'en sera pas moins une lyrique apologie des vertus de gauche. :

« Justice pour les bas salaires ! Justice pour les personnes âgées ! Justice pour les handicapés ! Justice pour les familles ! Justice pour les travailleurs ! (...). Justice pour les assurés sociaux ! Justice pour les contribuables ! Justice pour les femmes ! Justice pour les immigrés ! (...). C'est la noblesse d'une majorité de progrès que d'avoir refusé de se laisser entraîner dans des formules toutes faites qui sèment les discordances ! (...). Le chemin [est] celui de la France en marche, celui de la France qui avance grâce à la gauche (...). Françaises, Français, ne rebroussez pas chemin. Continuez dans la même direction, unissez-vous, rassemblez-vous. »

« Gaullien et socialiste », comme l'écrira Patrick Kessel et comme François Mitterrand se délectera de le lire. Jamais un homme politique n'en a haï un autre au point d'aimer lui être sans cesse comparé.

La campagne se déroulera ainsi aux frontières équivoques du rassembleur et du partisan, tout en martelant sans cesse les limites qu'il prescrit à la cohabitation : « Là où je suis par la volonté du suffrage universel, je resterai le garant de l'essentiel. »

Mitterrand c'est Renaud

Pour que nul ne doute de ses droits, le Président va les sceller lui-même dans un numéro de *Globe,* toujours prêt à jouer la voix de son maître. Interviewers, Renaud, François-Marie Banier, Valérie Kaprisky et Jean-Louis Aubert, leader de Téléphone. Plus démago branché tu meurs, mais face à un tel auditoire, le Président, tenu d'être plus bon enfant que père de la patrie, fera mieux passer encore son message : « Les institutions sont bâtardes, j'ai d'ailleurs voté contre. Elles ont été voulues par le général de Gaulle qui se moquait un peu du texte, assuré qu'il était de régner et que le régime reposerait sur sa personne. Il y a donc eu certaines négligences de conception et de rédaction ; on s'en apercevra peut-être un jour (...). Mais ma règle, c'est d'appliquer la Constitution. Parce que c'est la Loi. »

L'un des journalistes d'occasion se souviendra avoir entendu qu'enfant il disait : je veux être roi ou pape. Mitterrand, gagné par l'atmosphère, ne démentira pas : « J'aurais pu aussi bien désirer être vainqueur du Tour de France ou champion de Wimbledon, quoi qu'il en soit, si j'ai aujourd'hui le pouvoir d'un monarque constitutionnel, je n'aurai jamais celui d'un pape. C'est raté. »

C'est Renaud qui aura le mot de la fin : « Je l'écouterais bien parler encore un septennat. » La campagne re-présidentielle est avancée.

Ça ne nous intéresse plus, Monsieur le Président

Les élections arrivent et comme conclut chaque matin Desproges dans sa chronique radio : « Quant au mois de mars, et je le dis sans arrière-pensées politiques, ça m'étonnerait qu'il passe l'hiver. »

Mitterrand va une nouvelle fois, mais une fois de trop, se prêter à son émission fétiche « Ça nous intéresse, Monsieur le Président ». L'effet est usé. Les frontières entre communication et publicité se trouvent peut-être là. La pub nourrit ses succès de répétition, la communication de surprise. Et les surprises ont l'inconvénient majeur de ne pas autoriser les reprises.

Pour ne rien arranger, le moment n'est pas le mieux choisi.

Comment, en période d'exacerbation électorale, ne pas déclencher l'ire de la démocratie bafouée ? Toubon, Madelin, Léotard, en chœur de vierges effarouchées, réclament que le temps de l'émission soit décompté des quotas de la majorité.

Mitterrand essaiera bien de dégoupiller la bombe mais ce sera pour la voir lui exploser au visage : « Les trois Présidents qui m'ont précédé sont chaque fois intervenus. Et ils sont intervenus après la clôture de la campagne électorale (...). J'ai trouvé cette méthode incorrecte, inadmissible et je l'ai dénoncée, j'interviens, moi, pendant la campagne. »

Mais qui peut le suivre dans de telles arcanes — nous sommes à deux semaines du vote. Le mieux eût été de ne rien faire. L'émission va ternir l'image laissée par les deux premières. Un vieux Président, soudain plus jeune que son pays, avait reconquis les Français et voici qu'il s'exposait à les reperdre en tirant trop sur la même corde télévisuelle.

La prestation pourtant de qualité ne laissera que peu de traces ; nul n'est plus sourd qu'un public qui ne veut pas entendre.

Mitterrand c'est Duras

Un fiasco n'allant jamais seul, sous l'impulsion de ses deux conseillers d'image soudain atteints de parisianisme, Mitterrand se laisse entraîner dans une interview fleuve de Marguerite Duras pour *L'Autre Journal*. Rarement autant d'énormités auront été proférées. Face à un Président médusé, notre intello divague, propose de donner un département aux immigrés, traite l'Afrique d'océan de sable, prend le *Richelieu* (futur *Charles-de-Gaulle*) pour un sous-marin et le prétend capable de détecter les hameçons à 10 kilomètres.

Qu'allait donc faire l'homme à la rose dans cette galère ? Ce vieux routier des combats électoraux sait bien qu'une élection se gagne au cœur de la France profonde en brandissant des vérités premières, et non dans de salonnardes envolées journalistiques. Erreur de tir.

Qui perd gagne

Le 16 mars, c'est la demi-Berezina. La gauche descend bas : 44 %, mais curieusement, le PC étant tombé à 10 %, le PS grimpe à 30 %, son record après celui de la vague rose de 81. L'UDF-RPR ne fait que 42 % et Le Pen entre en force à l'Assemblée avec 35 députés.

L'échec est moins cuisant que prévu. Le plan Mitterrand a marqué des points, même si les Français sondés ce jour-là par la Sofres avouent que, s'ils avaient voté pour une présidentielle et non une législative, ils auraient préféré Barre ou Chirac à François Mitterrand. L'opposition devenue majorité est déjà apeurée et cherche à faire porter le poids de l'échec sur son éternel adversaire. Première bourde du nouveau pouvoir. « Deux Français sur trois ont condamné la politique du Président de la République », s'exclame Jean Lecanuet jusque-là figé dans son sourire Colgate. « Le Parti socialiste, renchérit Le Pen, ne représente plus que trois Français sur dix. » Et Barre, d'ordinaire si complaisant, lance : « Le désaveu est incontestable. »

Le lundi chacun attend le Président, il fera donc attendre chacun. C'est le mardi qu'il s'adresse à la nation au journal de 20 heures. Le chef de l'État s'exprime de son studio élyséen, comme pour mieux marquer qu'il est toujours chez lui dans cette nouvelle France. Chaque mot est compté : « Vous avez élu dimanche une majorité nouvelle de députés à l'Assemblée nationale. Cette majorité est faible, numériquement, mais elle existe. C'est donc dans ses rangs que j'appellerai, demain, la personnalité que j'aurai choisie pour former le gouvernement (...). La majorité sortante laisse la France en bon état et peut être fière de son œuvre (...). Je forme des vœux pour que la nouvelle majorité réussisse dans l'action qu'elle est maintenant en mesure d'entreprendre selon les vues qui sont les siennes. »

Un Chirac sinon rien

Le suspens encore et toujours. Le nom du Premier ministre est sur toutes les lèvres mais la presse s'échinera à poursuivre de ses flashes les cinq premiers ministrables rendant ce jour-là visite au Président. Le 19, la presse fait le pied de grue dans la cour de l'Élysée. Vers midi, l'heure idéale pour que les journaux puissent montrer des images à 13 heures, le Président nonchalant apparaît sur le perron, escorté de sa garde rapprochée : Charasse, Attali et Vauzelle. Les journalistes se bousculent, il les calme d'un sourire : « Heureusement que je suis venu sinon il ne se passerait rien (...). C'est long d'attendre, vous faites un fichu métier, moi aussi. »

Mitterrand sait que le seul pouvoir qui lui reste, hormis celui d'appuyer sur le bouton rouge en cas de conflit nucléaire, est le pouvoir de la communication. Aussi va-t-il, dès le départ, marquer sa légitimité. Tels ces champions qui, sur le ring, dès le premier round, montrent en cognant d'entrée qu'ils sont les patrons.

Jacques Chirac ne sera pas nommé avant le jeudi alors que, selon ses proches, la décision du Président est arrêtée depuis trois mois. Mais déjà le décor est dressé. La star a fait son entrée la première, se réservant un monologue pour le premier acte. Le casting est arrêté, le président du RPR se contentera du second rôle, jusqu'à la fin de la pièce.

C'est le 8 avril que se réunit pour la première fois le nouveau Parlement et c'est à Jacques Chaban-Delmas, élu au perchoir, que revient la charge de lire, plus complice qu'adversaire, le message du Président :

« Pour la première fois, la majorité parlementaire relève de tendances politiques différentes de celles qui s'étaient rassemblées lors de l'élection présidentielle (...) beaucoup de nos concitoyens se posent la question de savoir comment fonctionneront les pouvoirs publics. À cette question, je ne connais qu'une réponse, la seule possible, la seule raisonnable, la seule conforme aux intérêts de la Nation : la Constitution, rien que la Constitution, toute la Constitution (...). Mais, mesdames et messieurs, qu'en est-il du Parlement ? Pouvoir législatif, il garde et doit garder la plénitude de ses droits (...). Je pense donc que les ordonnances dont j'ai déjà dit qu'elles ne pouvaient revenir sur les acquis sociaux, devront être peu nombreuses (...). Il n'y aura pas de redressement économique sans justice sociale. De cette justice ne peut, ne doit être exclu aucun de ceux qui contribuent, par leur travail et leurs capacités créatrices, à l'expansion et à la grandeur de notre pays. Le rayonnement de la France dépend plus qu'on ne croit de sa façon d'être à l'égard des siens. »

Libé titre : « Mitterrand cajole le Parlement. » Rarement titre tombera plus mal à propos. Le lendemain, le Président annonce qu'il ne signera pas les ordonnances de privatisations. « La majorité, clame-t-il, veut vendre le patrimoine national aux intérêts étrangers. » Sept ans plus tard, il laissera faire. À quoi est-on fidèle en politique ?

Le sommet du ridicule

L'homme à la rose vient d'engager les hostilités, la plus redoutable guerre médiatique de ses deux septennats est déclenchée. Souverain, Mitterrand va y déployer des trésors de machiavélisme multimedia. Chirac, mal préparé à l'affrontement, accaparé par Matignon, obnubilé par l'Élysée, y perdra son latin et son destin. Les Français aux anges vont aller au spectacle et compter les coups. Le feuilleton politico-médiatique n'en finira plus de rebondir. La France a enfin son *Dallas* et il est en direct.

Le printemps est cruel, Paris compte ses bombes et Tchernobyl ses radiations. Simone de Beauvoir, Jean Genet et Marcel Dassault préfèrent ne pas voir, ils s'éclipsent. Quant à Chirac, il n'est déjà plus à la fête.

Le sommet de Tokyo est pour lui le sommet du ridicule. Il n'a pas accès aux conseils restreints, se contente d'une figuration aux séances plénières tandis que Mitterrand règne en Sphinx. « Demi-portion d'homme d'État », écrira Franz-Olivier Giesbert, qui n'a pas encore rejoint *Le Figaro*. Mitterrand n'oubliera pas de marquer le point : « Aujourd'hui, c'est le Premier ministre qui m'accompagne, c'est une bonne chose pour la France. » Chacun sait que normalement c'est le ministre des Affaires étrangères qui joue les strapontins.

Mai débute en noir : Gaston Defferre, compagnon de toutes les tempêtes, a une attaque et meurt dans son salon face à la Canebière. Le Président vole du Japon vers Paris, il détourne son avion vers Marseille, mais l'âme du frère d'armes s'envolera avant que le Boeing se pose. Mitterrand est touché. Curieux pas de deux avec la mort, pour cet amoureux de la vie, fasciné par l'au-delà jusqu'à l'attirance. Rien ne l'affecte plus que ces amis qui le quittent sans adieu pour le grand voyage. Et la liste sera longue, si longue.

Le 18, c'est Solutré, jour du seigneur où le berger joue les agneaux : « Je n'ai pas dans la tête d'empêcher le gouvernement de gouverner (...). Je n'ai pas à m'opposer à sa politique (...). Je n'ai pas à faire la guérilla et je ne le fais pas (...). J'ai aussi pour devoir d'intervenir chaque fois qu'une décision pourrait nuire à l'unité des Français, pourrait apparaître injuste ou exclure du mouvement général une partie des Français. »

Communiquer, c'est aussi savoir harmoniser ton et décor. À paysage bucolique, discours pacifique. Les lieux sont autant de haut-parleurs. Ils amplifient la portée des messages, une salle de boxe sécrète la violence, les mots y sont

des cris assenés, une salle de culte sacralise la prière la plus
plate, le chant le plus pauvre. Le chef de l'État usera de
Solutré pour alimenter la rumeur d'une phrase ou deux
glissées dans la quiétude générale. Entre deux enjambées, il
lâche : « Je n'ai jamais inscrit dans ma tête qu'il me faudrait
être une deuxième fois Président de la République. Il ne faut
pas s'incruster (...). Il faut laisser un peu de souplesse à la
vie. » Insidieusement la campagne de 88 est ainsi lancée
avant l'heure. En feignant de se retirer, l'actuel tenant du
titre pousse son adversaire à la faute. Chirac va jouer les
présidents avant l'heure et tomber dans le piège. Sacré
Jacques, si énergique et si manipulable.

Dernier in : le off

Depuis mai 86, la décision a été prise par l'Élysée de
beaucoup utiliser le *off*. Une façon de scier en permanence la
branche de Matignon. Le principe pour le chef de l'État est
simple : entretenir — et ses hommes avec lui — des relations
directes avec les journalistes liges. Chacun a ses réseaux et
les active d'un petit déjeuner par-ci d'un dîner par-là,
entrecoupé de stratégiques coups de fil. La règle est non
écrite et non transgressive. Tout ce qui est dit en ces
moments plus intimes est *off*. La presse peut en faire usage
mais sans citer d'auteur. À elle de trouver la formule cache-
pot : « Dans l'entourage présidentiel, on pense que... », « À
l'Élysée, on s'étonne que... » La formule est diabolique. Le
Président n'est pas engagé par ses commentaires, il peut
démentir au besoin, mais il distille ainsi sa version des faits.
Personne n'est dupe, mais tout le monde marche. Les
journalistes, plus snobés qu'ils ne le croient par les lustres
élyséens, les Français, plus sensibles qu'ils ne le croient à la
moindre ligne de presse, font du *off* présidentiel leur opinion.
Ainsi va le petit monde médiatique, complice de sa propre
manipulation.

La guérilla médiatique

À changement de situation, changement de stratégie. François Mitterrand sait que les grands media lui sont hostiles. La presse française, à 80 % de droite, est tout à sa joie d'avoir retrouvé le pouvoir. Ce n'est guère le moment de se jeter dans ses filets. Mais la montée en charge de l'affrontement qui l'oppose à son Premier ministre est inéluctable. Il faut habilement choisir ses forces. Ce dernier s'est réservé les armes lourdes : les journaux de 20 heures, les interviews fleuves, les « 7 sur 7 » et les « Heure de vérité ». Chirac n'est pas homme de mesure, il fera donc dans la démesure. Bien que ne disposant que d'armes légères — petites phrases, allocutions, interviews à la presse étrangère —, le vieux lion élyséen sera sur tous les fronts, activant une guérilla qui va harasser son adversaire et finir par le déstabiliser. Mitterrand Chirac ce sera les Afghans contre les Russes. On connaît l'issue du combat.

Le 21 mai, message à l'association Droit et Démocratie : « Il s'est établi, désormais, dans notre justice, après bien des vicissitudes, un État de droit jugé souvent exemplaire, qu'il s'agisse de l'abolition de la peine de mort, de la suppression des juridictions d'exception (...), il est fondamental, quelles que soient les évolutions, qu'il ne soit jamais porté atteinte aux libertés des individus. Ainsi votre effort a plus que jamais raison d'être. » Suit la liste quasi exhaustive des réformes post-81.

Quelques jours plus tard, dans un entretien accordé au *Herald Tribune*, le chef de l'État précise au monde ses domaines réservés. Habile ! Qui dès lors pourrait le contester chez lui ? : « Je peux dissoudre l'Assemblée nationale, organiser des élections présidentielles ou un référendum. Pour le reste, je dois respecter la majorité parlementaire, ce qui ne m'interdit pas de faire connaître au pays, sans livrer une guerre qui ne serait utile à personne, mon opinion sur les grands problèmes qui engagent l'intérêt général, à l'intérieur comme à l'extérieur. Vous n'ignorez pas non plus le rôle prééminent du Président dans les domaines de la politique étrangère, de la défense, de la sécurité, du respect des Droits de l'homme. Cela n'est pas à la merci des variations électorales. »

Et voici, sculpté à coups d'envolées, le buste d'un Mitterrand, rempart entre son peuple et l'oppression. La droite n'a qu'à bien se tenir.

Après le constitutionnel, retour à l'humanitaire. Le 27 mai, François Mitterrand rencontre Elena Bonner, la femme du physicien russe encore détenu. Elena est très affaiblie, le Président sincère trouvera les mots du cœur : « Dites-lui que je suis de ceux qui ne l'oublieront jamais. Dites-lui : Vous êtes quelqu'un qu'on n'oublie pas. N'hésitez pas à me saisir, je peux être votre interprète. »

Et de fait, il aidera à faire libérer Sakharov.

Le lendemain, le chef de l'État rend visite aux officiers de Saint-Cyr. Visite qui aurait dû être de simple routine, mais il n'y a plus de répit, chaque sortie présidentielle, chaque geste, chaque mot aura son signifiant. Autant de flèches empoisonnées tirées sur la majorité nouvelle. Chacune peut paraître anodine, mais les sédiments changent le cours des fleuves...

Deux jours plus tard, François Mitterrand visite le chantier du musée d'Orsay, il en profite pour lancer une pique à Balladur qui, trop attaché aux dorures de son bureau du Louvre, ne veut pas déménager pour Bercy, retardant ainsi les travaux du Grand Louvre : « J'ai beaucoup aidé Monsieur Balladur, lâchera le Président, lorsqu'il s'agissait de terminer le Centre Pompidou et il s'en souvient certainement. Ce projet est trop grand, trop beau, pour que nul ne songe à l'annuler. »

Un pouvoir idiot-visuel

Le 11 juin, François Mitterrand réattaque en faisant part de « son extrême réserve » à l'égard des textes concernant les droits des étrangers et l'audiovisuel. La droite se prépare à une des plus belles erreurs de son court règne. Elle va privatiser la Une et déséquilibrer à tout jamais l'audiovisuel français. La première chaîne, dirigée alors par le zélé Bourges, passait pour l'antenne la plus proche de la gauche. Stratégie stupide : au lieu de changer de président, on va changer le Paf. Une fois de plus, la politique a commis l'irréversible. Le Président parlera d'« amputation du service public ». Le terme n'est pas assez fort, c'est d'hémiplégie qu'il s'agit. Il fallait abandonner au privé la 3 et laisser à l'État cette télé qui représentait les racines, la légende, la référence de la télévision. Une qui avait été et avait su rester la première.

La guerre va suivre son chemin, assaut après assaut. Trois jours plus tard, en balade dans les Landes, François Mitterrand assure à deux ou trois journalistes, invités comme par mégarde, que rien ne l'oblige à signer une ordonnance : « Ma conscience décidera de ma conduite » jette-t-il en pâture à la presse qui en fera ses choux gras du lendemain, « je l'ai pourtant répété plusieurs fois au Premier ministre, mais il rit et ne veut pas me croire. »

Avec qui voulez-vous lutter ?

Trois mois à peine que la droite est revenue aux affaires et déjà le vent tourne. Les thuriféraires de gauche et d'ailleurs réclament un Mitterrand II pour 88. Feignant la gêne, mais n'oubliant jamais la malice, l'homme à la rose précise : « Je ne suis pas candidat à la présidence de la République, je suis Président de la République. »

La cote elle-même se laisse charmer. Revoici notre héros à 51 % de confiance pour la Sofres et 61 % pour BVA, alors que l'infortuné Premier ministre, qui n'aura régné qu'un trimestre sur les sondages, est tombé au-dessous de la barre fatidique des 50 %. Pis, 60 % des Français se déclarent mécontents de l'action gouvernementale.

En quatre-vingt-dix jours et quelques petites phrases, David a montré qu'il pouvait terrasser Goliath. Montré, mais pas prouvé, rien n'est joué, même si la partie s'inverse. Le Président tient la corde mais un rien peut à nouveau lui faire perdre la tête de la course. Son seul vrai règne est médiatique. Pas question donc de céder la vedette, il lui faut coûte que coûte occuper le terrain. Une fois de plus, il usera de son arme favorite, le suspens : « Je n'ai pas fait vœu de silence perpétuel, le 14 juillet c'est un beau jour pour s'exprimer », annonce-t-il trente jours avant celui de notre fête nationale. Du coup Chirac ne sera plus écouté ce mois durant.

Le 15 juin, on célèbre le soixante-dixième anniversaire de Verdun, le même soir, SOS Racisme fête ses potes. Le Président, en toute nonchalance, va toucher au cœur ces deux cibles opposées. Aux anciens combattants, le lyrisme qui sied au souvenir : « Les multitudes clouées au sol, puis arrachées à elles-mêmes, les vagues d'assaut vite rompues et dans le fracas des armes, la solitude soudain, l'éternelle solitude devant la mort. »

Aux fantassins de la guerre raciale, l'activisme qui convient : « Le racisme n'est pas qu'une survivance de l'histoire. Je souhaite de tout cœur que notre pays refuse cet avilissement des uns, cette souffrance des autres. La blessure d'un homme ou d'une femme dans sa dignité est la nôtre. La première des libertés est celle de l'autre. Que votre action ce soir soit un élément de cet éternel combat pour la justice et pour l'égalité. »

Beau doublé, Monsieur le Président !

Ne nous quitte pas !

    Le 19 juin, la France est tétanisée, son Zorro des mots, son Robin des bois du sketch s'est envoyé en l'air sur une petite route de Provence. Coluche le rebelle avait toujours soutenu l'homme de 81, comment aurait-il pu en être autrement ? Jacques Attali, son ami de cœur, l'avait, à l'improviste, présenté à Mitterrand avant même qu'il ne soit Président. Le Fou et le Roi avaient aussitôt fait bon ménage. Caustique, l'amuseur n'en avait rien perdu de son mordant et déclaré d'emblée au politique : « Lorsque je vois un homme qui a du mal à joindre les deux bouts et qui va voter, c'est comme si je voyais un crocodile entrer chez un maroquinier. » Mais le grand clown ne manquera jamais un appel du grand homme.
    Lorsque l'annonce du drame survient, le chef de l'État décore Leonard Bernstein, l'auteur de *West Side Story*, il apprend la nouvelle en regagnant son bureau : « C'est un déchirement, dit-il la voix brisée, il était un amoureux de la vie et il vient de la perdre. » Aussitôt il écrit un mot personnel à sa femme Véronique : « Coluche était un homme libre, généreux et sincère. J'espère que notre époque saura conserver de lui le souvenir d'une insolence et d'une tendresse qui faisaient de lui un personnage irremplaçable. J'avais pour lui beaucoup d'amitié et j'éprouve beaucoup de peine. Je vous adresse, ainsi qu'à ses enfants et ses amis, mes condoléances personnelles et attristées. »
    Loi des séries, la veille c'était Cavanna qui sur la Une pleurait la mort de sa petite-fille, emportée par une overdose, et hurlait aux parents d'ouvrir les yeux sur leur progéniture. Mitterrand l'invite aussitôt et lui propose son aide.
    Le 25 juin, le Président est fait « Meilleur Ouvrier de France ». Il me confiera que de tous les honneurs qui ont pu lui être accordés, celui-ci reste son préféré. La facette la moins connue de ce personnage pluriel est certainement ce goût du travail bien fait qui l'anime. Je ne connais pas plus

pointilleux, plus exigeant, plus soucieux que cet homme dans sa tâche et dans celle qu'il vous confie. Son premier jugement sur les autres est d'ailleurs le professionnalisme. Admiratif du savoir-faire, comme du souci de bien faire, il juge ses pairs sur ce qu'ils font avant de s'intéresser à ce qu'ils sont. Il achèvera d'ailleurs ses remerciements à son nouvel ordre en souriant : « Le goût de la perfection, on me l'a enseigné. À vous de juger si j'en ai profité. »

Good morning Vietnam

La cohabitation, telle une guerre de jungle, profite aux plus disponibles. Chirac, tout occupé à gouverner, s'essouffle déjà. Mitterrand a toute son énergie et tout son temps pour joncher sa route de pièges. Il y a une odeur de Vietnam dans cet affrontement larvé où l'attaque surprise l'emporte sur le déploiement de forces, l'ingénieux sur l'engineering politique.

Juillet surgit. La statue de la Liberté a cent ans. Il n'est pas de petit profit, le Président une fois de plus joue les éteignoirs de son Premier ministre. Bras dessus, bras dessous, Mitterrand et Reagan vont se faire la part belle. Les papis font de la résistance : « Telle est l'histoire qu'ensemble nous avons faite, telle est l'histoire qu'ensemble nous allons faire. Puissent les enfants de nos enfants se retrouver et célébrer ensemble dans cent ans, et plus longtemps encore, la fête des hommes libres dans un monde pacifique. »

Plantu se pourlèche, il tient son dessin du jour. Ron et François se congratulent au pied de Miss America :

« Tiens, lui dit Reagan, vous n'avez pas emmené Chirac ?

— C'est ça ma liberté », répond Mitterrand.

Rideau !

Tout cela n'était que zakouskis, le plat de résistance est pour le 14 juillet. L'Élysée a fait en sorte que les ministres cohabitants soient hors du champ des caméras. Seul le chef de l'État semble présider la cérémonie. À 13 heures, François Mitterrand a son rendez-vous quasi rituel avec Yves Mourousi, l'événement est attendu, le Président a fait ce qu'il fallait pour cela.

La déclaration officielle va se faire déclaration de guerre. Le vainqueur de 81 se dresse, tous ergots dehors, contre les privatisations et refuse de signer l'ordonnance de dénationalisation de 65 banques :

« Vous n'avez pas le droit de vendre une fraction du patrimoine national moins chère qu'elle ne vaut, pas un franc de moins que sa valeur (...). C'est pour moi un cas de conscience et la conscience que j'ai de l'intérêt national passe avant toute autre considération.

— Vous ne signerez pas ? s'étonne Mourousi.

— Dans l'état actuel des choses, certainement pas. Ce sera au Parlement de prendre ses responsabilités. »

La première grenade dégoupillée de la cohabitation vient d'être déposée là comme par inadvertance, à la messe de 13 heures. Chirac est dans la nasse. Va-t-il s'écraser (et perdre la face), comme l'y invite Balladur, ou rompre, comme lui conseille Pons ? Le Premier ministre courbera l'échine. L'irréversible s'est peut-être joué là, en une séquence télévisuelle. Preuve s'il en est que le pouvoir est bien dans l'étrange lucarne.

La riposte chiraquienne ne sera pas à la hauteur. Le Quai d'Orsay va faire de la haute rétention d'information, privant l'Élysée des notes d'ambassades. Matignon ne communiquera plus ses missives aux différents chefs d'État ni leurs réponses, alors qu'il a obtenu de la Maison-Blanche d'avoir copie de toutes les lettres adressées au Président.

Guéguerre stupide qui réussit seulement à irriter le Sphinx et attiser sa férocité. Et surtout, quelle image néfaste pour la presse et donc l'électorat. L'Élysée ne se privera pas de disserter avec les journalistes de ce comportement puéril et dangereux pour la France.

L'homme « qui voulait être pape »

Août, le pouvoir en place s'octroie quelque repos. Les congés payés existent aussi pour les ministres. Pas pour les Présidents en alerte. François Mitterrand va occuper le vide des journaux aoûtiens, sachant que les Français en vacances détestent qu'on leur parle politique, il saisira les faits divers pour ses effets. Visite aux bénévoles du sauvetage en mer, aux pilotes de Canadair, aux sinistrés d'un camping de la Nièvre, à Jacques Lafitte accidenté au Grand Prix d'Angleterre. Autant de petits gestes qui entretiennent la popularité. Il est temps que la droite contre-attaque, la rentrée sera chaude.

Début septembre, la loi d'expulsion entre en vigueur, les charters Pasqua sont trop voyants pour susciter l'acquiescement des foules. Les Français sont pour le retour au pays, pas le retour à l'esclavage. Les gaffes se multiplient, Albin Chalandon, meilleur P-DG que ministre, propose que les toxicomanes décidés à se soigner n'aillent pas en prison. Le ballot (médiatiquement s'entend) va formuler sa juste proposition à l'envers. « Ceux qui ne se soigneront pas iront en prison », conclut-on. La riposte d'Olievenstein, toujours à l'affût d'un coup de pub, est immédiate : « La prison pour les drogués est un remède qui est pire que le mal. »

Le 4 octobre, l'homme « qui voulait être pape » reçoit Jean-Paul II. L'échange de politesse télévisée ne sera pas anodin.

L'hôte : « Votre voix, pendant ces quelques jours en France, portera loin, pour que gagne enfin la cause des hommes. » L'invité rendra hommage à celui qui incarne la souveraineté de ce pays avec la lourde charge de présider à son destin en cette heure difficile.

C'est le sacre de Napoléon réduit à un spot TV.

Fin octobre, Élie Wiesel reçoit le prix Nobel de la Paix. L'ami de toujours va devenir une arme. Les félicitations présidentielles ne tardent pas : « Votre œuvre est une prière universelle pour la paix et un signe de foi en l'humanité. Elle nous permet d'espérer. »

Devaquet au piquet

L'année court à sa fin et le gouvernement à sa perte. La droite n'a jamais su parler aux étudiants et la gauche n'a plus le monopole de la jeunesse. Ce sera donc un septuagénaire grand-père qui raflera la mise de la colère estudiantine.

La sélection Devaquet n'est pour l'heure qu'une piètre pseudo-réforme. Chaque ministre de l'Éducation a la sienne, pourquoi Monory s'en serait-il privé ? En fait, ce projet est celui de Chirac concocté par un certain Durand, conseil à Matignon et patron de l'UNI, syndicat d'étudiants très droitiers. Le futur président du Sénat ne s'y intéresse que de loin, il s'empressera de désigner le lampiste de service.

Nul ne pouvait imaginer l'ampleur que vont prendre les choses. Mitterrand, dès le 22 octobre, choisit son camp et le fait savoir. Jean-Luc Mano, sur TF 1, lui demande « s'il se sent en phase avec ceux qui vont manifester la semaine prochaine ». La réponse est trop rapide pour ne pas avoir été soigneusement préparée : « Nul n'ignore mes choix personnels. Comment voulez-vous que je me sente déphasé par rapport à ce que souhaitent exprimer les gens qui manifestent et qui sont dans l'université ? Les étudiants savent bien de quel côté vont mes sympathies. »

Fort de ce soutien, le mouvement va passer la vitesse supérieure et défiler en masse à la Bastille. Les manifs des jeunes ont souvent la vertu, et le danger, d'être la goutte d'eau qui fait déborder le vase des mécontentements accumulés (Balladur l'apprendra à ses dépens en mars 94). Les privatisations trop rapides, les déclarations trop biaisées sur les drogues, le code de la nationalité et autres sujets d'actualité ont préparé le terrain. Il est miné.

Jacques Chirac est à « 7 sur 7 ». Au lieu de calmer la grogne naissante, il prône la fermeté et défend bec et ongles sa conception de la nationalité. Il n'en fallait pas plus pour se forger une image réac. *Actuel* titrera son numéro bilan de fin d'année : « Le Printemps de décembre ». Il suffit d'une bavure pour que le ciment libertaire, fondation de toute reconquête socialiste, prenne. Et la bavure vint.

Dans la nuit du 5 au 6 décembre, les voltigeurs de la police traquent et bastonnent Malik Oussekine, devant le 20 de la rue Monsieur-le-Prince. Lorsque le SAMU arrive, l'étudiant est en état de mort apparente. Dès le lendemain, cinquante mille personnes défilent silencieusement en sa mémoire. C'est la brisure.

Il restait une seule attitude au gouvernement : présenter, pendant le journal de 20 heures, ses excuses publiques à la famille et aux jeunes. Une fois de plus, la droite va à la faute et en rangs serrés.

Au congrès RPR, Pasqua et Chirac traitent les manifestants de gauchistes et d'anarchistes de tout poil et de toutes nationalités. On peut être futur académicien et piètre communicant. Louis Pauwels dans son édito saute les plombs : « Ces jeunes sont les enfants du rock débile, les écoliers de la vulgarité pédagogique, ahuris par les saturnales de " Touche pas à mon pote ", les produits de la culture Lang. C'est une jeunesse atteinte de sida mental... » L'expression s'avérera fatale.

Entre les raidissements de la droite et l'ouverture élyséenne, devinez pour qui « le printemps de décembre » va fleurir ?

Le coup de grâce est pour le 8 décembre. Alors que Pasqua et Pandraud sont au chevet des policiers blessés, l'homme à la rose et son ami Élie Wiesel, nouveau prix Nobel, sont à Meudon pour rendre visite à la famille de Malik Oussekine. Afin que nul ne l'ignore, dès le lendemain, sur Europe 1, Mitterrand déclare à Elkabbach : « Pourquoi ai-je été le seul représentant des pouvoirs publics à faire cette visite que tout imposait ? » Chirac aura beau retirer le projet Devaquet, il ne retirera pas l'épine qu'il s'est lui-même plantée dans le pied.

Le 17 décembre, une sobre dépêche de l'AFP annonce que le Président refuse de signer l'ordonnance concernant le temps de travail, comme il avait, à grands coups d'interviews début octobre, décliné l'ordonnance pasquaïenne de modifications du découpage électoral.

On peut mesurer le chemin parcouru : cette simple dépêche de presse encouragera à descendre dans la rue successivement les étudiants, les officiers de la marine marchande, les fonctionnaires de l'ANPE, les agents de l'EDF, les mécaniciens d'Air Inter, les cheminots, bref la France profonde.

À moins d'un sursaut olympique, la droite a perdu le match. La partie n'est pourtant entamée que depuis neuf mois, il en reste dix-huit avant la future présidentielle. Mais n'est-elle pas déjà jouée ?

Les vœux de fin d'année, à une France paralysée par les grèves en série, auront beau jeu de présenter aux Français leur Président en Père de la Nation. Un rôle que Mitterrand va jouer à merveille. D'ailleurs dès le 1er janvier...

Mais ceci est une autre année.

1987
L'ANNÉE BASCULE

Il fait un froid de gueux, de gueux à pied : la France est en grève. François Mitterrand me soufflera à l'oreille : « Chirac est foutu, il a tout contre lui, même le froid. » Le Président avait enterré l'année précédente d'un appel à l'union : « C'est comme dans une famille, mieux vaut se parler que s'ignorer. » Il ressuscitera la nouvelle d'un geste d'union.

Des événements de 86, il reste l'image mortelle de la mort, une bavure aura suffi à endeuiller la réputation de toute la classe au pouvoir. L'image de la disparition brutale d'un être qui a la vie devant soi marque à tout jamais un peuple. La cicatrice est lente à disparaître des esprits. Jacques Chirac y perdra son élection de 88.

En ce début d'année, il y a un vaincu mais pas encore de vainqueur. Pour que le Président sorte victorieux de ce soulèvement, il faudrait un signe politique, l'an neuf va le lui offrir. Hasard ou nécessité, chacun épiloguera selon sa foi. François Mitterrand m'a confié que les choses s'étaient faites d'elles-mêmes, je le crois. Je l'ai vu tant de fois, animé d'un souci de l'hospitalité qu'on lui connaît peu, recevoir ainsi des gens au débotté, que je ne puis douter.

Venons-en aux faits : l'homme à la rose est à Brégançon en famille. Une délégation de cheminots en grève se présente, il l'accueille et prône le dialogue à la grande colère de Chirac et de ses pairs qui y voient leur autorité bafouée.

Off, puisque nous sommes dans la mode du *off,* Mitterrand l'angélique contera, dans le détail, l'anecdote du *casus belli :* « C'est le jour du Nouvel An, on frappe à ma porte, j'ouvre. Je serre des mains, je reçois des vœux et des fleurs. Dans toutes les maisons de France, on offre un verre. Donc on a pris un verre. Qu'est-ce que je devais faire ? Je ne considère pas que les cheminots, fussent-ils en grève, soient des intouchables, des parias. » Il en faut donc si peu pour gagner ou perdre les cœurs ? Giscard, lorsqu'il reçut à froid trois éboueurs parisiens pour un petit déjeuner, se fera traiter de monarque. Mitterrand fera le même geste à chaud et deviendra le héros du jour. Preuve que communiquer est d'abord choisir le juste moment.

Le Président marri

Le Journal du dimanche pour le premier dimanche de l'année ouvre ses colonnes à la Présidente. Mitterrand est un homme sous perpétuel autocontrôle ; il n'est pas né le journaliste qui le piégera à son insu. Son épouse, moins habituée à la gent journalistique, lâchera au détour d'une question anodine : « Le gouvernement fait tout et n'importe quoi. » En d'autres temps, les choses en seraient restées là, mais la majorité est à vif, comme si elle sentait qu'elle n'est déjà plus sûre d'elle-même. Sa réaction sera si violente que Mitterrand se verra obligé de calmer le jeu. Il le fera à sa manière en deux mi-temps. En Président, puis en mari.

Au chef de l'État, il suffira d'une phrase cinglante, comme un coup de fouet : « À chacun son métier, ce sont des choses qu'il ne faut pas renouveler. »

Le mari, le lendemain, sur Europe 1, ne sera plus le même homme : « J'approuve et j'admire l'action qu'elle mène, je vous l'assure, car je respecte sa liberté de pensée et de parole.

Je suis solidaire de son combat pour les Droits de l'homme, ma femme ne se comporte pas comme une femme politique. Ce n'est ni son désir ni son rôle. Mais elle a de profondes convictions et une entière sincérité, je ne peux que souhaiter qu'elle reste fidèle à elle-même. »

L'anecdote est moins anecdotique qu'il n'y paraît. Elle révèle encore et toujours l'art de communiquer de François Mitterrand. En médiatique, chacun mêle, sans réfléchir, vie publique, vie privée et vie professionnelle dans un pathos pas toujours de saison. Résultat : l'image se brouille et le public perd pied. Il veut voir chacun de ses héros jouer son rôle, tout son rôle, rien que son rôle.

Mais le plus touchant reste cette si belle façon de décrire sa femme en quelques mots d'amour.

Danielle Mitterrand a voué sa vie au combat de la liberté. Et de fait, en existe-t-il de plus beau ? La politique ne sera jamais ni son fort ni son envie. Certes, elle a mené, à ses côtés, jusqu'en 81, tous les combats de son mari, mais qu'il arrive au pouvoir et elle se retirera sur ses terres humanitaires.

La longue marche

La majorité a perdu sa majorité, du moins dans les sondages. 51 % des Français selon Gallup désapprouvent déjà le gouvernement. Le mois de janvier pourrait bien voir le pays retrouver son calme et le Premier ministre le perdre. Une cruelle « Heure de vérité » l'attend.

Un journaliste et un psy, Pierre Jouve et Ali Magoudi, ont couché sur le divan du petit écran les éternels antagonistes Chirac et Mitterrand. Un projet longue durée — il n'aura pas fallu moins de deux ans d'attente et quinze entretiens pour les seules cinquante-deux minutes diffusées. Le résultat ne méritait pas tant d'implication, mais il aura pour conséquence de marquer un peu plus le fossé télégénique entre les deux hommes.

Ah ! cette image cathodique, cette icône d'alcôve, de salon et de chambre à coucher, quelle arme à double tranchant ! Jamais le président du RPR n'aurait dû accepter de se prêter à ce duel perdu d'avance. Chacun sait qu'il est homme de culture, de passion, de générosité, de convivialité, mais il ne saura jamais donner sur l'écran une autre image que celle d'un tribun désuet. Terrible injustice des images. Thomas Ferenczi du *Monde* publiera au lendemain de l'émission une explication que je partage :

« Le Président s'est composé au fil des années un personnage de vieux sage qui n'a plus besoin, le temps passant, de se draper dans des poses ou des certitudes (...). François Mitterrand a sans doute plus de goût que Jacques Chirac pour l'auto-analyse. Sans doute a-t-il aussi compris que, sur le petit écran, le plus habile est celui qui réussit à exprimer non seulement des jugements politiques — ce qui est la moindre des choses — mais aussi des idées sur quelques-unes des grandes questions qui se posent à l'homme, même si on ne lui demande pas d'y croire. »

En parlant d'humanitaire, voici que se tient, le 26 janvier, le colloque « Droit et Morale » au Méridien de Paris. Belle occasion pour le Président d'une de ces envolées sincères qui tout au long de sa vie ont forgé son image. L'enfance au Sahel, « c'est l'épouvante, c'est la souffrance même, souffrance là où devrait régner l'espérance, malheur là où la joie est instinctive. Arrive ensuite la vie avec sa charge et sa cohorte de douleurs et d'échecs jusqu'à la mort. Mais qu'au moins soit rendue possible, que ne soit point interdite la chance de respirer, la chance d'espérer avoir toutes ces années, jusqu'à l'heure des expériences où chaque homme sera désormais habité par les révélations et les merveilles pressenties dans l'enfance ».

Ainsi va la conquête de l'opinion, course sans fin où chaque foulée compte, des grandes enjambées cyniques aux petits pas de la vie quotidienne.

Les dérapages seront rares, les lapsus plus encore. Exception, ce 3 février, au plateau d'Albion, le chef de l'État s'adresse aux officiers de la 95ᵉ escadre des missiles stratégiques : « Il faut circoncire la menace », clame-t-il. L'assistance peine à cacher son fou rire. Le discours terminé, l'orateur prend soin d'aller vers les journalistes de la presse écrite et leur glisse à l'oreille : « J'ai fait un beau cuir, vous ne trouvez pas ? » Et chacun de s'attendrir. Un détail, direz-vous. Le détail n'existe pas dans une carrière présidentielle.

Le 6 février à 20 h 20, François Mitterrand arrive impromptu à la Comédie-Française. À l'affiche ce soir-là, *Le Songe d'une nuit d'été*. Dès son entrée, l'homme à la rose sera ovationné. Était-ce la prémonition d'une future nuit de mai ? Le spectacle achevé, le Président se rendra dans les loges pour sabler le champagne. Nouveau détail qui n'en est pas un. Dès les premiers jours de son règne, Mitterrand s'est attaché à séduire l'élite. Giscard d'Estaing avait pâti de vouloir se faire aimer du peuple avant d'avoir conquis l'intelligentsia. Conséquence, les artistes d'abord, puis les écrivains et les savants le lâchèrent. Inéluctablement, le public suivit. Le nouveau Président a retenu la leçon et s'attache deux Maîtres Jacques : Lang et Attali vont être ses perpétuels imprésarios auprès de la gent artistique. Monnaie de la pièce : elle saura se mobiliser à chaque échéance. C'est l'une des règles de la communication : on atteint le grand nombre par l'élite et jamais l'élite par le grand nombre, car celui-ci aspire alors que celle-ci méprise.

J'y vas-t-y, j'y vas-t-y pas

La majorité s'enferre et devient nerveuse. Mitterrand n'a pas son pareil pour pousser son adversaire à la faute.
Premier geste, prendre de la hauteur. Quoi de mieux qu'un sommet pour cela ? Le chef de l'État choisira celui de Madrid le 12 mars pour remettre Elkabbach à sa place, lorsque celui-ci voudra le titiller sur la cohabitation :

« N'insistez pas sur la politique intérieure, nous sommes à Madrid, dans un pays ami mais étranger, je m'expliquerai là-dessus, s'il le faut, quand il le faudra, en France. »

Deuxième acte, le 28, le Président choisit une rencontre avec Kohl pour alimenter la rumeur de sa candidature. De retour d'une longue marche dans les bois avec le chancelier, il lâche sans avoir l'air d'y penser :

« L'an prochain, j'aurai davantage de temps pour me promener en forêt, mais je n'aurais plus les mêmes facilités de transport. Ça peut faire hésiter (...), je n'ai pas du tout l'intention de me représenter. Je verrai ce qu'il y a de bon et d'utile à faire pour défendre l'idée que je me fais de la République. »

Troisième acte, le 29, Anne Sinclair invite François Mitterrand à un « 7 sur 7 », baptisé « Un an, une heure ». Au programme, l'analyse de ces douze mois de majorité opposée. Un exercice qui lui permettra à son tour d'habiller irrémédiablement l'opposition. On commence par remettre en place « la confrérie des gens pressés de prendre le pouvoir. Je suis Président de la République, les autres sont candidats, ce n'est pas la même chose ». Mais aussitôt pour assourdir le coup et mieux diviser pour régner, on distribue quelques bons points à Pasqua et Séguin. Au passage, rappel à l'ordre de la CNCL : « Ce n'est pas le pluralisme qui apparaît, c'est l'uniformité. Je commence à me demander ce que la liberté va devenir. » Et aussitôt hymne à l'union : « Si le principe des libertés était bafoué, j'interviendrais (...). Je suis le garant des libertés de tous, même de ceux qui me combattent. »

Mais il est temps de redescendre sur terre ; le Président met en question les privatisations, en tirant à soi la couverture : « Elles marchent bien parce que les nationalisations marchaient bien. » On enchaîne par une remise en ordre de l'Europe « qui s'embourbe, qui se traîne », mais en appelant à la cohésion nationale.

L'hôte de l'Élysée a su tirer les marrons du feu de la

cohabitation en laissant toute agressivité au vestiaire. Alain Peyrefitte et Jean-François Poncet saluent l'artiste. Barre déclare avoir assisté à « un exercice de virtuosité politicienne particulièrement réussi », tandis que *Le Figaro* conclut : « Mitterrand joue la modération. »

La modération chez le Président est une arme de circonstance. Mitterrand nous fait un complexe Barre. Il est parti en campagne et l'adversaire qu'il craint n'est pas Chirac, mais bien celui qui, lors du débat télévisé de 78, l'avait cloué au pilori. Jamais l'homme à la rose ne fut ainsi dominé. Si la droite s'était unie sur Barre, Mitterrand aurait peut-être abandonné là. Ainsi le chef de l'État joue-t-il les rassembleurs dans l'unique but de remettre en selle la cohabitation. Qu'elle se fracture et aussitôt Barre monte.

Une émission peut en cacher une autre, la France crut assister à un simple bilan, c'était bel et bien une entrée en campagne.

Le retour en grâce

François Mitterrand atteint 55 % d'opinions favorables, une cote jamais retrouvée depuis 81. La reconquête est trop rapide, aucun des chroniqueurs ou des politologues ne croit à un phénomène durable. Lui, le premier, doute. Mais le réchauffement est bien là, le baromètre ne cessera de grimper jusqu'à exploser à 63 % en septembre 88. Pour confirmer cette hausse, le bilan du Président est considéré comme positif par 56 % des Français. Ils n'étaient que 50 % en 82 et 30 % en 84. À titre comparatif, Valéry Giscard d'Estaing achèvera son septennat à 34 %.

Les sondages ne sont ni hasard ni spéculation, mais le périscope des états d'âme des masses. Ainsi n'ont-ils de valeur que lorsque leur lecture est liée à la progression des impacts spécifiques. Avec un retard de plusieurs mois s'affirmait la constante remontée des points d'image mitterrandiens. Sur les libertés : 46 % en 83, 66 % en avril 87 ; la place de la France dans le monde, de 35 % à 54 % ; la construction de l'Europe, de 26 % à 52 % ; la paix sociale culminant à 65 % ; le bon fonctionnement des institutions atteignant 55 %. Plus important encore, les défauts généralement reprochés à tout homme de pouvoir : distant, démagogique, superficiel, hypocrite, intolérant, incompétent, autoritaire s'inscrivaient pour le Président depuis des mois à la baisse. Seul l'item « vieux jeu » restait stable, mais sans dépasser la cote d'alerte. Il plafonnait à 10 %.

Le provincial Président

Toute reconquête profonde est centripète, marchant des régions vers la capitale.

« Paris n'est pas la France », disait Talleyrand à Napoléon. Le Président — c'est l'une de ses forces — est provincial avant d'être Président. Il ne s'est jamais coupé de cette France profonde qu'il aime et qu'il connaît mieux que personne pour l'avoir arpentée depuis un demi-siècle. Aussi reprend-il, fin mars, son tour du royaume interrompu depuis l'alternance. Nous sommes en Franche-Comté dans les terres du viscéral unanimiste Edgar Faure. Son ami Mitterrand en profitera pour réentonner son couplet de France Unie :

« Nul n'est de trop, nul ne sera de trop, nul n'est exclu, nous sommes frères (...), nous sommes tous de la même famille. » *Le Monde* ne sera pas dupe et titrera : « Laissez venir à moi les citoyens. » Tout Père de la Patrie a droit à l'emphase, mais les boissons fortes sont à consommer avec modération.

Les pieds dans le Paf

Les malheurs du Paf sont nés d'une petite phrase gaullienne : « La télé, c'est l'État. » Nous étions en 1958, seuls 5 % des Français disposaient d'un récepteur, nul ne moufta. Trente ans durant, notre audiovisuel restera la voix de son maître faisant valser ses journalistes, cabots en laisse, au rythme des gouvernements. Le règne du pouvoir sur la télé prit fin le samedi 4 avril à 13 h 30 : Francis Bouygues gagnait son match contre Lagardère et remportait la Une. Devint-elle libre pour autant ?

J'ai eu la chance d'être le proche conseiller de Monsieur BTP dans cette aventure. Je n'oublierai jamais sa réponse cinglante lorsque je lui annonçai que l'Élysée s'interrogeait sur la plus-value qu'il comptait faire le jour de la revente de cet outil qui n'était pas le sien.

« C'est mon dernier septennat à moi, trancha-t-il, et comme lui, j'ai bien l'intention de le mener à son terme. »

De ce jour, la télévision devint l'objet de toutes les attentions pour le monde politique. Passer sur la Une, reine de l'Audimat, reste le but suprême.

Connaissez-vous cette histoire vraie ? Les chercheurs du musée de l'Homme, intrigués par d'ancestrales statues sans forme venues de Nouvelle-Guinée, profitèrent d'une expédition en ces terres pour en percer le mystère. Ils découvrirent vite que de toute éternité, les Papous disposaient ces sculptures primitives devant le feu afin que leurs ombres chinoises leur donnent, selon la flamme, des significations différentes. La télévision déjà. Un jour, devant la fascination du village pour ces images trop accaparantes, un chef plus ambitieux et plus retors que ses ancêtres prit peur de leur concurrence et décida de les supprimer. Il n'acceptait pas de perdre peu à peu son autorité au profit de simples morceaux de bois.

Que n'avons-nous eu cette sagesse ? La religion des

hommes est désormais catholique et universelle. Comment les princes qui nous gouvernent ne se battraient-ils pas pour en être les apôtres ?

« Ces images à la chaîne sont comme les cacahouètes, je les hais mais dès que j'en ai devant moi, je ne puis m'empêcher de les grignoter », disait Orson Welles. On ne pouvait mieux définir cette soif du Mal.

La mort qui rend fort

Mai : Dalida se suicide. Le Président l'aimait bien. La longue valse macabre des disparitions brutales des amis de François Mitterrand ne fait que commencer. J'ai remarqué que chaque départ de l'un de ses proches le rend à la fois plus nostalgique et plus combatif. Il profitera donc de l'anniversaire du 10 mai pour relancer la question de sa candidature auprès de ses plus fervents supporters :

« Le PS a montré sa capacité à gérer. Maintenant, nous sommes crédibles et nous représentons une force d'alternance. Quant à moi, j'ai montré ce qu'est la coexistence institutionnelle... Ce serait une bonne chose, ce serait l'idéal, même, qu'il y ait un Président socialiste pendant deux septennats — et de préférence pas le même président... »

Et la France entière de spéculer « Rocard, Fabius »... Non Mitterrand II. La technique est classique. Le chef de l'État a utilisé le *off* et laisse *Le Point* rapporter ses dires. La rumeur enfle. Quinze jours plus tard, il assassine son propre propos en déclarant au *Washington Post* qu'il fera connaître sa décision en mars 88. Nouvel incendie médiatique que le pompier-incendiaire choisira d'apaiser lors de la bucolique marche solutréenne.

« J'ai simplement fourni au journaliste américain un renseignement sur la clôture des candidatures. »

Le 18 mai, en pleine montée du racisme ordinaire, la Présidente anime à la Sorbonne une réflexion sur « La

France et la pluralité des cultures » ; son mari conclura mi-humeur, mi-humour :

« Les parents de Zola et Gambetta étaient considérés comme des gêneurs qui venaient prendre la place des commerçants français (...). Cela eût été dommage de les renvoyer (...), nous sommes un peu gaulois, un peu germains, un peu romains, un peu juifs, un peu italiens, de plus en plus portugais, un peu polonais et je me demande si nous ne sommes pas un peu arabes. »

La fonction crée l'orgasme

Le Mitterrand de juin sera discret. Il faut, dans une médiatisation de reconquête, donner le temps à l'opinion de reprendre son souffle. Chirac l'apprendra à ses dépens l'année suivante. Mitterrand connaît le rythme de la terre, alternance de soleil et pluie, chaud et froid, semailles et moissons. Ainsi le sommet de Venise sera-t-il bien terne. Le Président préférera toujours en cette ville les escapades galantes aux obligations professionnelles.

À la cité des Doges, il préférera la ville des gondoles, qui pourrait l'en blâmer !

Mourousi sixième

Juillet retrouvera l'orage.

Wahid Gordji, recherché par toutes les polices de la France, était terré dans son ambassade iranienne. L'affaire éclate en coup de tonnerre, la presse se zèbre d'éclairs. Le chef de l'État est sur son terrain, il veut se réserver la conduite des opérations, mais Pasqua joue très personnel. François Mitterrand convoque une cellule de crise à l'Élysée et provoque la discorde. Jean-Bernard Raimond, le ministre des Affaires étrangères, accuse Robert Pandraud, le ministre de la Sécurité, d'avoir fait disparaître les preuves du dossier incriminant l'Iranien. Mitterrand jubile et en profite aussitôt pour tancer Pasqua : « Je ne doute pas de votre conviction, mais il est déplaisant, voire inquiétant et même irritant que tout ce que vous me dites se trouve déjà dans les journaux. »

De ce moment, le Président va mettre en place ses propres réseaux. La guerre du pouvoir entre dans sa phase préterminale. Désormais tous les coups sont permis.

À Latche, le 11, l'homme à la rose réunit la vieille garde : Jospin, Joxe, Dumas, Mermaz. Il leur demande de réfléchir à sa campagne « à tout hasard ». Mais « le hasard, disait Prévert, ne frappe jamais par hasard ».

Et nous voici au sixième 14 juillet mitterrandien, j'allais écrire mourousien.

Au menu, le bilan de la cohabitation ; en trou normand, un avant-goût de présidentielles :

« Qu'est-ce que je cherche ? D'abord, à éviter les crises inutiles, les crises graves que sont toujours les crises institutionnelles (...) je crois avoir protégé le visage et la réputation de la France dans le monde (...). J'aviserai pour assurer à la France (...) des conditions de calme, de respect et de démocratie, indispensables. »

Mirage et songe creux, hurlera en chœur la majorité : « Tout cela, entonne Toubon, c'était pour attirer les applaudissements sur celui qui jouait de l'instrument » et, reprend Léotard, « en tenant pour seul discours le souhait que dimanche prochain il fasse beau ».

Paroles... Paroles... Paroles !

Mitterrand le mutant

En s'attaquant à la reconquête du pouvoir, François Mitterrand comprend en ce début d'été que la France, à nouveau, n'est plus la même. En quelques années, l'éclatement a tué la centralisation. La protection s'est faite plus rapprochée ; la famille, les groupes de copains, les associations de quartier tiennent la place des partis et des grands mouvements d'hier. L'émotionnel, l'intuitif, le ressenti ont détrôné l'intellectuel, le rationnel et l'abstrait. Le changement de registre de l'homme au pouvoir s'est fait nécessité. Au grenier : l'affirmation, l'injonction, l'exhortation, place à l'information, la suggestion, l'évocation.

Notre société de communication allait plus que jamais tenir au ton plutôt qu'à la nature des propos. Les politiques et leurs mentors, toujours trop pressés, en conclurent au contraire que l'ère du look avait sonné et qu'il leur fallait changer de discours. L'analyse était plus subtile : c'est le mode de transmission qui venait de changer, il fallait dire les mêmes choses mais différemment.

François Mitterrand, le premier, l'avait compris et se trouvait en phase avec les Français. C'est l'essence même des hommes d'État que d'être au diapason de leur peuple. Il parut soudain plus moderne, un comble pour son âge, plus proche, plus sensible, plus émouvant que ses challengers, tout en restant chargé de légende. Voici que chacun de ses mots touchait juste.

Séguéla deuxième

C'est le moment que choisit le Président pour me faire entrer en lice. Il me convia à un petit déjeuner. Nous étions dans sa bibliothèque, le lieu des grandes décisions. Deux heures durant, il me parla de tout et de rien. Je sais qu'avec lui, dans ces moments, seules comptent les cinq dernières minutes.

« Vous souvenez-vous, conclut-il, de notre déjeuner boulevard Saint-Germain ? Il y a sept ans, presque jour pour jour, je vous avais demandé d'être mon publicitaire. Je n'étais pas encore candidat, mais vous m'avez répondu : " Une campagne se prépare avec un an d'avance, commençons demain. " Cette fois, je n'ai pas pris ma décision, et, à vous dire vrai, je pense qu'il y a plus de chance qu'elle soit négative que positive. Mais " au cas où ", je ne veux rien négliger. Alors si vous le voulez bien, commençons demain. »

Devant l'enjeu, je pâlis et, dans mon trouble, je fis une réponse de potache :

« *Bis repetita placent*, Monsieur le Président. »

Je ne me suis jamais autant investi dans une campagne.

Mon premier conseil fut de réunir à nouveau le trio de 1981. Je proposai au Président de faire équipe avec Gérard Colé et Jacques Pilhan. Curieusement, je le sentis hésitant. Je compris qu'il ne mettait pas leur compétence en doute. Mais pour lui le marketing quotidien est une chose, la publicité une autre, et en chaque matière il veut un spécialiste. Et puis il craignait que, me voyant trop souvent en leur compagnie, la presse n'en déduise sa décision. Je lui garantis le secret et, de fait, il fut — une fois n'est pas coutume — gardé jusqu'au jour de l'annonce officielle. Je renverrai à leurs doutes les journalistes trop indiscrets d'une boutade qui les laissera muets : « François Mitterrand ne m'a pas dit qu'il se présentait. Il ne l'a dit à personne, et même pas à lui-même, de peur qu'il n'y ait une fuite. »

Le chef de l'État s'envolera en août à Latche. Je lui suggérai de profiter du calme landais pour écrire cinquante à cent feuillets précisant son programme de campagne. Peine perdue, le Président est aux champs.

Le 22 août, il amorce sa rentrée en douceur. C'est la droite qui perd son calme et boycotte à Digne celui qu'elle présente comme le « Candidat Président ».

La première d'une si longue collection de fautes qui feront de cette campagne un jeu fait d'avance.

Le sondage suivant verra 52 % du pays le considérer comme le Président de tous les Français et seulement 38 % comme le chef de la gauche. De là à souhaiter sa réélection, il n'y a qu'un pas que Mitterrand mettra neuf mois à patiemment franchir.

Président, nous voilà !

Nous sommes le 17 septembre ; Christine Ockrent, tempérament de feu sous un regard de glace, lance sa nouvelle émission sur TF 1, « La France en face ». Invité de choix, François Mitterrand. Le chef de l'État va entrer, sans le reconnaître, en campagne. Les Français attendent un Président rassurant. La montée de Le Pen et ses effluves racistes affolent la bonne France et les cafouillages de la droite ne font rien pour calmer ses angoisses. Plus que jamais, la Nation a besoin d'un père · Président, nous voilà !

François Mitterrand va peaufiner cette statue de commandeur sculptée émission après interview, article après discours depuis 1981. Il se présente en maître de la morale (les scandales, ces fleurs du mal du socialisme, ne bourgeonneront que plus tard), en garant de la tolérance et de la solidarité. Il n'oubliera ni le couplet politico-constitutionnel ni le refrain anti (antiextrémiste, antiraciste, antiterroriste).

Autant d'airs éculés qui n'auraient pas fait un tube si le Président n'avait su glisser le contre-ut dans cette symphonie trop harmonique : « Est-ce que j'agirais autrement parce que l'expérience de bientôt sept ans aura marqué ma vie ? Oui, sûrement. Je crois que je saurais mieux faire (...). J'ai trouvé l'autre jour un livre de Plutarque qui s'interroge " si l'homme d'âge mûr se doit encore entremettre et se mêler des affaires publiques ". Plutarque répond : oui (...). Parce qu'on n'a jamais vu l'âge transformer une abeille en bourdon. »

July applaudira le « spectateur engagé », *Le Monde* renchérira d'un « Autoportrait de l'artiste », mais les plus beaux vivats seront ceux du public : 83 % des téléspectateurs à l'écoute jugeront bonne sa prestation.

Ne nous y trompons pas, derrière sa bonhomie unitaire se

cache une réelle agressivité électorale; l'hôte de l'Élysée ne cessera plus de souffler le chaud et le froid. Le 21 septembre, interrogé par Jean Daniel, il tance la CNCL, « commission nationale de la communication et... de je ne sais plus quoi (...) qui n'a rien fait jusqu'ici qui puisse inspirer ce sentiment qu'on appelle le respect. » Et de rappeler la nomination, en décembre 86, des P-DG des chaînes publiques, évoquant ironiquement « l'intuition divinatoire, qui a conduit la majorité des membres de la CNCL, dès le premier tour, à faire se rencontrer leurs votes sur les noms de nouveaux dirigeants qu'ils ne connaissaient pas la veille (...), ferait croire au miracle, si le miracle hantait ces lieux ».

Jean Daniel n'en restera pas là. Il posera la question qui brûle les lèvres de tous les journalistes : « N'avez-vous pas l'impression que les hommes politiques sont en train de s'abîmer dans les jeux médiatiques ? »

Réponse de l'homme à la rose : « Les hommes politiques qui ne vivent que pour ça, qui n'envisagent leur vie politique que sous cet aspect, ont grand tort. Un look, ça s'épuise vite. Bien entendu, comme dans toute chose, si l'on veut bien faire ce que l'on fait, il y a des règles, une discipline, la connaissance de son métier et de l'outil de ce métier. On ne peut pas arriver à une émission de télévision les doigts dans le nez, avec le seul prestige d'une jolie pochette. Le look, c'est l'apparence. Il faut une apparence. Mais si elle ne recouvre qu'une forme vide, ça se voit vite. La télévision est féroce. Elle montre ce qui est. »

Le Président ne laissera pas l'interview s'achever sur ce sujet trop futile qui l'agace. En pro, il connaît le poids des cinq dernières minutes de toute émission politique. Il montera d'un ton : « La liberté de l'information, de l'expression et donc le pluralisme relèvent des droits fondamentaux garantis par la Constitution. Si l'on altère ce principe, mon devoir est, comme on dit, de monter au créneau. »

« Infamies », « Tentatives de déstabilisation », « Escalade partisane ». La droite hurle. Elle a raison de s'alarmer, l'irréversible s'annonce.

Tapie rouge

C'est le moment que choisit Bernard Tapie pour faire son entrée sur la scène politique. Comme toujours avec ce capitaine Fracasse, elle sera fracassante, Bernard est à cette époque un lion du business, toute crinière dehors, jouant avec génie des trois nerfs médiatiques : l'entreprise, le sport et la télévision. Il a réussi en deux ans à transformer la presse en marchand de Tapie. Elle ne s'en lassera plus, jusqu'à faire de ce fils de rue le Jean Valjean de notre fin de siècle. À cette heure, les avatars de tous ordres ne l'ont pas encore sacré héros mais notre homme est déjà la superstar d'une société narcissique qui a déboulonné ses maîtres à penser pour mythifier ses maîtres à dépenser. Les détracteurs le prennent pour l'acteur doué, exhibitionniste et convaincant d'une mode passagère. Ils se trompent : le phénomène est plus complexe et plus durable. Porte-drapeau de cette lente mutation des mentalités européennes vers la reconnaissance de la réussite comme une valeur, il ira son chemin malgré le plus grand steeple-chase d'embrouilles juridico-financières qu'ait jamais franchi un pur-sang. Salieri ou Mozart, s'interrogent ses ennemis ? Pour le bien connaître, je n'ai qu'une réponse : il frime comme l'un mais médiatiquement, il est doué comme l'autre.

Dès juin, Bernard m'avait confié son désir d'approcher le Président. Je mis du temps à décider le chef de l'État. L'entourage était contre, sa femme plus encore, mais il finit par m'accorder un déjeuner à la condition qu'il fût en tête à tête et chez moi. Ce fut leur première véritable rencontre. Toutes les autres versions qui ont été données dans les innombrables fausses biographies de Bernard Tapie ne sont que fadaises.

Le Président m'avait prévenu que son temps était compté et que nous nous séparerions vers 14 h 30. Je connais les coups du Père François : cette précaution horaire est sa porte de sortie si son interlocuteur l'ennuie. Mitterrand allait nous quitter à 16 h 30, preuve que Bernard avait, comme à son habitude, réussi son coup de charme.

Bernard Tapie servit le premier :

« Ce que je n'aime pas chez nos dirigeants, c'est qu'ils demandent de plus en plus à la Sofres et à l'Ifop de gérer la France à leur place. » Le Président monta aussitôt au filet :

« Mon cher Tapie, vous avez une curieuse vue du pouvoir. Les sondages ont de la mémoire mais pas d'intelligence. Ils ne savent pas décider, ils informent et encore ne lisent-ils que le passé, jamais l'avenir. Pâle photocopie de ce qui s'est fait, ils sont bien incapables de dicter ce qui est à faire. La sondagite est un mal du temps, le temps la guérira. »

Bernard lifta :

« Ce n'est pas la France qui est malade, ce sont les Français. Ils sont nombrilistes, conservateurs et désorganisés. Trois défauts majeurs qui expliquent mon pessimisme. »

Mitterrand sourit, de ce plissement de paupières qui d'un coup lui ôte son masque présidentiel et nous restitue l'homme.

« Certes, les Français sont nombrilistes, conservateurs et désorganisés comme vous, comme moi. Mais ils sont aussi généreux, novateurs, imaginatifs, comme vous, comme moi. À ceux qui les influencent de leur montrer le meilleur d'eux-mêmes et non le pire. Et cela est plus facile pour vous que pour moi. Vous avez le champ libre, je suis obligé dans chacun de mes actes, chacun de mes mots, de tenir compte de tant de forces opposées. Comment oublier le rôle de la France dans le monde, le jeu de l'Europe, la pesanteur administrative, le poids des hommes qui m'entourent, les promesses de mon parti, les coups bas de mes adversaires ? Vous savez, gouverner est l'art du compromis. À mon poste, on n'obtient rien de force.

— Compromis pour compromis, smatcha Tapie, qu'attendons-nous pour constituer un gouvernement où siégeraient côte à côte Chirac et Bérégovoy, deux hommes de cœur, mais aussi Raymond Barre et Laurent Fabius, deux hommes de tête ? »

Le Président reprit la balle au bond et marqua le point :
« Vous oubliez que le pouvoir ne se partage pas. La cohabitation est une hypocrisie que les Français aiment bien parce qu'elle les rassure, mais qui est la plus grande paralysie que puisse connaître un État. J'espère que la sagesse des uns et l'échec des autres vont conduire à la coalition. Seule la cogestion est possible. D'autant que la France ne connaîtra plus jamais cet état de grâce qui me fut offert — un Président disposant de la majorité de son parti à la Chambre. Le plus grand parti de France, les socialistes, ne dépassera jamais 40 %. Il faudra donc bien un jour s'entendre entre voisins idéologiques. S'entendre, et non se supporter. »

Putain, sept ans

Nous étions fin septembre 1987. Le Président n'était toujours pas candidat. Certes, il faisait campagne, mais hésitait encore. Pour l'avoir vu fréquemment dans cette période charnière de son histoire, je pense qu'au fond de lui-même, à ce jour, le non l'emportait sur le oui. Fallait-il donner ses sept nouvelles années à la France ou commencer de vivre sans ce poids du pouvoir qui fait de vous un homme entravé ? Je compris que s'il dépassait son heure prescrite dans ce déjeuner informel, c'est qu'il commençait à tâter les esprits sur son concept d'ouverture, et faisait parler les uns et les autres. Je vis aussi que Bernard Tapie chavirait là.

Subjugué par la densité de cet homme, en cet instant singulier, il prit, sans se l'avouer encore, le parti de changer de destin personnel. Et peut-être de se perdre.

Le Président reprit le cours de son enquête. Habileté ou générosité, chaque fois qu'il sait avoir conquis son adversaire, il lui tend la main pour lui redonner l'avantage, sur un autre thème. Il questionna Bernard sur ses affaires. Ce dernier fondit, pris au piège du charme présidentiel. Il conta comment, à chaque rendez-vous avec un nouveau banquier, il amène son directeur financier mais ne le présente que comme son chef-comptable. Un comptable donne l'image d'un homme qui dit toujours la vérité, un directeur financier, celui d'un expert qui veut faire briller son groupe. Il aborda sans emphase la communication, « ces faux-cils de l'entreprise ». Il prêcha avec passion son goût de la rumeur plus que celui de la pub. Des mots qui ne tombèrent pas dans l'oreille d'un sourd. « Nos media imposent la simplification. Je suis beaucoup repris parce que je n'use que de mots simples pour dire des choses simples, mais en lâchant des petits exemples qui iront leur chemin. Je crois plus en leur efficacité qu'en toutes les platitudes que j'entends çà et là raconter. Hélas, peu de chefs acceptent d'être moins-disant culturels. »

Je vis l'hôte de l'Élysée méditer sur tant d'évidence et inscrire Tapie sur le petit carnet de sa mémoire, catégorie : « homme à suivre ». Je sentis ce jour-là que l'ambition finale de Bernard était politique. Il parla avec trop de chaleur de Marseille, il eut trop d'émotion au souvenir de Gaston Defferre pour ne pas témoigner de son envie d'appartenir bientôt au sérail. Dès juin suivant, j'arpenterai derrière lui les marchés marseillais, allant de main en main quêter l'affection des maraîchères. Le feuilleton commençait, il ne finirait pas en « Tapie end ».

Le vrai faux candidat

Octobre sonne et avec lui le tocsin. Lino Ventura, la force tranquille du cinéma, nous quitte. Il n'aura pas trahi son image en quarante ans de carrière. Pas un film qui l'ait vu changer de rôle. Pas un jour qui l'ait surpris affichant une autre conviction que celle de ses vingt ans. Les hommes politiques pourraient en prendre de la graine.
François Mitterrand voyage en Uruguay. Il fera d'une pierre deux coups. Réaffirmer sa thèse tiers-mondiste, assurer celle de sa réélection.
À Montevideo, il menace : « La France est plus proche de la thèse des pays débiteurs que ne le sont la plupart des grands pays industriels créanciers (...), cela peut devenir injuste que de payer sa dette au détriment de la vie de millions de personnes (...). Le problème du développement est encore plus important que celui du désarmement, il peut accumuler toutes sortes de désastres futurs qui se résoudront dans des conflits humains. »
Dans l'avion du retour, il caresse. Noir, Longuet et Carignon sont du voyage, ils auront droit aux « encouragements » : « Avec vous j'ai rajeuni de dix ans (...). Méfiez-vous du RPR, il vous mange la laine sur le dos (...). D'ailleurs, si je suis de nouveau candidat, c'est pour vous battre et je vous battrai. Ma victoire serait pour vous un moindre mal, car vous êtes divisés. Je ne serai pas candidat pour mes amis, mais à cause de vous. »
De retour à Paris, l'homme à la rose convoque Bérégovoy, Bianco, Cresson, Joxe, Lang, Mermaz et leur laisse entendre qu'il va s'engager.
Au même instant, il me rappelle : « Séguéla, n'oubliez pas que je dois pouvoir sortir de cette campagne à tout moment. Il faut que vos thèmes continuent à fonctionner si je ne suis pas candidat. »

Le Président n'est pas sûr de son engagement, j'en reste persuadé. Il craint toujours Barre. Mais il va faire comme si. Pas une sortie, pas une parole, pas un geste qui ne contienne une arrière-pensée électorale. À l'université de Bonn, il prône l'indépendance culturelle : « Il faut aller vers une Europe de la culture qui respecte les identités. » Une semaine plus tard, le 28 octobre, devant le Conseil économique et social, il prêche le rassemblement social :

« La crise que nous vivons est d'abord celle du chacun pour soi (...). Tout Français doit se sentir partie prenante de la vie nationale. Il ne doit pas y avoir d'exclus. Qui recherche la cohésion sociale ne peut que contribuer à la cohésion nationale. »

Connaissez-vous plus électoraliste ?

Marchand d'armes ou marchand de rêves ?

Novembre et sa froidure s'accompagnent des inévitables scandales levés à quelques mois d'une élection capitale. En fin de deuxième septennat, le péché politique deviendra si quotidien qu'il finira par faire partie intégrante de l'actualité et jusqu'à paraître naturel. Pour l'heure, il choque encore. Nous sommes en pleine affaire Luchaire. Mitterrand et le PS se voient traiter de marchands d'armes. Avec véhémence, devant l'insistance de Philippe Alexandre, il se défendra d'avoir couvert ces trafics d'obus vers l'Iran. Il les a interdits, et on lui a désobéi. Et l'accusé se fait accusateur : « Finissez-en avec ces méthodes qui nuisent à la République tout entière (...). On ne doit pas créer une profession nouvelle, celle des exploiteurs de scandales. »

Il conclut en demandant au gouvernement un projet de loi sur le financement des partis politiques. La droite s'en gardera bien, mais Michel Rocard, lorsqu'il deviendra Premier ministre, y pourvoira. La sortie présidentielle n'aura pas été inutile, l'affaire Luchaire en restera là.

Fin novembre, le chef de l'État inaugure l'Institut du monde arabe. Le plus symbolique et le plus architectural de ses grands travaux dû au plus doué des architectes français, Jean Nouvel. Sa croisade de la fraternité des peuples a désormais son monument : « Nous avons pour charge de faire vivre et de proposer l'amitié, l'amour et le respect des autres peuples. »

La déchirure

Le 10 décembre, *Le Monde* se déchaîne. Jean-Yves Lhomeau publie de « source sûre et généralement bien informée » le réquisitoire que François Mitterrand professe en privé contre son Premier ministre, qu'il définit en 4 V : voyou, vulgaire, versatile et velléitaire. Le Président de la France démentira auprès du président du RPR, mais le mal est fait. Le double discours reste le plus destructeur des discours.

De fait, depuis le début du mois, François Mitterrand ne tarit plus d'insultes contre Jacques Chirac. Que s'est-il passé entre ces deux hommes pour qu'une telle haine surgisse si violemment ? Jusqu'alors, chaque fois qu'il parlait du maire de Paris, le chef de l'État était plutôt flatteur : « C'est un homme énergique, tenace, intelligent et travailleur. » Puis ce fut, d'un coup, l'anathème. « Cet individu manque d'unité intérieure et de vrai caractère. Il finit toujours par écouter les extrêmes. Quel danger pour la France s'il venait à prendre le pouvoir. »

Si l'on peut dater l'engagement définitif du Président dans sa campagne, c'est à ce brusque retournement d'opinion. Saura-t-on jamais ce qui le provoqua ? Jusqu'à ce jour, l'homme à la rose s'interrogeait sur sa candidature, prêchant un jour le vrai, un jour le faux, et se laissant toutes les marges de manœuvre.

Mi-décembre, il se jettera baïonnette au canon dans la

bataille. La vraie campagne allait commencer là. Le suspens du j'y vas-t-y-j'y vas-t-y pas allait certes continuer mais il ne serait plus qu'une tactique de combat. Un piège qui allait successivement déstabiliser Barre puis Chirac.

L'année s'achèvera sur cette odeur de poudre. Henri Cochet avait abandonné le cours de sa vie, Rita Hayworth raccroché les gants de Gilda, Jacques Anquetil quitté la piste et Marguerite Yourcenar l'Académie. François Mitterrand, lui, reprenait du service. Ses vœux seront un appel électoral voilé :

« Mes vœux pour cet acte majeur de notre vie commune sont que les Français se prononcent clairement (...) dans un esprit de tolérance (...). J'observerai cependant que rien ne sera possible sans la religion de l'effort, de l'initiative et de la création, sans le concours de la jeunesse ; que tout passera par le savoir, la formation, par la recherche, par la culture ; (...) que la solidarité nationale doit inspirer nos lois (...) qu'il ne doit exister dans notre société ni exclus, ni laissés-pour-compte. Mes chers compatriotes, j'ai voulu depuis bientôt sept ans que la France fût défendue, écoutée, respectée. Elle l'est (...). Pendant les mois qui viennent et dont on peut prévoir qu'ils connaîtront des turbulences, votre confiance m'aidera. »

En fait, c'est la défiance qui mènera les gens. Une nouvelle fois, les Français vont voter contre (Chirac) et non pour (Mitterrand).

1988
L'ANNÉE VICTOIRE

I. Le second souffle

L'année sent le soufre.
Yves Montand inaugure les unes de janvier. Il cherche une sournoise justification aux révélations du *Canard enchaîné* sur sa note d'honoraires adressée à Anne Sinclair : 800 000 francs pour une heure de télé. Chère chère la consultation. Les vœux des politiques ne sont pas plus francs, ils suintent d'hypocrisie. Chirac affirme haut et clair que dans cette cohabitation « chacun à sa place a fait ce qu'il devait faire ». Et de souhaiter que les mois à venir soient abordés avec la même « sérénité ». Mitterrand, du même élan, répond : « Il n'y a pas de raison que cela change et il ne faut pas que cela change. »
Qui ces deux-là croient-ils tromper ?

Les Pieds Nickelés

Certainement pas Jacques Pilhan, Gérard Colé et moi-même ; le trio s'est reconstitué pour la circonstance et, depuis quinze jours, nous ne nous quittons plus. Nos rendez-vous avec le Président se succèdent, la campagne est en marche.

Jacques a deux talents. Le premier est de ne jamais parler sans savoir. Tout ce qu'il avance procède des études qu'il consulte et croise en permanence. Étant, par l'Élysée, le plus gros acheteur de sondages de France, il a accès à toutes les études qui se font, de droite comme de gauche, sur les comportements des Français. Jacques émet des hypothèses, et ne les propose à ses clients que si elles sont vérifiées. Ainsi se trompe-t-il moins souvent qu'un autre.

La deuxième qualité de Jacques est d'être plus politique que publicitaire. Ici aussi le fait est rare ; peut-être ces deux sciences sont-elles à l'opposé, l'une pleine de tactique et de compromis, l'autre, bien que stratégique, toujours plus intuitive et absolue.

Ainsi parle-t-il avec les hommes de pouvoir de leur métier, sans en être. Peu à peu, il se met à la place de son interlocuteur et, devenant lui, peut alors le conseiller sans rupture de personnalité.

Fausse piste

Nous voici à nouveau attelés à la tâche comme en 81, mais en sept ans dont deux de cohabitation, la France a viré de bord. Secouée par la mort de Malik Oussekine, excédée des outrances de sa télé devenue star, déçue par son cinéma de boulevard, dégoûtée de sa presse politisée, déroutée par sa pub redevenue réclame, elle rue dans les brancards de vingt mois d'ennui. En choisissant la chiraquie, elle avait aspiré au mouvement. Mis à part les privatisations, vite terrassées par le krach boursier, rien n'a changé, sauf les têtes du gouvernement.

Loin de chasser la morosité ambiante, la course à la présidence démarre dans l'attentisme de toute course poursuite. Barre, fidèle à sa caricature, raisonne comme une tortue. Oubliant de relire La Fontaine, il s'identifie à la fable sans se souvenir que si le reptile nain a gagné sa course, c'est pour être parti le premier. En se lançant après son rival, il se mettra lui-même hors jeu. Quant à Chirac, il partira à temps mais sur la mauvaise piste. À défendre ses acquis, il va ruiner son futur. En politique, l'avenir ne se lit jamais dans le passé.

Quelle faute ! Les Français savent d'instinct que l'efficacité n'est plus dans les comptes d'apothicaires et les bilans agressifs. On ne choisit pas un Président sur un programme mais sur un projet. On ne vote plus pour une idéologie rabâchée mais pour des idées nouvelles. On ne vend pas l'hier mais le demain.

Dans cette course, la diva Mitterrand partait en *pole position*. Les Français attendaient de leur futur Président qu'il les conduise, au travers d'un discours mi-crédible, mi-phantasmagorique, aux frontières de l'espoir. Cette tonton-mania, qui rendit Chirac fou et Barre vieux, n'était pas de l'idôlatrie mais le besoin d'une nation de retrouver l'appétit de la politique. De « Génération Mitterrand » à « France Unie » en passant par sa *Lettre aux Français*, le candidat Mitterrand sera le seul à entretenir le suspens. Et donc l'envie. D'autant qu'en ne se déclarant pas, le Président obligeait ses adversaires, privés d'ennemi, à se déchirer entre eux. Il se donnait ainsi le beau rôle.

Le coup de Barre

Pour l'heure, nous n'en menons pas large. La première frayeur est survenue mi-décembre 87. Les baromètres se sont soudain affolés pour donner, face à Mitterrand, Barre à 51,49 % et Chirac à 50,50 %. L'immobilisme élyséen nous pénalisait. La Force Tranquille se faisait tranquillisant. Il nous fallait rajeunir, en toute hâte, l'image de l'homme à la rose, afin qu'elle ne perde rien de son capital fédérateur.

Les idées les plus simples sont toujours les plus fortes : nous décidâmes de surnommer officiellement le Président. Rien ne vaut un sobriquet pour transmettre une image :

Chaplin fut Charlot, Garbo, la Divine et Bogart, Bogey. Le papa de la France se fera donc Tonton. Jean-François Bizot, cueilleur de modes mais poète de l'essentiel, ouvrira le ban en affichant à ses frais une couverture d'*Actuel* qui engageait le courant. À notre tour, nous demandâmes à Renaud d'être notre haut-parleur. En une annonce qu'il paya lui aussi de sa poche, il allait lancer la tontonmania. Son « Tonton, laisse pas béton » (concocté par Thierry Manlot et Sylvain Mathieu, deux anciens fils de pub de l'agence qui, s'étant mis à leur compte, travaillaient pour le chanteur) pèsera plus dans la campagne que toutes les affiches réunies du Parti socialiste. Et pourtant l'investissement fut cent fois moindre : 30 000 francs. Mais il bénéficia de ce levier de persuasion plus efficace que toutes les pubs : la rumeur.

Séguéla, vous vieillissez

Dans un premier temps, j'avais même envisagé de ne pas faire campagne. Pour mieux laisser nos adversaires s'engouffrer dans la chausse-trape du matraquage. Je proposai au Président de ne rien faire en nous contentant d'annoncer chaque semaine l'argent dépensé par nos adversaires. François Mitterrand me répondit sèchement :

« Séguéla, vous vieillissez, voilà que c'est moi qui vais devoir vous vendre les mérites de ce que vous appelez la pub, c'est le monde à l'envers. »

Nous optâmes néanmoins pour une campagne *mezzo voce*.

La profession publicitaire, comme à son habitude, ricana et jugea notre stratégie inepte. Mieux, elle prit fait et cause pour l'académique et surpuissant plan media chiraquien. Quand saura-t-elle voir plus loin que le bout de ses nielsen ?

La deuxième génération de la communication est en marche. Le temps de la surpuissance médiatique a vécu, nous entrons dans l'ère plus subtile de l'agitation médiatique. Un sondage réalisé par *Libération* fin février révéla que

28 % des Français se souvenaient des affiches « Génération Mitterrand » tandis que Chirac obtenait 66 %. La droite crut qu'elle avait gagné la bataille publicitaire, elle venait de la perdre : son matraquage finira par assommer l'électeur.

A *contrario,* nous alimenterons par petites doses la vague souterraine qui noiera tous les autres messages sous son flot. La rumeur doit être nourrie si l'on veut qu'elle grossisse. À Renaud vinrent se joindre Depardieu, puis Catherine Lara, puis tant d'autres que bientôt la France entière se sentit engagée derrière son Président.

Le bal des tontonmaniaques

Dans le même temps, nous lançâmes l'appel de *Globe.* La presse de droite, autant dire pratiquement toute la presse, mordit à l'hameçon et éructa. Si elle s'était tue, elle nous aurait bâillonnés ; plus elle nous critiquait, plus elle parlait de nous et faisait notre jeu. Le point de non-retour fut l'affaire Jamet. Le rédacteur en chef du *Quotidien de Paris* fut de ceux, tels Pierre Arditi, Philippe Starck et Pierre Bergé, qui signèrent le manifeste. Il s'en expliquera un matin à la tribune que nous avions hâtivement montée pour la presse. Ce libéral infatigable ne se sentait plus en désaccord avec un Mitterrand qui avait évolué. Sans rien renier de ses convictions, il voterait Tonton.

Ce geste aurait pu rester sans écho. Il n'était connu pour l'heure que des quelques dizaines d'aficionados présents dans la salle. Mais la passion aveugle, et plus encore ceux qui se sentent en difficulté. Philippe Tesson, le patron du journal, se sentit trahi et licencia le lendemain matin son journaliste vedette. Nous ne laissâmes pas passer l'occasion de titrer une nouvelle annonce : « Plus Jamet ça. » Tant d'intolérance se retourna contre son auteur et d'abord au sein d'une presse toujours solidaire lorsque l'un des siens est agressé. Le cœur des media se remit insensiblement à battre à gauche.

Connaissez-vous la fable du cui-cui ? Par un matin blafard, un passant trouve sur son chemin un jeune oiseau se mourant de froidure. Attendri, il le couche entre ses mains, le réchauffe de son souffle et le rend à la vie. Bien, se dit l'homme, mais maintenant que faire ? Si j'abandonne mon protégé, il ne passera pas la nuit. C'est alors qu'il avise une bouse de vache encore fumante et a l'idée d'y déposer son oisillon. Aussitôt, celui-ci, béatement au chaud, reprend des forces et se met à chanter : cui-cui par-ci, cui-cui par-là. La nature est sans pitié, un renard qui passait l'entend, et le croque.

L'histoire a une triple morale. Un : lorsque vous êtes dans la merde, ne désespérez pas, il se trouvera toujours une bonne âme pour vous en sortir. Deux : dans la merde, on n'est pas nécessairement mal. Trois : de grâce, si vous y êtes, surtout taisez-vous.

Tout au long de ces semaines, la droite va perdre la meilleure occasion de se taire. Par ses lazzis et ses attaques, elle sera le meilleur haut-parleur de nos actions.

La tontonmania fut de toutes les unes, donc sur toutes les lèvres. Simultanément, les sondages s'enflammèrent et Tonton reprit son leadership. La première alerte était passée. Je voyais le Président deux ou trois fois par semaine. Jamais il ne me parut plus serein. Ni plus détaché. Comme si cette campagne, dont il tirait toutes les ficelles, était celle d'un autre. Car cette bataille, plus encore que celle de 81, fut son œuvre. Il décida de tout, anima tout, contrôla tout. Les grands de ce monde ne sous-traitent jamais ce qui décide de leur sort.

Quant à moi, j'étais face à la quadrature de la pub : un message qui puisse à la fois porter la candidature mitterrandienne, s'il en décidait ainsi, mais aussi celle d'un autre. Bref, une communication transférable. En fait, une pub sans produit. Un comble.

Harlem ton nom sera mon programme

Le concept de Génération Mitterrand traînait déjà dans les conversations, je décidai d'en faire le slogan de la campagne. Harlem Désir et Julien Dray l'utilisaient en aparté. La formule était juste : génération signifie au premier chef « mutation ». Personne ne pouvait contester au Président de la République d'avoir engagé la France dans l'une des plus profondes et nécessaires évolutions de l'après-guerre. Mais génération est aussi création. Et générer, c'est engendrer. La formule pouvait donc se transmettre à l'éventuel dauphin. Comment trouver deux mots qui fédèrent plus de vertus ? Je me mis en quête du visuel conjoint. Denis Quenard, mon comparse préféré de marketing, me mettra sur la voie en me disant : « Pense aux enfants, après tout ils sont le seul vrai point d'unité des Français. » J'épuisai quelques trains d'images jusqu'au jour où, déprimé de ne pas avoir trouvé, je me posai la question essentielle : « Si tu n'avais qu'une exigence envers ton futur Président, quelle serait-elle ? » La réponse vint : « Que ta fille Lola, qui a un an aujourd'hui, vive un troisième millénaire plus heureux que ce triste siècle qui fut le tien. »

Je tenais mon allégorie : le sourire interrogateur d'un enfant est rassembleur. Il charrie tous les âges, toutes les inclinations. Je brûlais, mais l'essentiel n'y était pas. L'image devait, elle aussi, être transférable. Ainsi vint l'idée de la main tendue de l'homme vers l'enfant. Double avantage, en retrouvant le geste immortalisé par Michel-Ange, elle signifiait aussi création.

Il restait, pour marquer notre différence — ce hasard et cette nécessité de la pub —, à transformer en label géant ce qui aurait pu être une affiche comme les autres : un titre, une photo, une signature. Je fis l'essai d'incruster l'image dans la typographie. Aussitôt le concept devint logotype. Je sus que nous avions trouvé. J'avais sous les yeux un mot image, unique et multiple, capable d'identifier le futur Président, mais dans lequel chaque électeur pouvait se reconnaître. Je fis dessiner une maquette et la montrai à l'intéressé. Il accepta d'emblée : « Eh bien, vous voyez que vous pouvez bien faire », conclut-il dans un sourire. La « vente » n'avait pas duré dix minutes.

Une affiche doit être vraie le jour où elle est sur les murs. Les yeux bleus d'innocence de Lola tendant la main vers l'avenir nourrirent les embryons d'espoir fécondés en tous les bords de la tontonmania. Au même moment, le « Il rassemble » de Chirac surmontant sa tête de joueur de polo venait *a contrario* de tous ses discours diviseurs.

Comment réunir les Français en prônant leur cassure en deux camps ennemis ? Et pire, comment les étonner en leur montrant une affiche qu'ils ont déjà l'impression d'avoir vue cent fois ?

Par chance, la majorité des Français fit le voyage avec nous. Les scores des post-tests Ipsos publiés dans *Stratégies* furent cinglants : 60 % d'agrément positif, 34 % négatif, Chirac plongeant à 36 plus et 56 moins, Barre se noyant à 27 plus et 64 moins.

Merci Lola

La sortie de notre affiche était programmée pour début février, l'entrée en lice de Chirac et de Barre étant prévue peu après cette date. Dans une course présidentielle, il est fondamental de dégainer le premier. Vos adversaires sont obligés de se situer par rapport à vous. Puis de se taire en les laissant s'entre-tuer pour ne réapparaître qu'en fin de campagne afin d'être le dernier écouté.

Dès le début de l'an, nous sentîmes comme une accélération du temps. Les Français voulaient voir commencer la campagne. Nous décidâmes brusquement d'anticiper d'un mois notre affichage. Il était temps, Jacques Chirac allait lui aussi entrer en lice plus tôt que prévu. Sur les murs, au finish, nous n'eûmes qu'une dizaine de jours d'avance sur lui.

Je pris ma fille sous le bras. La photo ne dura pas plus de vingt minutes et partit le soir même en gravure. Je découvris là une des données fondamentales de la nouvelle pub : la communication en temps réel.

Les campagnes de demain se joueront à ce rythme ou ne se joueront pas. Leur tempo sera celui du temps qui court. À condition de savoir se glisser dans sa foulée. La médiatisation s'est faite compétition. Sur les circuits du pouvoir comme en Formule 1, 80 % de la victoire se prend au démarrage.

La pub fait sa pub

Durant cet affrontement, j'allai user et abuser de l'arme que j'avais découverte vingt ans plus tôt en créant ma première annonce : la pub de la pub. J'avais montré le Président Pompidou barrant un moteur Mercury, il avait fait saisir le journal sacrilège et la presse s'était aussitôt enflammée. Bien que non diffusée, mon annonce était dans l'instant devenue célèbre. J'invitai donc *Paris-Match* à la prise de vue de Lola et me précipitai le lendemain, maquette sous le bras, aux journaux de 20 heures. Le résultat dépassa nos espérances. La presse entière y alla de son commentaire. *Le Quotidien* ouvrit le feu sur sa une en titrant « Areu ! Areu ! ». Quel cadeau ! Chaque élu de la majorité y alla de son petit avis outré. Barre lui-même tomba dans le piège en offrant quinze minutes de son « Heure de vérité » à l'affiche mitterrandienne ! Tous s'usèrent les dents sans que le Président en éprouvât la moindre morsure : il n'était toujours pas candidat.

Début février, les sondages commencent à nous donner raison. *Le Nouvel Observateur* annonce que 43 % des Français considèrent François Mitterrand comme la personnalité la plus apte à exercer les fonctions de Président, Chirac plafonne à 21, Barre se traîne à 17. Et cependant, le Président continue de craindre Barre. J'aurai beau lui répéter que l'adversaire est Chirac, qu'il est clair qu'il sera en finale, François Mitterrand reste obsédé par ce duel perdu il y a presque dix ans et qui l'a meurtri à jamais. Pour rien au monde il ne veut subir une nouvelle fois l'assaut télévisé de cette tortue aux dents de crocodile.

Tonton, tontaine, tonton

L'appel de *Globe* a fait son chemin. Le chef de l'État, mi-janvier, est à Castelnau-le-Lez, dans l'Hérault. « *Gardarem lo Tonton* », clame la foule, ainsi que : « François ne nous quitte pas » ou, plus créatif : « Tonton bis. » La tontonmania est en marche, désormais rien ne l'arrêtera plus. Et Tonton n'est toujours pas candidat.

Il jouerait plutôt les chefs d'État appliqués. Le 15, il est à la Sorbonne pour la présentation des Archives de la Révolution. « Un peuple sans mémoire, clame-t-il, n'est plus un peuple libre (...). Il n'est pas de vraie piété sans exactitude (...) et la démocratie est d'abord le culte de la vérité. »

Le 18, il reçoit les Nobel à l'Élysée, Élie Wiesel en tête. Le 19, il annonce le transfert des cendres de Jean Monnet au Panthéon : « Aucun de nos pays n'a intérêt à freiner la construction européenne, même quand celui-ci ou celle-là croit que son destin particulier passe avant. Là, il se trompe et il sombrera dans l'indifférence de la planète. »

Le 22, il célèbre au bras d'Helmut Kohl le vingt-cinquième anniversaire du traité de coopération franco-allemand.

Pour avoir côtoyé le Président presque journellement à cette époque, je peux témoigner de son hallucinante vitalité : quatorze à seize heures par jour, il est à la tâche de la direction de la France ou de celle de sa campagne. Pas une sortie, pas un mot qu'il ne dirige en personne.

À Franz-Olivier Giesbert, qui lui prédit sa réélection, il lâche sur le perron de l'Élysée : « Vous n'y êtes pas. Je ne suis plus qu'un vieux bonhomme. Je n'ai plus d'avenir. Regardez-moi, je suis sur la fin, il ne me reste plus que la vieillesse. » À moi, dans le silence de son bureau, il confie : « Je me sens pousser des ailes, jamais je n'ai été en aussi bonne forme. »

Tout Mitterrand est dans cette dualité, mi-candeur, mi-perversité.

Le 28 janvier, le chef de l'État inspecte l'Eurotunnel commençant. En pleine politique-fiction, il rappelle son émotion quand Maggie et lui avaient engagé ce projet : « Nous avions ce sentiment d'avoir vraiment marqué le temps. » Les Goncourt dans leur journal écrivaient avec bonheur : « L'histoire est le roman qui a été. Le roman est de l'histoire qui aurait pu être. » Quelques heures plus tard, le Président est reçu par le maire de Dunkerque, qui se lance dans une bruyante apologie du gouvernement Chirac. L'homme à la rose ne s'en laissera pas conter, trahissant avant l'heure son entrée en campagne :

« Vous avez cédé, peut-être plus que de raison, à la tentation de couper le temps en fonction de vos choix politiques (...). Je sais que si vous aviez eu un peu plus de temps, vous auriez rappelé qu'en 81 il y avait 14 % d'inflation contre 3 % fin 85. Est-ce que vous croyez que les Français vont s'opposer sur des bilans ? »

Alors nous allons mourir ici !

À Béthune, on lui crie qu'il est irremplaçable.

« Chaque fois que disparaît un grand acteur de la scène du monde, on dit c'est le dernier des monstres sacrés. Moi j'ai toujours pensé que derrière ce dernier se pressait la cohorte des futurs monstres sacrés. Nul n'est irremplaçable. »

Pour mieux jeter le trouble, la Présidente confiera à *Impact-Médecin* : « Femme de Président, je le suis momentanément ! Je ne l'ai pas été pendant cinquante ans de ma vie et je ne le serai plus dans quelques mois. »

Elle est sincère. Danielle Mitterrand redoutait ce second septennat. Tant de charges, de stress, d'obligations à venir. Le lendemain de la réélection de son mari, alors que j'étais allé petit déjeuner avec eux, elle me raccompagne à la porte et dans la froidure des sinistres couloirs élyséens, elle aura ce mot terrible : « Alors, nous allons mourir ici. »

On se Barre

Le 8 février, Raymond Barre annonce sa candidature. Inquiet de la remontée chiraquienne, il entend imposer son style.

Les Français ont toujours élu un Président qui les faisait rêver. Mal protégé par un lancement de campagne falot, il sera poignardé par son affiche aussi statique que peu esthétique. Raymond Barre ne résistera pas plus de quinze jours à la marée médiatique. On peut être une très bonne marque et être un très mauvais candidat.

François Janus Mitterrand

Le 10 février, le non-candidat Mitterrand est à la Martinique. Les ministres du gouvernement ont refusé de l'accompagner.

Excédé, Charles Pasqua avouera au micro de RMC : « Lorsqu'on invite des militants socialistes à venir huer les ministres qui accompagnent le Président de la République, celui-ci ne doit pas attendre de nous que nous soyons masochistes. »

Faute. La première règle d'une compétition est de ne

jamais laisser le champ libre à son adversaire. Le voyage officiel va tourner au plébiscite, « Tonton tienbo », « Tonton, j'aime ton nom », « Tonton reviens ». Les banderoles jonchent la route du chef de l'État, devenue voie royale. Il s'envolera des tropiques sous les vivats.

« Merci pour l'espérance, je vous quitterai avec un peu plus de force en moi-même, pour avoir retrouvé l'élan que je ressens, l'élan qui vous habite. Parce que, pour réussir, il faut y croire. Et le vouloir. Vous le voulez ? »

Le Président se tait, sûr de son effet. La foule trépigne, l'homme à la rose ouvre les bras :

« Alors j'attends la suite le cœur en paix. »

C'est le délire, ni plus, ni moins que la version présidentielle et poétique de l'appel à ses fans qui ponctue les récitals de Johnny Hallyday : « Est-ce que tu m'aimes ? » Et l'on prétend que la politique n'est pas spectacle !

Le 16 février, Chirac est prévu au 20 heures. Mitterrand, pour lui couper l'herbe sous le pied, s'invitera au 13 heures. Jouant de son instrument préféré, la dualité, il étouffera la prestation de son adversaire et fera toutes les unes du lendemain.

« Imaginez que je sois candidat, je n'assumerais plus sérieusement ma fonction présidentielle. Mais imaginez que je ne sois pas candidat, je ne serais déjà plus Président en mesure d'assurer à Bruxelles ses pleines responsabilités. Je dois autant qu'il me sera possible, autant que le calendrier me le permettra, maintenir ma fonction dans sa pleine autorité (...). Il faut bien que quelqu'un garde l'État. C'est mon rôle. »

Jackpot Chirac

À tant de politique, il nous faut opposer un rien de variété. Le Président recevra, le 18 février à l'Élysée, Renaud, Jane

Birkin, France Gall, Michel Berger, Yves Simon et Caroline Loeb.

Les fans de mes fans sont mes fans. Jack Lang, le grand ordonnateur du déjeuner, a lu et relu Anatole France : « L'artiste doit aimer la vie et nous montrer qu'elle est belle. Sans lui nous en douterions. »

Le 19 février, le ton se durcit. Mitterrand continue sa tournée des provinces françaises. Depuis quelques jours, Jacques Chirac, qui veut définitivement barrer Barre, multiplie promesses et engagements dans les journaux télévisés. Le Président, qui n'entend pas que la chiraquie s'impose, profite de son voyage pour remettre les pendules à l'heure : « Je crains vraiment que les Français n'aient chaque soir l'impression d'entendre le déclic... Vous savez, le bruit des distributeurs automatiques. Ça tombe comme ça de tous les côtés... Un jackpot ! Où l'on gagnerait à tous les coups ! Qui peut croire que c'est possible ? Cessons donc d'entretenir les tristes illusions d'un débat politique qui mérite mieux. C'est une recommandation que je fais : il faut que les grands responsables politiques soient à la hauteur des grandes capacités de la France. »

L'image du jackpot fera recette. L'envoyé spécial du *Quotidien* écrira : « La charge est féroce, elle maintient la présence de Mitterrand dans une campagne où il n'est encore qu'une ombre obsédante. »

En privé, Tonton tonne contre celui que les affichages sauvages du PS ne nomment plus que Jacquou le Croquant. Quel chemin de ronces en vingt mois de cohabitation ! L'indisposition s'est faite opposition, l'opposition haine. Le duel est avancé. L'un des deux chevaliers va y laisser sa gloire et sa couronne. Je pense même, pour ma part, son avenir. C'est dans ce combat sans pitié que le maire de Paris a scellé son destin : rester à vie maire de Paris.

Le 23 à Tours, le toujours non-candidat lance son thème de campagne, l'union :

« Je plaide pour le refus du sectarisme qui interdirait

d'échanger, de parler ensemble. Il appartient au peuple de décider qui le préside, qui le gouverne, quels thèmes et quels travaux le mobiliseront mais quand ce choix est fait, le devoir des Français est de s'unir pour mener à bien la tâche voulue par les Français (...). C'est la règle de toute démocratie (...). Faisons confiance au peuple de France ! D'instinct, il sait ce qu'il faut. Mais je lui dis : ce qu'il ne faut pas, c'est la France divisée en clans, en églises rivales, inexpiables, en factions, en fractions, en partis qui s'interdiraient de travailler à la construction de la France. »

Après deux mois de suspens, la vraie fausse candidature est au bout de sa magie. L'histoire s'impatiente, il faut entrer dans le concret.

Rocard Premier ministre

Je sus le premier samedi de mars. J'étais à l'Élysée. François Mitterrand m'avait convoqué pour 12 h 30. Mais il me fit dire qu'un déjeuner impromptu le retenait : que je veuille bien l'attendre en me faisant servir un en-cas. Vers 15 heures, j'aperçus sur le perron le maître de céans raccompagnant Rocard. Dix minutes plus tard, j'étais dans son bureau. « Et ces projets ? Ça tarde », maugréa-t-il.

Pour moi sa candidature était entendue et, ne lui en déplaise, son Premier ministre choisi.

Repêchage

Les quinze premiers jours, nous ne trouvâmes rien de concluant. Le Président, de plus en plus nerveux, écartait toute proposition. Le ton montait. Je présentai en vain « L'Union fait la France ». « Revenez demain, trancha-t-il, tout cela est sans âme. » Nous revînmes avec un slogan d'espoir : « Il nous reste beaucoup à faire, ensemble. » Il fallait, pour cet ultime message du Président, une affiche classique et sans esbroufe. Je choisis comme visuel un plein profil. Les poses des candidats sont toujours de face ou de trois quarts, au nom de l'idée reçue que si vous ne regardez pas l'objectif (donc le public) dans les yeux, vous perdez tout ascendant. Raison de plus pour choisir cet angle inhabituel. Il devenait une force en présidentialisant mon candidat. Ne parle-t-on pas de profil de médaille ? Je tins aussi à ce que la photo ne triche pas. Je choisis dans le stock de Gamma une prise de vue récente et interdis toute retouche.

Mitterrand me racontera plus tard qu'à Bruxelles, Jacques Chirac l'ayant félicité pour son affiche, il lui rétorqua : « Compliment pour compliment, je vous ai trouvé très beau sur les vôtres. Seul problème, vous allez avoir du mal à garder cette tête-là jusqu'au jour de l'élection. »

De guerre lasse, le Président avait accepté notre proposition, nous étions en gravure, mais plus je repensais à la niaiserie de mon slogan, plus une honte rétrospective m'envahissait.

Par bonheur, Jean-Michel Goudard, mon associé dans Euro RSCG et néanmoins concurrent puisqu'il est le conseiller de Jacques Chirac, allait involontairement nous sauver. Cinq jours plus tard, alors que l'imprimeur s'apprêtait à rouler, j'allume ma TV pour les infos et tombe face à face avec mon partenaire : un pied de nez du destin l'a fait publicitaire de Chirac. Il présentait sa dernière vague d'affichage. Je frisai la crise cardiaque à la vue de son titre : « Nous irons plus loin ensemble. » Plus que la similitude des messages, leur platitude me terrorisa. Jacques Pilhan déjà m'appelait, plus catastrophé encore. Je téléphonai à l'imprimeur pour stopper le tirage et nous courûmes, dès le réveil, à l'Élysée. Dans un premier temps, Mitterrand nous calma et proposa de laisser les choses en l'état. Nous lui dîmes qu'il nous semblait impossible de ne rien dire aux Français alors qu'ils attendaient un message d'unité. Il nous bailla quarante-huit heures de sursis. Nous agitâmes plus de cent

slogans sans jamais être satisfaits, lorsque, revenant à l'essentiel, je proposai « La France Unie ».
Le Président n'eut pas besoin d'explications. À peine lui dévoilai-je notre projet qu'il approuva : « C'est bien, dit-il, la Force Tranquille a enfanté sa suite. Et quelle bonne idée de ne pas mettre mon nom sur l'affiche. Pourquoi ânonner ? »

Touche pas à mon spot

Le 12 mars nous montâmes avec Harlem Désir la Nuit des Potes. On n'a pas assez souligné l'engagement de SOS Racisme et d'Harlem, alors au plus fort de sa cote d'amour, dans cette élection. Depuis décembre, il est souvent de nos réunions chez Jacques Pilhan où, sous l'autorité de Jospin, Emmanuelli et Laignel, nous préparons la campagne. C'est à lui que reviendra la charge de mobiliser les jeunes en profondeur. Il y réussira au-delà de toute espérance, mais y perdra au passage crédibilité et popularité.
L'hôte de l'Élysée ne viendrait pas à la soirée, c'eût été trop provocant. Non sans mal, nous le décidâmes à enregistrer un message vidéo. Hélas ! ce ne fut pas Cancún, le lyrisme ne se fabrique pas sur commande. Mais il fut impossible de faire recommencer le Président : « L'égalité n'est jamais acquise. C'est toujours un combat, que ce soit l'égalité entre hommes et femmes (...), entre les Français venus d'ailleurs et les Français de souche (...). Ce laisser-aller qu'on appelle parfois et à tort libéralisme n'est pas la liberté. C'est l'inexorable asservissement des jeunes, des différents, des démunis, des exploités, des mal-nés ou des minoritaires. Bref, des plus faibles à la loi des plus forts. C'est la multiplication, à terme, des ghettos, des exclus, des foyers d'insécurité et des haines. C'est ce dont les Français ne veulent pas, j'en suis sûr, ni pour eux-mêmes, ni pour la France. »
Le spot fut un flop mais la fête un énorme succès, bien

qu'elle cachât mal l'exaspération grandissante des Français. À trop tarder, Mitterrand prenait du retard. Un matin, je le trouvai nerveux ; la chose était trop rare pour ne pas cacher une surprise : « Je sens que la sauce chiraquienne est en train de prendre, me confia-t-il, sa campagne se cristallise. Il me faut agir. »

La tension est à son comble. Le 10 mars, il inaugure une fontaine à Château-Chinon, « escorté, comme l'écrit *Le Figaro*, de la presse du monde entier pour une visite de notables ».

Le dernier acte s'avance, de lui dépend le *happy end* de la pièce. À son habitude, le Président commencera par un message d'alerte. La première mesure de sécurité pour assurer une audience est une bonne bande-annonce. Le Président choisira le rassemblement national des élus pour l'ultime suspens : « J'ai assuré ma charge, aussi éloigné que possible des querelles et des compétitions où d'autres se complaisent. Mais les échéances fixées par la Constitution approchent (...). Quelle sera ma place dans ce nouveau combat pour la France ? Je ferai connaître au pays ma décision cette semaine. »

Le « oui » de pucelle

Deux jours plus tard, le 22 mars, il est 20 heures sur A2. Henri Sannier va vivre son jour de gloire et François Mitterrand celui de son second mariage avec les Français.

D'entrée, le présentateur lui demande s'il sera candidat. Mitterrand a bien prévu de révéler ce soir-là son engagement, mais la brutalité de la question le laisse un moment sans voix. La France retient son souffle lorsque le Président lâche un « oui » pudique de jeune mariée étranglée d'émotion.

Le feuilleton politique est ainsi fait de moments inoubliables qu'aucune répétition n'aurait pu mettre en place. Il y avait dans ce oui tant de douceur, tant d'engagement, tant d'amour pour la France, qu'elle fut aussitôt séduite : « Vous savez, depuis quelques mois, j'ai beaucoup écouté les discours des uns et des autres. Et, dans tout ce bruit, j'aperçois un risque pour le pays de retomber dans les querelles et dans les divisions qui, si souvent, l'ont miné. Eh bien, je veux que la France soit unie, et elle ne le sera pas si elle est prise en main par des esprits intolérants, par des partis qui veulent tout, par des clans ou par des bandes (...). Il faut la paix sociale, il faut la paix civile. »

Mitterrand entra donc en lice d'un simple oui chuchoté et sans prononcer une seule fois le mot socialisme.

La presse va s'enflammer. « Feu », titre *Libé*, « L'agression », répond *Le Quotidien*. La presse étrangère, plus fine, écrira : « Le non-événement qui change tout. » Et, de fait, l'homme à la rose n'a rien dit, mais tout le monde l'a entendu.

Il sera Président.

Pub gratuite

Le mot d'ordre de l'unification était lancé, restait à le densifier. Le point d'orgue et le point de différence de la campagne allaient venir avec la parution simultanée du film « 1789-1988 » et de la *Lettre aux Français*. De nos jours, pour enraciner un message, il faut tour à tour l'accélérer et le ralentir. Accélérer le regard et ralentir la lecture. En un clip de huit cents plans en quatre-vingt-dix secondes, la France Unie signait deux siècles d'histoire. La Génération Mitterrand devenait celle de tous les Français.

Cerise sur le gâteau, nous allions vous offrir la première campagne présidentielle à la télévision. Tout spot politique est interdit d'écran publicitaire. Mais la loi, qui n'est jamais parfaite, a omis d'élargir l'exclusion aux infos. Appâtés par l'événement, les journaux de toutes les chaînes se disputeront le plaisir de commenter nos images, nous assurant ainsi la meilleure couverture possible. Qui plus est, gratuite !

Envoi en nombre

La *Lettre aux Français* bénéficiera, elle aussi, du tremplin des media. Au-delà des quelques pages de pub retenues, la presse entière s'en fera l'écho et *Le Monde* ira jusqu'à la publier intégralement. J'en avais, sans succès, proposé le principe au Président dès le mois de juin : « Profitez donc de vos vacances pour coucher vos pensées par écrit. Elles seront le fil conducteur de la campagne. » Jacques Pilhan et Gérard Colé reviendront à la charge dès Noël et le décideront. La rédaction du petit livre blanc fut orageuse. François Mitterrand, lorsqu'il écrit, est d'une humeur de dogue. Étant les premiers destinataires de la missive, nous fûmes les plus rabroués. Lorsque, talonnés par les délais, nous tentâmes de presser le Président, je crus que nous allions passer par la fenêtre de son bureau. Qu'importe, il s'exécuta et nous remit *in extremis* son texte. La lettre présidentielle allait faire son effet. Ses opposants reprochaient au tenant du titre de ne pas avoir de programme, il les coiffa au poteau de soixante feuillets de propositions écrites de sa main. Barre et Chirac déverseront leurs annonces ampoulées, sous-traitées à leurs publicitaires mercenaires. Lui se mettra un mois durant à sa table d'écriture — et parfois des nuits entières — pour penser chaque ligne et finir de gagner la bataille, par le poids des mots. Je verrai le Président raturer et changer son texte jusqu'à l'ultime seconde. Il viendra même un soir à l'agence relire les épreuves jusqu'à 3 heures du matin et mettre son dernier coup de patte à la mise en page.

Je rentrerai chez moi, épuisé, vers 4 heures. À 5 heures, il me réveillera : « Séguéla, je viens de plonger une énième fois dans le texte. Il y a une faute page 47, je parle du troisième millénaire et on a composé deuxième. » Ainsi ce septuagénaire au faîte de l'État avait-il poussé la conscience professionnelle jusqu'à l'ultime relecture d'une nuit blanche. Il serait trois heures plus tard à son bureau. « Dieu est dans les détails. »

Le Marathon Man

Avril sera le mois de la dernière ligne droite. Au « oui » de l'engagement succède la farandole des media. Le 25 mars, c'est « Découvertes » sur Europe 1, face à Jean-Pierre Elkabbach. Le sprint de la présidentielle est toujours bipolaire. Chaque candidat, après avoir ratissé large, se souvient de son appartenance politique. Ses militants grognent de le voir faire des yeux doux aux indécis, le temps de la radicalisation est venu. « Je suis le Président François Mitterrand, Président de la République en fin de mandat, qui demande aux Français le renouvellement de leur confiance. J'ai et j'aurai la confiance des socialistes. Je suis moi-même socialiste. Je n'ai jamais dissimulé cette adhésion profonde à un certain type de société qui me paraît être un nouvel espace de liberté. » Cet espace, il l'annonce, sera celui de France Unie, « viendra qui voudra se joindre à cet effort national ».

Le lendemain, explication de texte à l'AFP : « On ne peut jamais prétendre rassembler tous les Français, ça n'est pas dans la nature de notre peuple. Mais rassembler les énergies, les forces créatrices, les espérances de la jeunesse, l'esprit d'entreprise, de recherche et de conquête pacifique, rassembler ceux qui ont soif de justice, c'est une tâche qui me passionne et que je crois possible. »

Le 31, Anne Sinclair prend le relais dans ses « Questions à domicile ». L'invité-surprise en duplex est François Léotard ; il attaque le Président partisan : « J'ai été surpris, je dirais stupéfait, par votre déclaration de candidature. J'avais l'impression d'entendre un slogan du Parti socialiste : au secours, la droite revient (...) ; je crois que votre principale raison de vous présenter c'est de battre la majorité. C'est un objectif pour le Parti socialiste, ce n'est pas un objectif pour la France. » François Mitterrand répond du tac au tac : « Je ne veux pas me montrer mesquin, mais je ne vois pas comment je pourrais être élu sans la battre ! »

Le 4, c'est RMC, le 6 RTL, et entre le 8 et le 22, pas moins de vingt-sept interviews ou interventions. Après les idées, le plan media est l'arme majeure de toute campagne. Curieusement, les hommes politiques n'en font pas, ils se laissent inviter au gré des occasions sans songer ni à la qualité de couverture, ni au risque de matraquage. Le Président, lui, sait. S'étant ménagé jusque-là, il va donc, en tir groupé, parler le dernier, de la même façon qu'il avait ouvert le feu mi-décembre, d'une salve d'affiches. Parce qu'il avait su jouer la discrétion jusque-là, il n'y aura, malgré la forte présence de ce mois, aucune saturation.

D'autant qu'auprès de chaque média il distillera un thème déterminé en fonction de son lectorat pour accentuer l'efficacité du message et limiter les répétitions.

Pour les meetings, même politique minimaliste. Six grand-messes, quatre avant le premier tour, deux après, dont le Président candidat sera l'unique orateur. La parole de Dieu est une et indivisible, chacun le sait.

Le media man

Le mini-tour de France démarre le 7 avril par Rennes. Jack Lang a composé lui-même le plateau : Depardieu et Jérôme Savary, Charles Trenet qui chantera *Douce France* et Barbara qui murmurera « Un homme, une rose à la main, a ouvert le chemin ». La salle est chaude, François Mitterrand fait son entrée. Tour à tour Président et candidat, passionné et tendre, provocateur et charmeur, il va séduire son public.

Mais au-delà de son éloquence, il y aura à nouveau la

volonté précise d'expliciter son slogan de campagne. Le premier media d'un homme politique, c'est lui-même : « La France Unie ne le sera que si elle est en même temps la France en mouvement ; la France Unie ne le sera que si elle choisit d'être juste, d'être celle qui écarte les privilèges, qui refuse les exclusions, qui frappe les injustices, qui, inlassablement, s'attaque aux inégalités sociales (...). Vous êtes la force la plus puissante de la France ; et, pour cela, vous restez ouverts à tous les autres. Nous ne sommes pas un camp qui veut abattre un autre camp. Nous voulons que la France s'unisse (...).

« Je voudrais que vous fussiez comme moi, les bras ouverts. Je ne refuse à personne le droit de se sentir à l'aise dans son pays. Jamais nous, nous n'exclurons personne de la vie en France (...). Nous ne sommes pas les bons, ils ne sont pas les méchants. » « Toute œuvre d'opposition est œuvre négative et la négation, c'est le néant. Il ne faut pas renverser, il faut bâtir. » Ce n'est pas du Mitterrand, c'est du Goethe.

Le 14 avril, Pivot apostrophe le Président dans *Match* : « De Gaulle vous obsède. » La réponse mitterrandienne sera à la dimension des deux personnages : « De Gaulle était le dernier des grands personnages du XIXe siècle. Il a illustré le XXe. Il est plus urgent de s'intéresser au XXIe. »

Le 16 avril, Tonton fait la tournée des potes à Créteil. Un jeune lance un frisbee, le Président l'intercepte avec une vivacité olympique. L'image de ce vieux monsieur retrouvant sa jeunesse fera le tour des chaumières. Elle rassurera plus sur l'âge de l'hôte de l'Élysée que tous les bulletins officiels. Comme si l'état civil était état de santé. « Je ne suis pas assez âgé pour avoir oublié ma date de naissance », dira l'homme à la rose aux flatteurs qui aussitôt le traiteront de jeune homme. Mais il est vrai que l'inoxydable chef de la gauche s'est ressourcé dans cette campagne. Le combat politique a toujours été son bain de jouvence.

Mitterrand va laisser parler son silence. Ou ses amis.

Trois cents scientifiques lancent un appel. S'enrôlent à leur tour cinquante-six chefs d'entreprise, de Bergé à Peyrevelade, de Loïk Le Floch-Prigent à Christian Bourgois, de Thierry Mugler à Guy Ligier. Enfin le 22 avril, Marin Karmitz, Bernard Kouchner, Bernard-Henri Lévy et Alain Minc signent de concert un grand papier du *Monde :* « Nous voterons François Mitterrand au nom de ce qu'est devenue la France, sans restriction mentale. »

Le 24 avril, le pays va aux urnes. Chirac, attendu à 23, ne fait que 19,94. Barre se maintient à 16,54, Le Pen le talonne à 14,39, Mitterrand s'envole à 34,09.

En direct de Château-Chinon, l'ex-futur-Président en appellera une ultime fois à la France Unie. Mais déjà les jeux sont faits :

« Françaises, Français. À vous qui m'avez apporté vos suffrages aujourd'hui, je veux dire ma gratitude. Vous êtes engagés avec moi dans le combat pour l'union des Français autour des valeurs de la démocratie : progrès, justice sociale, égalité des chances, finalement respect des autres. À vous qui n'avez pas émis le même vote pour ce premier tour de scrutin et qui croyez dans ces mêmes valeurs, je dis : nous allons nous rejoindre, désormais le choix est simple. À vous tous qui aimez et servez la France, j'exprime ma confiance. Nous avons devant nous de grandes tâches, le chantier de l'Europe, la cause de la Paix. Françaises, Français, rassemblons-nous, ne négligeons aucun effort pour gagner le 8 mai. »

Face à Fiel

Vint l'ultime affrontement des gladiateurs, l'épreuve dérisoire et mortelle du face-à-face. D'autant plus incertaine que le véritable interlocuteur — le téléspectateur — n'est pas emporté par l'ambiance dans les gradins, mais seul derrière son écran.

Chirac se trompera de combat. Il fera pourtant sa meilleure prestation. La médiascopie révélera qu'il l'emportera sur quatre des six thèmes abordés, mais il perdra pour n'avoir pas su se débarrasser de son image de challenger. Très injustement, les Français dans leur jugement du débat lui donneront près de dix points de retard (42 % pour Mitterrand, 33 % pour Chirac).

Quelle empoignade sourde et terrible ! Le ring, un plateau au design jaruzeslkien, du bleu, du gris, du noir, rien pour inspirer la tendresse. Les arbitres, l'incontournable Michèle Cotta et Élie Vannier, héros d'un soir. La salle, trente millions de Français venus regarder le lion dévorer le dompteur.

Un match de boxe voit dans les jours qui précèdent la rencontre les antagonistes se traiter de tous les noms d'oiseaux. Un débat présidentiel ne vole pas plus haut. Chirac s'est répandu çà et là en allusions, prétendant que le champion en titre allait se dérober. De Montpellier, un Mitterrand blême lui a répondu par un blâme : « J'entends des sommations. Que celui qui les profère sache qu'un débat entre un Président et celui qu'il a nommé Premier ministre oblige à sortir des fanges de la vulgarité où l'on essaye de maintenir les Français. »

La téléhaine

Comme souvent dans les championnats du monde, la rencontre se jouera au premier round. Un KO à froid qui, même si le challenger s'en relève, oriente tout le combat. Mitterrand lâche d'entrée son direct du gauche, il appelle son interlocuteur : « Monsieur le Premier ministre ». Chirac aurait dû se contenter d'esquiver pour frapper à son tour. Il s'enferre : « Permettez-moi juste de vous dire que, ce soir, je ne suis pas le Premier ministre et que vous n'êtes pas le

Président de la République. Nous sommes deux candidats à égalité et qui se soumettent au jugement des Français. Vous me permettrez donc de vous appeler Monsieur Mitterrand. »

Le champion n'a plus qu'à placer son uppercut :

« Mais vous avez tout à fait raison, Monsieur le Premier ministre. » Nous avions, avec Gérard et Jacques, tellement préparé cette contre-attaque, que nous n'espérions pas que Chirac nous ferait le cadeau de baisser sa garde dès le premier échange. Le round suivant s'agitera sur la Nouvelle-Calédonie, puis viendront le round emploi, le round sécurité, le round économique. Le pugilat s'émousse. Alors survient le tournant du match. Jacques Chirac accuse François Mitterrand d'avoir amnistié en 81 les futurs assassins d'Action Directe. Mitterrand ferme ses dossiers comme s'il allait quitter le plateau. Mais il a simplement, d'un geste, mobilisé l'attention. Il va se lancer dans un des plus violents corps à corps qu'aient jamais livré deux hommes politiques :

« Vous en êtes là, Monsieur le Premier ministre.

— Oui.

— C'est triste pour votre personne, et pour votre fonction. Que d'insinuations en quelques mots (...). Rouillan n'était pas encore l'assassin qu'il est devenu et Nathalie Ménigon a été libérée par une décision de justice. C'est indigne de vous de dire ces choses (...). Je suis obligé de dire que je me souviens des conditions dans lesquelles vous avez renvoyé en Iran M. Gordji après m'avoir expliqué à moi, dans mon bureau, que son dossier était écrasant (...). Voilà pourquoi je trouve indignes ces insinuations.

— Monsieur Mitterrand, vous dérapez dans la fureur concentrée (...) je n'ai jamais levé le voile sur une conversation que j'ai pu avoir avec un Président de la République. Est-ce que vous pouvez me dire, en me regardant dans les yeux, que je vous ai dit que nous avions les preuves que Gordji était coupable de complicité ou d'action ? Pouvez-vous vraiment contester ma version des choses, en me regardant dans les yeux ?

— Dans les yeux, je la conteste. »

Nul ne saura jamais lequel des deux ment et nul ne cherchera vraiment à savoir. La haine s'est allumée en direct sous les feux des *sunlights* de la télévision. La France découvre le fossé de fiel qui sépare ses deux dirigeants. Elle confirmera son choix, là. La parole d'un tenant du titre est toujours plus fiable que celle de son challenger.

Titre oblige.

Chirac ne se remettra pas du match. Il va, la dernière semaine, multiplier les éclats jusqu'à les voir se retourner contre lui. La fausse Mme Turenge, vraie capitaine Prieur, est rapatriée de l'atoll où elle était assignée à résidence. L'effet est catastrophique.

Un navire canadien est arraisonné près de Saint-Pierre-et-Miquelon. Le Président aussitôt roucoule : « Si vous décidez de déclarer la guerre à la Prusse, dites-le-moi avant, que je ne l'apprenne pas dans les journaux. »

Le pire sera la bavure de la grotte d'Ouvéa. Pons lance l'assaut le 5 mai, bilan : dix-sept morts qui pèseront lourd dans la carrière du maire de Paris.

Pour clore la série, le Premier ministre accueille à Villacoublay les trois derniers otages français retenus au Liban. Le *Financial Times* soulignera les « tentatives grotesques de Monsieur Chirac pour s'en sortir *in extremis* ». Dont acte !

Château-Chinon, dernière

En ce dimanche de mai, les Français vont choisir sept années de destin. Desproges a choisi le sien, il ne votera plus. Pour Sophie et moi, c'est un pèlerinage. En 1981 déjà, par le même chemin, à la même heure, nous étions venus vivre avec le Président son élection en direct. Cette fois, l'appréhension est moindre (toutes les fourchettes mitonnent Mitterrand à 54 et croquent Chirac à 46), mais en mon for intérieur, l'émotion est plus forte : il n'y aura pas de troisième fois.

L'élu de la France arrive à Château-Chinon, posé par un hélicoptère. L'ex-futur Président monte à pied jusqu'à la maison des amis qui l'accueillent pour le déjeuner. La marche prend des allures de Solutré miniature. Gardes du corps, villageois, journalistes, intimes gravissent la pente d'un pas de pèlerin. Il y a sept ans, l'arrivée s'était faite en voiture et en solitaire. Les facilités élyséennes et le réflexe communicant ont fait leur chemin. Le propriétaire du Vieux Morvan, l'ami hôtelier des années difficiles, n'est plus. Sa veuve reçoit chez elle. La table est familiale : Danièle, la Présidente, Christine Gouze-Rénal, la belle-sœur, Roger Hanin le beau-frère. Seuls invités, le maire, quelques vieux amis politiques du village et nous. Cet honneur est-il le merci du Président à son publicitaire et à sa femme ? Il ne me le dira jamais.

Y a-t-il un candidat dans la salle ?

L'humeur est dominicale, le déjeuner insouciant. Les acteurs, les chanteurs ont droit à l'anxiété avouée, leur nervosité fait partie du spectacle. Le trac est interdit à un politique, il doit témoigner en tout temps de la maîtrise de soi. Tête froide mais cœur chaud, François Mitterrand veille à tout comme toujours. Il place ses invités comme s'il était chez lui, s'enquiert de leur appétit, met en valeur chacun. Le café à peine bu, il se lève et prend congé : « Pardonnez-moi, il faut que j'aille faire mon travail. » Il se retire dans la pièce voisine et donnera, de ce petit bureau rural, ses premiers coups de fil de nouveau Président.

17 h 30, le Président revient. À cet instant tombent les premières estimations : 53,5. Commentaire du tenant du titre : « Ainsi, avec ses embrouilles de la dernière semaine, il

n'aura donc pas pris un point. Qui a dit que les Français étaient des veaux ? » La quiétude s'est brouillée d'un coup. Le Président, comme pour se libérer d'une campagne qui aura, malgré les apparences, été pour lui la plus sauvage de toutes, laisse éclater sa colère rentrée : « Je peux vous le dire aujourd'hui, si le sort nous avait été contraire, j'aurais craint le pire pour la France. »

Le cheval d'orgueil

À nouveau, François Mitterrand quitte la pièce. Je le sais trop spécialiste de ces chauds-froids où la rigueur du verbe se mêle soudain à la douceur du moment pour sursauter ; mais les gorges sont sèches, chacun reprend ses jeux, mais ne joue plus. La politique a repris le dessus.

Le Président m'appelle pour quelques questions. Je le retrouve à son bureau, concentré et serein comme à son habitude. J'essaie de me remémorer son visage d'il y a sept ans. Les traits sont à peine tirés. Le regard gris plus perçant mais la bouche plus douce. Ce septennat aura glissé sans laisser de traces. Pour conclure, il me lance :

« À la fin des fins, nous avons fait une belle campagne, finalement plus belle que celle de 1981.

— Monsieur le Président, persiflé-je, on apprend avec l'âge, celle de 1995 sera parfaite.

— Ne rêvez pas, Séguéla. »

J'avais déjà entendu cela en 1981.

Le Président doit s'adresser aux Français, seul à seul face à la caméra, dans son ancien bureau. C'est dans cet exercice télévisuel solitaire que le chef de l'État est le moins à l'aise. Avec Roger Hanin, nous complotons pour l'orienter vers un face au public dans la grande salle de la mairie. Il se laisse convaincre. Après sept ans, François Mitterrand se méfie donc toujours autant de la petite lucarne. Chacun s'extasie sur ses prétendus progrès. Mais ce n'est pas lui qui est bon, ce sont ses textes.

À nouveau, je me retrouve seul en sa compagnie le temps de constater qu'il supporte de moins en moins les griffures de la critique. « Monsieur le Président, vous avez été trop court dans votre prestation du premier tour. Trop court et trop tard.

— Comment cela, trop court ?

— Votre appel aux Français n'a pas duré une minute. C'est une durée habituelle pour un spot de pub, heureusement la politique n'en est pas encore là.

— Mais, Séguéla, vous n'entendez rien à la politique.

— Raison de plus pour avoir envie, un jour pareil, de vous écouter un peu plus longtemps. » Le Président bougonne, les minutes passent. De plus en plus lourdes pour nous, de plus en plus légères pour lui. Quel art de l'abstraction du temps ! Et quel don d'insensibilité ! Sa tension intérieure est totale, il prépare déjà chaque moment de la nuit à venir, mais nul trouble n'affleure.

20 heures, la télévision confirme les sondages. Quelques minutes après, Mitterrand II annonce au pays : « Le premier devoir est celui de la solidarité nationale. Chacun selon ses moyens doit concourir au bien de tous (...), c'est dans la cohésion sociale que réside la capacité de la France à faire rayonner à travers le monde et d'abord dans l'Europe à construire, son économie, ses technologies, sa culture, bref son génie. Mais tout commence par la jeunesse. Voilà notre ressource la plus sûre. Je veux consacrer le principal de notre effort à lui procurer l'égalité des chances, par l'école, par la formation de l'esprit et des mains aux métiers qui placeront enfin le plus grand nombre de nos entreprises dans la compétition moderne, avec des atouts pour gagner. Enfin, puisque la vie même de l'humanité en dépend, je servirai passionnément en votre nom le développement des pays pauvres, le désarmement et la paix. » PPDA, pour son premier commentaire, prophétise le choix de Rocard comme

Premier ministre. Le Président aussitôt se hérisse : « Quand cessera ce besoin journalistique de politique-fiction ? À peine suis-je élu qu'on veut me forcer la main. Un peu de retenue, de grâce. » Éternel double langage des hommes d'État qui finissent par se prendre à leur propre jeu. Mitterrand avait depuis le 15 mars choisi pour Premier ministre son ancien rival. Mais il éprouvera le besoin, même en petit comité, de nier l'évidence. On ne devient pas Président, qui plus est pour la seconde fois, sans être un maître du mystère.

II. Le manque de souffle

88 n'est pas 81. La victoire a semblé trop facile, comme jouée d'avance, vu l'inégalité des compétiteurs en course.
Tonton s'est rendu dès le 9, avenue Franco-Russe, au QG de la campagne. De tous les grognards, Bérégovoy sera le premier félicité. Il y a quelques semaines à peine, nous préparions ensemble la profession de foi, l'ultime message du candidat à tous les Français. Nous étions dans son bureau-placard de 9 m^2 au mobilier flétri par tant de nuits de veille. Il n'avait laissé à personne le soin de rédiger cette lettre. Le 10, l'homme à la rose est rue de Solférino pour remercier ces chers socialistes, Jospin en tête. Il ne sait pas que se prépare la nuit des longs couteaux. À Fabius, le fils spirituel, les courants agités préféreront Mauroy, le Pépé de la gauche. La décrépitude du PS est avancée.

La rose fanée

Le 12 mai, Rocard entre à Matignon et avec lui ce rêve de réforme et d'intelligence qu'il traîne en son sillage depuis le PSU.

La ronde des portefeuilles commence sur fond de France Unie. Mais le bal restera très à gauche. Le Président, pour sa première allocution radiotélévisée en direct, ne cachera pas sa grogne : « Fort de la confiance que vous m'avez accordée dimanche dernier, et comme je m'y étais engagé devant vous, j'ai voulu assurer sans délai le fonctionnement normal de nos institutions. Dès mardi, j'ai nommé un nouveau Premier ministre, Monsieur Michel Rocard. Hier, vendredi, le gouvernement de la République dûment constitué s'est mis au travail (...). Je constate, pour le déplorer, que l'ouverture que j'appelle de mes vœux n'a pu se réaliser jusqu'ici aussi largement que je l'avais souhaité. »

Et d'annoncer la dissolution de l'Assemblée, ce qui, en version lyrique, donne « mes chers compatriotes, dans la situation présente, je ne connais qu'une réponse : que le peuple décide et tranche ».

Comme elle est loin l'euphorie de la première victoire ! Il n'y aura pas de grandiloquente plongée dans les entrailles du Panthéon. Le Marathon Man est comme essoufflé sur la ligne de départ. La France ne le perçoit pas encore, mais cette suite n'aura rien d'un bis.

Le discours d'investiture sera à l'unisson, unificateur mais pas mobilisateur, précis mais pas idéaliste, rigoureux mais pas vibrant. Les mots trahissent toujours les états d'âme : « Au seuil de ce septennat, je souhaite interpréter en peu de mots, aussi justement que possible, la volonté populaire exprimée le 8 mai. Je le ferai tourné vers l'avenir, sans égrener les comptes du passé, et je poserai cette question : quelle leçon essentielle tirer de l'événement (...) ? La réponse est là, évidente : par le cœur et par la raison, la France aspire à rassembler ses forces dans le respect de ses valeurs (...). Quand je dis la France, je pense à l'immense majorité des Français (...). Répétons-le sans nous lasser. Ce mois de mai 1988 n'a pas vu les bons l'emporter sur les méchants, ni le contraire. Je n'aime pas cette dialectique sommaire, même si je crois profondément à la justesse des principes au nom desquels près de dix-sept millions de Français m'ont donné leur confiance, même si je reste ardemment attaché à l'idéal que servent les socialistes, épris de liberté depuis l'aube des sociétés industrielles (...). Démocratiser la société, refuser l'exclusion, rechercher l'égalité des chances, instruire la jeunesse (...), accroître le savoir, servir la création de l'esprit et des mains, guérir la vie quotidienne des Français de ses multiples tares, et parfois de ses intolérables servitudes, priorité au dialogue ici et là-bas à l'autre bout de la planète, voilà le chemin qu'il faut prendre, le rendez-vous auquel je vous convie, si l'on veut que le " principe-espérance " triomphe des pulsions de la peur et de l'affrontement. »

Le socialisme pur et dur c'est fini. Place à l'ouverture. Une ouverture à la mode mitterrandienne où la porte n'est jamais qu'entrebâillée. Autant pour ne pas décourager ceux qui sont dehors que pour ne pas désespérer ceux qui sont dedans.

Le sacre ment

14 juillet, huitième. C'est la grande reprise de parole du Président à nouveau Président : « Je veux représenter ici plus que jamais les forces de progrès (...). Je veux que soient entrepris la construction et l'aménagement d'une des ou de la plus grande et de la plus moderne bibliothèque du monde (...). J'en ai l'ambition et je le ferai. »

La cuvée 88 n'a pas tout à fait la même apparence que celle de 81. Elle a pris du corps, du bouquet, de la robe, mais elle a perdu de son fruité et de sa jeunesse. Le ton est péremptoire, le « Je » a relayé le « Nous ». Le champagne républicain s'est fait cuvée royale.

Reste donc à présenter aux Français son nouveau cru : « La mission du Premier ministre et du gouvernement, c'est de mettre en œuvre les choix qui furent les miens en tant que candidat. Si j'ai choisi Michel Rocard comme Premier ministre, c'est que je l'en savais capable. Il peut donc compter sur mon aide entière. »

La pluvieuse garden-party élyséenne a pris des allures de sacre. Le préfet Prouteau s'exclame : « En six ans, c'est la première fois que je vois ça ! Ils ont tous envie de le toucher, de l'approcher. »

Mais derrière les flonflons, la réalité est moins légère. Le Président est fatigué. Nul ne l'a vraiment su, mais il a jeté toutes ses forces dans sa campagne. Peut-être, sachant que c'était la dernière, a-t-il tenu à la rendre exemplaire. Plus sûrement, sa haine pour Chirac a décuplé ses forces jusqu'à les abuser. Je ne l'ai pas vu dormir plus de quatre heures par nuit les trois derniers mois de l'assaut, pensant à tout, assumant tout, contrôlant tout. Et sans jamais ôter une minute à ses dix heures de charge élyséenne quotidienne.

L'âge est là et l'effort va marquer. Mitterrand le deuxième ne sera pas Mitterrand le premier. L'esprit restera intact mais le corps accusera le coup.

La pub abandonnée

Je n'en veux pour preuve que son subit désintérêt pour la publicité. L'un des grands dossiers de l'automne sera néo-calédonien. Je ferai la campagne du vote. Elle ne marquera pas les annales. François Mitterrand a lancé la machine, je l'ai vu deux ou trois fois sur le sujet, mais très vite il passe le relais à Matignon qui s'en remet au Service d'information et de diffusion. J'ai perdu mon annonceur préféré.

Silence, on laisse parler

La rentrée élyséenne sera muette. Le Pen a lancé son « Durafour-Crématoire » que la presse eût mieux fait de ne pas ébruiter. Il n'est qu'une arme contre ce triste sire, c'est le silence media. Pour l'avoir affirmé lors d'un journal télévisé, le président du Front national me fera un procès que je gagnerai. La bête est toujours immonde, le poète le sait.

Mi-septembre, exercice de style : l'homme à la rose décore Barbara, la femme fleur, « pour ses chansons qui résonnent dans l'âme de nos contemporains », Depardieu « un modèle d'acteur » et Léon Zitrone qui « fait partie de notre armorial national ».

Le 20, Tonton est à Cluny : « En France, la pierre et l'écrit témoignent en abondance de tout ce que les hommes ont créé. De cette mémoire disponible, nous sommes tous comptables. » Le gouvernement ? « Il travaille bien, je le laisse faire (...). La France s'est apaisée, elle va plutôt mieux. » Quant à son silence : « J'ai suffisamment occupé les Français ces derniers temps. »

Quelle admirable gestion de l'absence ! Le champion récupère et laisse ainsi ses fans reprendre souffle.

Il est temps de se remettre à la tâche. La stratégie est claire : laisser la France à Rocard. S'il réussit c'est bien, s'il échoue c'est tant mieux. Fin septembre, François Mitterrand crie son « Good Morning America ». En trente-neuf heures, il va empocher un diplôme *honoris causa* de la New York University, intervenir au Congrès, préparer le Bicentenaire et prononcer à l'ONU un discours musclé. Il annonce l'abandon par la France des armes chimiques, prône l'embargo de ceux qui les utilisent (Saddam vient d'impunément gazer les Kurdes) et annonce la tenue à Paris d'une conférence internationale. Enfin, dans la lignée de Cancún, sans lyrisme excessif ni dérive cocardière, il fait entendre sa différence : « Je ne veux pas croire que, après avoir été prodigues de leur effort de guerre, les États, à commencer par les plus puissants, lésineront sur les efforts de paix (...). L'aide internationale stagne ou régresse (...). Je vois dans la permanence des déséquilibres actuels la cause la plus

pernicieuse d'un immense malheur qui précipitera, plus sûrement qu'aucun autre danger, le monde dans un désordre sans limite comme la guerre (...), pire que la guerre. Il convient aujourd'hui, devant certaines situations d'urgence, de détresse ou d'injustice extrême, d'affirmer un droit d'assistance humanitaire. »
Quelle belle déclaration des Droits de l'homme d'État !

Dieu bénit le pape

Le 8 octobre, Dieu bénit le pape à Strasbourg, la parole sera donc divine : « La ville qui vous accueille (...) raconte ce que fut, ce qu'est, ce que sera l'Europe qui vous reçoit ici chez elle (...). [Elle sera] physique, spirituelle et culturelle (...), cela vous le savez mieux que personne, très Saint Père, vous qui croyez à l'universel, vous qui croyez que tout se tient en notre étroite planète (...). Bienvenue en France, Terre d'Europe. »
Ite missa est !

Après le mystique, le réaliste. Quatre jours plus tard le chef de l'État en bon chasseur ne ratera pas le coup double, il choisira l'Institut des hautes études de la défense nationale pour parfaire son ex-voto européen : « L'Europe sans défense n'existe pas (...). Les discours généreux inondent la scène politique. La défense de l'Europe, je suis pour. J'en cherche patiemment les chemins, mais j'aperçois aux premiers détours de ces chemins les difficultés (...). » Il entend se méfier « de toutes les expressions généreuses, valeureuses, européennes en somme ». On ne mélange pas la France et l'OTAN ; les arsenaux des deux grands devraient être ramenés « à des tailles comparables à la nôtre (...), notre capacité nucléaire doit toujours rester au-dessus du seuil de crédibilité ».
Le ton du septennat nouveau est donné : il sera européen et ne sera pas.

Clandestin à Matignon

88 se meurt à petit feu. L'année se sera consumée en brûlants conflits sociaux. Le nombre des journées non travaillées a retrouvé la cote d'alerte de 84. Les Français ne seront donc jamais en accord avec leurs princes régnants. L'accession à Matignon d'un homme de dialogue, sous la bénédiction d'un homme de rassemblement, aurait dû permettre de récolter l'apaisement, elle fera germer toutes les revendications.

Quant à Rocard, on attendait de lui un comportement mendésiste, il choisira pour gouverner la méthode clandestine. Étrange renversement de rôle qui va porter ses fruits tant qu'il sera le chef du gouvernement et ruinera ses espoirs dès qu'il deviendra le chef de l'opposition. Ne pas faire de vagues est tout simplement ne pas faire. Le peuple s'en souvient toujours, lorsqu'il doit redonner sa confiance.

Les pamphlétaires sont de sortie ; Philippe Alexandre, dans ses *Paysages de campagnes,* peint le chef de l'État en marche vers le Panthéon des « autocrates qui ont perdu l'esprit », et Thierry Pfister, dans sa *Lettre ouverte à la génération Mitterrand qui marche à côté de ses pompes,* le décrit comme « un monarque vieillissant, absorbé dans la contemplation de son moi », animé d'un « désir d'immortalité » et faisant de la réalité française « le crépuscule d'un franquisme ». Il restait à Jean-François Kahn à conclure, il le fera d'un slogan à sa manière, en fils de pub autant que de presse : « Plus la politique se démocratise, plus son tuteur se monarchise. »

Que faire lorsque se rangent sous le même vent les plus belles plumes françaises ? Répondre par l'humour, il n'est pas d'autre échappatoire. Le Président, interrogé, feindra l'étonnement et lâchera : « J'ai l'impression que l'on ne parle pas de moi mais d'un autre. »

Le roi est nu

L'homme a la rose, lui, rit jaune. Il supporte de moins en moins la satire et moins encore celle qu'il perçoit comme injuste. Il a doublement tort. Le syndrome du « dix ans ça suffit » pointe son nez. Les Français vont découvrir que la règle américaine du double « quatrennat » n'est pas sotte; l'usure est un mal dont aucun pouvoir ne guérit. Pire, la gauche, trop longtemps aux commandes, s'enivre, lorsqu'elle ne s'encanaille pas.

Ainsi entre fiel et miel, ce deuxième septennat va-t-il, pierre après pierre, édifier la statue mitterrandienne. Comme si le premier avait été dévolu à la France, en la bousculant et en l'obligeant à progresser malgré elle, et le second dévolu à lui-même, le pétrifiant peu à peu sous les torrents de fleurs et de lazzis mêlés.

Gorby le Magnifique

Fin novembre, Mitterrand est en Russie sur les traces de De Gaulle à Baïkonour. Le roman-photo avec Gorby et Raïssa sera euphorique; c'est le Président qui en écrit lui-même les textes : « Cet homme est visiblement passionné par sa fonction. Il a entrepris une œuvre immense. Il en mesure, j'imagine, les difficultés (...). Monsieur Gorbatchev a parlé d'une " maison commune ". C'est une expression forte, sensible, qui sera bien perçue par les Européens. Elle me convient mais, bien entendu, une expression ne suffit pas à faire une politique. Vous voulez une maison commune, mais j'aimerais savoir comment nous allons la meubler. »

La stratégie mitterrandienne s'affiche au grand jour. User de sa réélection pour achever son escalade de l'Olympe républicain. Chaque pas doit préparer la sortie. L'histoire s'écrit désormais en images volées aux quatre coins du globe.

United Colors of Mitterrand

Le 10 décembre, de retour en ses terres, l'hôte de l'Élysée convie Sakharov et Walesa à célébrer le quarantième anniversaire de la Déclaration universelle des droits de l'homme.

« Le monde se relevait de la guerre la plus meurtrière et l'humanité découvrait avec un sentiment d'horreur l'extermination de millions d'hommes, de femmes, d'enfants au nom de la croyance en la supériorité de quelques-uns sur tous (...) ainsi s'imposa la nécessité d'un droit universel. » Ceux qui l'ont conçu « savaient bien que l'intolérance, le racisme, la misère ou la guerre ne se soumettraient pas à la force des mots (...). La Déclaration de 1948 fut la réponse qu'ils proposèrent à une attente séculaire, au combat le plus souvent perdu par qui, à travers les temps, a défié, jusqu'à la mort, l'ordre imposé de la puissance.

« On s'interroge aujourd'hui sur l'intérêt qu'il y aurait, comme je le pense, à élargir cet horizon aux droits qui naissent de l'évolution si rapide de la société industrielle (...), droits tout simplement attachés aux pouvoirs nouveaux conférés à l'homme sur l'homme, à l'homme sur la nature. D'où l'importance du droit à l'assistance humanitaire, du droit à la protection de l'individu exposé aux manipulations de l'informatique et de la génétique, du droit à un environnement sain, du droit des minorités, droit d'asile et droit des immigrés, qu'il faudra bien faire entrer dans nos lois. L'acte de 1948 (...) a fait de la dignité notre patrimoine commun, hélas le monde autour de nous n'offre certes pas le spectacle d'une société ni fraternelle, ni pacifique. La défense des droits de l'homme ne souffre pas de pause. »

Ainsi s'achève l'an roi de ces quatorze années de règne. Jamais un homme d'État français n'aura fait d'une période après tout banale, sans crise ni guerre, sans faste ni fléau, le *must* d'une vie. L'homme à la rose aura reconquis un pouvoir perdu, retrouvé une gloire envolée, rayonné sur l'Europe naissante et apaisé une France à vif en usant seulement du poids des mots et du choc des images. Lorsque l'on demandait à Orson Welles s'il priait : « Non, répondait-il, il ne faut pas ennuyer Dieu, c'est un artiste. »

1989
L'ANNÉE GLOBE-TROTTER

L'histoire a ses latences. Voici l'année de gloire mitterrandienne et cependant le début de la fin de la mitterrandie. Jamais le Président n'aura été aussi populaire qu'entre les législatives de 88 et les européennes de 89. Sa cote personnelle va atteindre l'Everest de 63 %. Le zénith des sondages masque souvent le crépuscule à venir. 59 % des Français estiment positif le bilan de l'homme à la rose. Quatre années plus tard, ils ne seront plus que 37 %.

Adieu le strass, bonjour le stress

Quelle farandole va vivre le monde ! Un pas en avant, un pas en arrière, la danse de la démocratie n'en finira pas d'agiter l'actualité. Début février, Salman Rushdie est condamné à vie ; début juin, son bourreau Khomeiny meurt. L'espoir avance. Quelques heures plus tard, il recule : les chars chinois entrent à Tien-an-Men, alors que, ironie de l'actualité, Michael Chang gagne Roland-Garros.

Le 14 juillet célébrera le bicentenaire de la Révolution revu et corrigé par Jean-Paul Goude, un fils de pub. Danton et Robespierre, pardonnez-nous !

En novembre, le mur de Berlin explose, entraînant dans sa chute le communisme. Le capitalisme plastronne, pas pour longtemps. Les Ceausescu sont arrêtés et exécutés en direct, héros soudain shakespeariens de la plus rocambolesque manipulation de l'histoire des media. Le temps du monde fini commence. Les eighties enterrent leurs excès : de *look*, de frime, de fric. C'est la mort du signe.

Et cependant, la société médiatique résistera encore un temps. C'est à l'heure où cette société de la forme s'achève que François Mitterrand sera au sommet de son art en inventant, mieux que la présence, la gestion de cette présence. La règle consiste à annoncer, avant même de parler, que l'on va parler. L'idéal restant de le faire dire, d'où la pratique des fuites, devenue courante à l'Élysée depuis 1986. Quand on a soi-même créé l'appétit, il n'est que plus facile de rassasier son public.

Mitterrand ne s'adressera plus aux Français sans avoir fait le silence autour de lui. Soit qu'il choisisse un moment de calme médiatique, soit qu'il apaise le tumulte en annonçant sa prise de parole. C'est ce signal, que sait émettre celui qui monte en chaire, qui crée le statut.

Les scénaristes ne font pas autrement. Il n'est pas une grande scène de cinéma qui n'ait été amenée par cinq ou six séquences préparatoires. La difficulté pour un homme politique est qu'il n'écrit pas le script de l'histoire, les événements s'en chargent. À lui donc de ne pas se tromper de tempo. Soit il décide d'agir avant eux et se met en position de référence, soit il intervient après et se doit de jouer les analystes. La rhétorique médiatique existe, elle est ce sens de l'opportunité du discours. L'image des politiques est plus sûrement façonnée par le moment de leurs interventions que par leur contenu. Chaque message, telle une fusée Ariane, a son créneau de lancement : à un jour, deux jours, trois jours près, le satellite ratera sa mise sur orbite.

Charles le Téméraire

De même, le jeu médiatique consiste, pour rester maître du terrain, à pousser l'adversaire à la faute.

Charles Pasqua prépare son émission du 9 janvier. Le Président, deux jours avant la prestation de l'ex-futur ministre de l'Intérieur, le titille : « On ne peut pas laisser un homme, une femme, une famille à la simple décision du pouvoir administratif souvent aveugle et arbitraire. »

Le redoutable bretteur médiatique tombera, tel un néophyte, dans le panneau. Au lieu de consacrer son temps d'antenne à expliciter ses intentions, il se perdra à attaquer son adversaire : « Les propos du Président de la République ne relèvent pas de l'analyse mais de la psychanalyse. Cet homme avait rêvé d'être Danton ou Jean Jaurès en agitant l'épouvantail du racisme, il n'est que lui-même. » En télévision, l'agressivité ne paye pas, il aura donc suffi d'une seule phrase de Mitterrand pour perturber une heure qui aurait pu être de vérité et ne restera que d'irritabilité. Le Président a fixé ses marques et l'opposition raté son entrée.

Noces d'argent

Tout semble à nouveau paisible en cette bonne terre de France lorsque l'orage éclate. L'un des plus vieux amis de François Mitterrand est entendu par la COB. Objet : délit d'initié. L'affaire Pechiney commence, elle va éclabousser le chef de l'État, la gauche, la politique tout entière et lancer une course sans fin à l'assainissement des mœurs de nos élus. Le 13 novembre, une semaine avant le rachat d'American Can, dînaient de concert Alain Boublil, le directeur de cabinet de Bérégovoy, Samir Traboulsi, le milliardaire libanais qui a monté l'affaire, et Roger-Patrice Pelat. Trois jours plus tard, ce dernier achetait fort opportunément dix mille actions Triangle, la société qui contrôlait American Can.

La malversation va virer au scandale. Pelat prétend tenir l'info de Max Théret, l'inventeur socialiste de la Fnac, lequel acceptera de porter un temps le chapeau, le mauvais feuilleton commence. Il aura, c'est la loi du genre, ses morts, ses condamnations, ses passions, et marquera le second septennat de ses traces de sang et de ses relents d'argent. La République des juges prenait le pouvoir, elle n'est pas près de le perdre.

La presse ne manquera pas un titre pour jouer les charognards ; à l'instruction, elle préfère toujours l'inquisition, cela fait vendre. « Mitterrand et Pelat, quarante ans de fidélité », titre *Le Figaro*, « Mitterrand perd un ami », relance *Le Quotidien*. La droite lâche ses chiens de paille. Pas un ténor qui ne pousse sa chansonnette :

« Mitterand et l'argent », titre *Le Figaro*, « Le Président et la corruption », reprend de plus belle *Le Monde*. Et chacun de rappeler la formule mitterrandienne de 71 : « L'argent qui corrompt, l'argent qui tue, l'argent qui pourrit, jusqu'à la conscience des hommes. »

La faute de Pelat est certaine mais devait-elle aboutir à un tel dégueulis de boue ? La démocratie est œuvre de mesure, elle se brûle à cultiver l'outrance. Quant au délit d'amitié, que je sache, il n'est référencé que sous les régimes militaires.

Tout Français, à la sortie de ce marigot, aura son opinion sur le chef de l'État. J'aime profondément François Mitterrand mais je n'ai pas l'amour aveugle, je connais ses limites, ses fixations, ses défauts. Je crois n'avoir jamais caché mes oppositions à ses gestes ou à ses pensées lorsque je ne les approuvais pas, mais pour avoir partagé sa vie de famille et tant de moments intimes avec lui, je reste persuadé que Mitterrand n'est pas homme d'argent. Malheureusement, les temps sont délétères. Le public est drogué de politique-spectacle, il a besoin de sa dose quotidienne de scandale et de drame. Vrais ou faux, peu importe pourvu que l'excès et le sang coulent.

Le Président nous avait prévenus dès 86 : « Politiquement, ils n'ont pas prise sur moi. Que leur reste-t-il ? L'argent et les mœurs. La droite, c'est la chasse à l'homme. L'argent je n'en ai pas. Je m'en suis toujours méfié. Quant à mes mœurs, elles sont ordinaires. Ils chercheront autre chose, il leur faut des diamants. »

L'actualité s'est faite feuilleton, le dénouement ne peut être que tragique : Pelat, inculpé, mourra début mars, son cœur n'en pouvant plus. Le Président sera à son chevet, la France à sa fenêtre, la droite tout à son plaisir sans se rendre compte que c'est la classe politique dans son ensemble qui sera la proie de l'opinion publique.

Quelques mois plus tard, une étude classera les professions par ordre de considération. Se disputeront la fin de la liste les prostituées, les journalistes et les hommes politiques. Pour les prostituées, le jugement est vieux comme le monde. Pour les politiques, rien d'étonnant dans un pays qui les brocarde à tout moment. On ne se gausse pas à longueur d'années, de guignols en bébêtes, sans séquelles. La nouveauté était que les journalistes retrouvaient dans l'infamie ceux qu'ils avaient eux-mêmes cloués au pilori.

Une démocratie qui ne croit plus ni en ses hommes de pouvoir ni en ses hommes de presse est en danger. Le Pen et Tapie sauront en tirer partie.

La course autour du monde

La vie reprend son cours. Mi-janvier, le chef de l'État est en Bulgarie, il reprend sa plaidoirie type des voyages à l'Est de 88 à 90 : « La perspective d'une Europe unie est déjà engagée. Les peuples y sont prêts, il s'agit maintenant de la volonté de quelques hommes. Souveraineté nationale, démocratie représentative, séparation des pouvoirs, liberté et respect de la personne : ces valeurs n'ont rien perdu de leur actualité. Puisse-t-on comprendre, à l'Est comme à l'Ouest, que cet héritage forme un bloc indissociable. »

« Voyage inutile », titrera *Le Quotidien* qui continue à n'être lu par personne. Deux ans plus tard, l'État bulgare sera démocratique, les mots du Président auront fait leur chemin.

Le 20 janvier, George Bush est investi, son homologue élyséen le félicite d'une main et de l'autre écrit à la Chine : « Comme vous le savez, la France est plus que jamais disposée aux ambitieux objectifs que votre pays s'est assignés. »

Civilités faites, l'homme à la rose s'envole pour les Indes. Dur métier que celui de VRP de la France. D'autant que le globe-trotter se doit de rester avant tout socialiste. De retour en France il se précipite, début février, à Lille pour inaugurer la place de la Solidarité : « Je ne veux pas d'Europe où le capital serait imposé à moins de 20 %, tandis que le fruit du travail le serait à 60 %. Je ne peux pas vouloir d'une Europe dans laquelle il y aurait une régression pour les catégories de Françaises et Français qui font l'essentiel de l'effort et qui, depuis des générations, supportent l'essentiel du poids des trois révolutions industrielles. Je veillerai à ne pas laisser s'imposer les législations les plus régressives, les plus attardées, les plus injustes. C'est le grand combat de la solidarité (...), face aux forces qui voudraient tant nous ramener en arrière, au temps où quelques groupes minoritaires, mais dominants, étaient maîtres des choix. »

Telles les grandes marques, les hommes d'État doivent posséder le don d'ubiquité. Il leur faut sans relâche rayonner aux quatre coins du monde, sans jamais perdre un point de part de marché sur leur terre d'origine. Mais l'exercice est plus périlleux. Les produits peuvent s'en tenir à un discours unique, pas les Présidents, obligés à la sérénité et à la hauteur de vue à l'extérieur, à l'agressivité et au court terme à l'intérieur.

Bas les masques

La grande rentrée médiatique est pour mi-février. Mitterrand a choisi Anne Sinclair comme confesseur. Il est temps de demander l'absolution aux Français. Plus de jour sans que l'affaire Pelat fasse couler le fiel. Face à la vindicte, il n'est de meilleure contre-attaque que l'authenticité :

« J'ai lu un jour dans un journal (...) on devrait attendre du Président qu'il sélectionne un peu mieux ses fréquentations. Je vais vous dire ce qui m'a permis de sélectionner un homme comme Patrice Pelat. C'était en 1940, il y a un bout de temps dans les camps (...). Rares sont ceux que j'ai connus, pendant la guerre (...), qui aient montré autant de force d'âme, de caractère et de camaraderie. Donc, j'ai sélectionné mes fréquentations dans le commando de prisonniers de guerre et j'ai choisi le courage et l'amitié (...). Il était pauvre, Patrice Pelat (...). Il est devenu riche, non pas comme homme d'affaires mais comme industriel. Fallait-il que je rompe avec lui parce que de pauvre, il était devenu riche ? »

Cent minutes d'explication-conviction, un record de durée et d'audience pour « 7 sur 7 ». La France est pays de passion et choisit toujours le camp des passionnés. Les sondages ratifieront la prestation, 60 % partageront son point de vue. C'est étrange, les Français sont avides de scandale, mais pas de châtiment, comme s'ils considéraient que seule la montée en charge de l'affaire est digne d'excitation.

L'émission déclenchera l'habituel flot de critiques contradictoires : « Il marche fort, mais à côté de ses chaussures », persifle Longuet. À parler d'argent facile, ce dernier aurait gagné à se taire. « Quelle pêche d'enfer ! s'exclame Lang, le Président a réussi à faire partager par le pays son énergie communicative, son enthousiasme et sa volonté de faire gagner la France. »

La vérité est ailleurs : l'hôte de l'Élysée paraissait depuis plusieurs mois lointain, abstrait, hautain, le voici devenu plus proche, plus attentif, plus sensible.

La partie s'est gagnée là : l'opinion publique est avant tout affection publique.

La tempête s'est apaisée, Tonton reprend son train-train. Fin février, il écrit à Husák, le Président tchécoslovaque, son « inquiétude devant la condamnation de Vaclav Havel ». Trois jours plus tard, avec cent soixante-deux de ses pairs, il enterre à Tokyo Hiro Hito, le dernier Dieu vivant. Déjeuner de travail avec George Bush, rendez-vous avec Cory Aquino puis Benazir Bhutto : le Président français ne chômera pas et trouvera même le temps de remettre les mœurs économiques nippones à leur place et de dénoncer cette « atmosphère dangereuse où chaque pays ignore sa propre politique protectionniste et critique celle des autres pays. C'est comme une aria à l'opéra (...), un procédé très répandu, seulement certains sont meilleurs virtuoses que d'autres ». À peine revenu à Paris, voyage éclair à Alger, « un devoir d'amitié » (et la signature du contrat de gaz ?). On ne chôme pas.

Caduque, vous avez dit caduque

Les 12 et 19 mars, pause forcée : la France élit ses maires. Chirac et Noir font le grand chelem à Paris et à Lyon, mais la gauche prend quelques belles citadelles. À nouveau l'actualité s'assoupit, il faudra attendre la fin du mois pour que l'annonce de la visite officielle d'Arafat à l'Élysée réveille les vieux démons. Le CRIF s'inquiète de voir la France « perdre son âme dans des initiatives politiques sans lendemain ». Le chef de l'État répondra personnellement à son président Théo Klein : « La France n'oublie ni les victimes de la Shoah ni celles du terrorisme aveugle. Ce passé, cruel et lâche, ne s'efface pas de nos mémoires lorsque nous conduisons la politique étrangère de la France. Mais celle-ci est fondée sur le dialogue, qui nécessite d'entendre tous les protagonistes. Entendre n'est pas adhérer mais élargir le champ de l'information. »

Les Français se montreront moins réticents que la communauté juive, 51 % trouvant cette visite normale, 31 % anormale. Par bonheur, le chef palestinien se montrera sensible à l'encouragement que lui marque notre pays. D'entrée de jeu, il reconnaît que la charte de l'OLP de 64, qui appelait à la destruction d'Israël par tous les moyens, est « caduque ». Le mot fera les unes — il a été soufflé par Roland Dumas.

François Mitterrand, comme tout homme, mérite sa part de critique, mais qui pourra nier son courage et son sens de la perspective politique, en cette occasion ? « Quand les esprits se seront calmés, quand on aura réfléchi à la situation d'Israël et du conflit israélo-arabe, quand on aura constaté à quel point la France est fidèle à ses engagements, ces mauvaises humeurs se dissiperont et céderont la place à la confiance. »

Le Président se décide à reprendre à son compte la course du temps. Rocard et sa garde prétorienne, notamment Jean-Paul Huchon et Guy Carcassonne, règnent en maîtres à Matignon. Ils vont fêter, le 9 mai, leur premier anniversaire de pouvoir, on pourrait presque écrire de tous les pouvoirs (intérieurs s'entend). L'homme du 10 mai ne peut l'admettre. Il va reprendre l'initiative.

Rien ne vaut une bonne marche pour se remettre en jambes. Le chef de l'État choisira Solutré pour lancer son offensive médiatique. Suspens oblige : il annoncera ses réponses officielles pour quatre jours plus tard, le 18 mai. Chemin faisant, il ne manquera pas de souffler aux journalistes les sujets qu'il tient à aborder. La meilleure des conférences de presse est encore celle qui suit vos préoccupations du moment. Le Président revient sur la visite d'Arafat, propose une législation sévère sur la transparence des partis politiques, souhaite l'abrogation de la loi Pasqua et tergiverse sur la présidence commune A2-FR3 : « Il ne faudrait pas que se constitue une trop grosse machine mais, en même temps, il faudrait plus de cohérence. »

Quant au gouvernement Rocard : « Il fait bien son travail, mon rôle est de constamment aiguillonner les choses. »

À l'AIDS

Intermède : le 16 mai, l'homme à la rose va déclarer la guerre au sida. Déjà en juin 87, il m'avait fait appeler pour me demander une campagne contre le fléau. Il était prêt à s'impliquer en personne, à paraître même dans le film, si sa présence pouvait être utile. Je m'étais mis au travail, imaginant un spot où Reagan, Thatcher, Kohl et Mitterrand prendraient la parole à tour de rôle. En y réfléchissant mieux, je compris vite qu'en période préélectorale, le geste du Président-candidat serait mal interprété. Il l'admit volontiers et le projet en resta là.

Deux ans plus tard, le Président choisira l'auditoire du comité d'éthique sur le sida pour s'adresser aux scientifiques des quinze pays représentés et, à travers eux, à la conscience du monde : « Nous sommes dans les premières veillées du combat, et vous en êtes les soldats. Aidez-nous ! (...). Qui peut se croire indemne ? Contrairement au tabac — une seule cigarette ne peut suffire à provoquer l'apparition d'un cancer du poumon — une seule relation, comme on dit une relation à risque, un simple échange de seringue peut suffire à transmettre le virus. C'est une donnée presque mécanique qui effraie. » Cette épidémie lui « rappelle l'extrême fragilité de l'espèce humaine, à une époque où elle croit avoir maîtrisé les grands fléaux ».

Cinq ans plus tard, les mœurs n'ont guère changé. La maladie continue sa mortelle avancée parce que chacun croit qu'elle est pour l'autre.

Les cinq sens du septennat

Le 18 mai nous offre la conférence de presse annoncée. Aux sujets prévus se greffera la paix, « qui suppose de hâter en toutes circonstances raisonnables le désarmement, qui ne peut que contribuer lui-même à la réduction des tensions ». Et de certains budgets : quatre milliards de moins pour la Défense, au grand dam des éternels foudres de guerre, Chirac et Léotard en tête.

Au passage, le chef de l'État souligne son action au Liban, mais la vedette de son intervention restera le projet de son second septennat, en cinq priorités : « L'union économique et monétaire. La charte sociale ou droit social européen. L'Europe culturelle, centrée autour de l'audiovisuel. L'environnement, qui ne connaît pas de frontières. Enfin, l'Europe des citoyens pour que les hommes et les femmes qui vivent dans les douze pays se sentent partout chez eux. »

Flying Tonton

À peine a-t-il rassuré ces « chers concitoyens » que le Président s'envole à nouveau aux quatre coins de la diplomatie du monde. Le lendemain, il est à Ottawa, le surlendemain chez George Bush pour préparer le G7 parisien de la mi-juillet. Trois jours plus tard, il atterrit à Dakar au sommet de la Francophonie. Fin mai, il assiste à celui de l'OTAN à Bruxelles. Début juin, il se pose en Tunisie à la rencontre du nouveau Président tunisien. Suivront une visite officielle en Pologne, le Conseil européen de Madrid où le chef de l'État hérite de son homologue espagnol les terres de la Communauté.

Tout autre en aurait le tournis, « Flying Tonton » reste impérial comme si cette course était son sérum de jeunesse. Rarement cuvée aura été aussi diplomatique : la France cumule, le même mois, présidence européenne, G7 et Bicentenaire. L'hôte de l'Élysée sait que le calendrier ne repasse pas les plats. Trente jours durant, il va se dépenser sans compter et finir de sculpter son image planétaire. Aux figures imposées, ces rites institutionnels, qui n'ont d'autre mérite que de servir de dates-butoirs à des projets qui ne demandent qu'à le rester, le Président ajoute ses figures libres, les tête-à-tête de chefs d'État où se décide l'avenir du monde plus sûrement qu'autour des tables officielles. Quelle réassurance après tout que de savoir que les grands problèmes planétaires se règlent ainsi entre la poire et le fromage !

Le prêche révolutionnaire

C'est le 2 juin que le Président prononcera dans la salle du Jeu de Paume son premier vrai discours du Bicentenaire : « Sans indulgence pour les fautes, les excès ou les crimes, tâchons de comprendre pourquoi dans le mouvement complexe de la Révolution, à courage égal, à convictions égales, tous les choix ne se valaient pas (...) la Révolution a fait la République. Rien n'est achevé, rien ne s'achève jamais, le combat change de forme, pas de sens (...). Le vrai chantier qui nous attend sera celui du refus des exclusions du travail, du savoir, de la dignité, de la culture et du logement. »

Le 23, il est à l'Opéra Bastille, celui de ses grands travaux dont il apprécie le moins l'architecture : « Je me suis laissé forcer la main », me dira-t-il, un soir de confidence, « on ne m'y reprendra plus. »

Devant un parterre d'aficionados, il va commencer de marteler son thème du moment : la liberté. Liberté, liberté chérie que de discours commis en ton nom !

Que de rabâchages pour qu'un message passe ! La publicité a cet avantage sur la communication qu'elle a fait de la répétition sa raison d'être. L'homme politique doit, lui, inlassablement se redire sans se répéter, un sport autrement plus délicat : « Mais que dire de l'exclusion par la faim ? Que dire des droits et des libertés quand la seule question est celle de la survie ? Le premier des droits de l'homme est le droit de vivre. Pour faire progresser les droits de l'humanité, les pays riches ont moins à s'ériger en professeurs de vertu ou en donneurs de conseils qu'à contribuer efficacement au développement (...). Que chaque être qui souffre dans sa dignité, pour sa liberté, sachant qu'il souffre pour la nôtre, sache aussi qu'il est des gardiens vigilants, qu'il est des frères et des sœurs par toute la terre qui ne lui ont pas lâché la main, qui ne se contentent pas de penser aux victimes, de les assister, mais qui sont prêts à relever le défi, à prendre le relais et, autant que nous le pourrons, à guérir l'humanité de ses plaies. »

Enfin le jour vint. J'imagine l'émotion qui saisit un catéchumène s'étant battu toute sa vie pour les principes de 1789, soudain ordonné pape du bicentenaire de la Révolution.

Chacun s'est interrogé sur les convictions profondes de François Mitterrand. Est-il un socialiste de circonstance, qui avait décelé dans cette prise de position la voie royale du pouvoir ? Est-il un socialo pur et dur, rêvant l'abolition des classes et le grand partage ?

Social-démocrate, partageant en lui-même le sens de la justice et celui du profit ? Je ne prétends pas connaître sa vérité mitterrandienne, j'ai simplement eu la chance de le voir maintes fois réagir sans témoin ni réserve. À chaud, dans ces instants où le cœur s'exprime avant même la pensée. Et je suis à jamais convaincu que ce personnage multiple a une unicité en lui, celle du combat permanent de l'émancipation des hommes. Une tâche sans fin dans cette société qui aliène d'une main ce qu'elle libère de l'autre.

J'ai souvent cherché une définition basique du socialisme, je crois l'avoir entendue un jour de la bouche de Jacques Brel. Un journaliste le questionnait :

« Est-ce que vous croyez ? »

Il fit cette réponse étonnante :
« Je crois que Dieu ce sont les hommes, et qu'ils ne le savent pas encore. »
La religion de François Mitterrand, c'est l'homme.

Liberté, je chéris ton nom

La folle semaine du Bicentenaire va ouvrir tous les micros au chef de l'État et lui permettre de se montrer tel qu'il aimerait que l'Histoire le montre :
Tiers-mondiste : « C'est une folie de ne pas réduire l'écart entre riches et pauvres, c'est plus dangereux que la bombe atomique Lorsque les gens n'ont pas à manger, leur révolte peut échapper à tout contrôle » (*National Geographic*, 19 juillet). « La France ne se pose pas en unique avocat et défenseur des pays pauvres, mais elle entend prendre sa place dans la défense des justes intérêts de ces populations » (conférence de presse du 16 juillet). « Aidons au développement, hâtons-le, et la démocratie aura droit de cité sous toutes les latitudes. Ce n'est pas un hasard si les plus grands pays industriels du monde sont aussi — Japon mis à part — de vieilles démocraties » (*L'Express* et quatre journaux européens, 13 juillet). « Je l'ai écrit partout : démocratie, développement, finalement, c'est la même chose » (A 2 et TF 1, 14 juillet).
Écolo : « Quand l'homme est plus fort que la nature, il a tendance à oublier qu'il fait partie de la nature, qu'il est la nature et qu'en fait, il est en train de se suicider » (*National Geographic*, 19 juillet). « À nous de conduire de façon responsable notre relation avec ce qui nous environne » (*L'Express* et quatre journaux européens, 13 juillet).
Pessimiste actif : « Je crois en le futur de la race humaine. L'homme est vraiment capable de surmonter toutes les difficultés. Nous en sommes toujours, en fait, à la préhistoire. Mon optimisme est fait d'une myriade de pessimismes »

(*National Geographic*, 19 juillet). « Tirons la leçon des aller et retour de l'Histoire. J'ai passé ma jeunesse dans un environnement où la liberté était proscrite. C'était l'époque de Staline, d'Hitler, de Mussolini, de Franco, de Salazar, de quelques autres en Europe... autant de souvenirs qui invitent à la prudence (...). La liberté est fragile. Je l'ai répété tout au long de ma vie politique : elle n'existe pas à l'état naturel mais résulte d'une construction sociale » (presse américaine).

Lucide : « Le tempérament des acteurs de l'Histoire vient souvent déranger les plus beaux projets. On ne peut présenter comme exemplaires des hommes qui se sont laissés aller à des violences inutiles. Je ne le ferai pas. Mais nous devons comprendre aussi la logique des situations. Et penser que la Révolution française a changé la face du monde » (*L'Express* et quatre journaux européens, 13 juillet). « Ne sous-entendons pas qu'avant 1789 nous étions des barbares ! La monarchie a été atteinte mortellement à partir de Louis XIV, lorsque le roi, prenant le parti des privilégiés, s'est isolé du peuple. Cela lui a fait manquer le passage réussi en Angleterre vers la monarchie constitutionnelle » (*Nouvel Obs* et cinq hebdos européens).

Stoïque : « On célèbre la liberté ? Et d'abord la liberté de critiquer, c'est fondamental. Donc la critique ne me choque pas (...). Qu'a-t-on fait de plus pour ce Bicentenaire ? Pardonnez-moi de vous préciser que cela n'arrive qu'une fois par siècle et on en n'est qu'au deuxième (...) alors, bien entendu, il y a des gens qui ne seront pas d'accord. Ils n'étaient déjà pas d'accord en 1789. Je ne dis pas que ce sont les mêmes mais enfin, il y a des traditions (...), la critique que vous appelez " de droite ", elle est rituelle (...), pour la critique que vous dites de gauche, non, elle ne m'a pas froissé. Au fond il s'agit d'un bon réflexe et d'une mauvaise information » (A 2 et TF 1, 14 juillet).

Sur ces mots vibrants, l'actualité prendra ses quartiers d'été, le Président s'en ira retrouver la quiétude de Latche.

Planète show

La rentrée se glisse dans l'année sans faire de bruit, comme si le calme aoûtien avait endormi son monde. Premier réveil le 12 septembre, le Président ouvre les entretiens de Condorcet d'un « carré magique » : « L'accès de chaque adolescent à un diplôme, porter au plus haut niveau possible la culture générale, scientifique et technique de la nation (...), bâtir l'enseignement du XXIe siècle [autour de] la diversité des êtres humains et des intelligences (...), faire de l'information l'affaire de toute une vie. »

Le 16, le chef des armées commémore la bataille de Valmy : « Les armes ne valent que par ceux qui les servent (...). Le métier de soldat commande des devoirs élevés, les responsables de l'État ont pour obligation d'assurer les conditions matérielles et morales nécessaires à l'accomplissement de leur tâche. Il appartient au gouvernement d'agir en conséquence, l'armée a besoin de sentir qu'elle fait corps avec la nation. »

Mais ces appels hexagonaux vont se faire de plus en plus rares : le Président délaisse la France pour s'engager à plein temps dans sa course planétaire. Est-ce l'usure du temps ? Mitterrand II ne sera pas le Mitterrand Premier qui surveillait chaque ministre, animait chaque projet, supervisait chaque décision. Déjà les professionnels avertis ont remarqué son désintérêt pour la chose audiovisuelle. La nomination forcée mi-août d'un pâle Président à la tête des deux chaînes publiques le laissera de marbre. Nouveau ! Et quant à moi, je dis tant mieux.

L'homme à la rose est ailleurs et autrement.
Fin septembre, en tant que Président temporaire du Conseil européen, il harangue les douze pays de la CEE et les 66 de l'ACP (Afrique, Caraïbes, Pacifique) : « Une Europe plus forte sera plus solidaire (...). Elle doit élargir son

audience. Elle ne va pas délaisser ces compagnons de route que vous êtes sur la route de l'Histoire. Soyez attentifs à toutes les atteintes à la dignité de l'homme. Veillez ! Soyez présents ! Rendez compte ! Alertez ! »

Le mois d'octobre sera tropical. Le 9 en Guadeloupe, le 10 au Venezuela, le 11 en Équateur.

« Viva Panchito ! » clame la foule (diminutif affectueux de Francesco, traduisez François). La réponse mitterrandienne sera au diapason : « Les Portugais disaient au XVIIe siècle qu'en dessous de l'Équateur, il n'y a plus de péché. C'est vrai que l'on y est enclin à s'abandonner sans remords au plaisir d'être entre amis. »

Mais un voyage présidentiel n'est jamais touristique, il faut une aspérité à ce trop-plein de gentillesse. Le chef de l'État choisira le terme de son voyage pour enflammer les cœurs et les téléscripteurs.

Le 12, à Bogota, il va s'en prendre à la méthode américaine de lutte contre la drogue, l'Amérique latine ne pourra qu'être avec lui et la France à sa suite : « La racine du mal, c'est la misère. On ne peut pas accuser les pauvres gens qui sont les producteurs de base. Il ne suffit pas de répondre comme vous le faites aux menaces des trafiquants de drogue. Il faut que tous les pays responsables dans le monde se préoccupent de la façon de réduire la pression du malheur, de la misère. »

Le retour du Jedaï

Mais il est temps de retourner sur ses terres, j'entends les terres européennes, et de prêcher l'action. Fin octobre, à Strasbourg, devant les députés européens, le Président de la CEE va élargir le débat à deux causes : les pays de l'Est qui s'écroulent et la Palestine qui bourgeonne. Les bonnes paroles sont d'autant plus heureuses qu'elles s'accompagnent d'argent comptant. La plaidoirie pour l'Est s'achèvera en un grand espoir de solidarité euro-polonaise impulsé par la France qui ouvre la collecte d'un chèque de 4 milliards de francs : « Nous avons vécu pendant plus d'un demi-siècle dans le cadre d'un ordre qui se défait sous nos yeux (...). L'équilibre nouveau, essentiellement désirable, supposera une somme de volonté, d'imagination, d'efforts, de continuité, que peu de générations ont connue avant nous (...). Mais quel élan ! Et quel espoir ! Comme en 1789, c'est le peuple dont la clameur se fait entendre (...). Voilà la grande nouvelle : de nouveau les peuples bougent, et quand ils bougent, ils décident. Au nom de quoi ? De la liberté tout simplement. »

Le 22 novembre, le Président débarquera à l'improviste devant cette même assemblée avec l'unique souci de commenter l'histoire en marche : « Un peuple a, une nouvelle fois, parlé et brisé le silence d'un ordre qu'il n'avait pas voulu (...). Mais notre faim n'est pas rassasiée. Nous entendons l'appel de Prague et le silence du peuple roumain fait un énorme bruit. »

Applaudissements.

L'année a vieilli en âge et en sagesse. Le monde ne sait pas encore que c'est le calme avant la tempête. Année royale pour l'hôte de l'Élysée, passant sans anicroche de la célébration de la Révolution en son royaume à l'incitation permanente à mobiliser le globe en faveur des peuples déshérités.

Attardement mental

Il fallait un résumé médiatique à tant d'appels lancés, de kilomètres parcourus, de discours distillés. Le Président choisira de le faire en multimedia à la fois sur Europe 1 et sur A 2.

Le 10 décembre, il est en direct de l'Élysée, dans un décor signé Gérard Colé : bureau de feutrine beige (cela flatte le teint), fond de tapisseries (cela fait majestueux) et drapeau tricolore dans le champ (cela fait présidentiel). La bannière est une idée pilhanesque. Dans ses études, Jacques a perçu un besoin de patriotisme ; comment mieux l'illustrer que par le tricolore ? À peine l'idée de cette présence aux côtés du Président est-elle émise que l'entourage élyséen et les éléphants du PS montent en ligne. Pour un socialiste, nationaliste rime facilement avec fasciste. À son habitude, François Mitterrand passa outre.

Le Président répond aux feux croisés de Christine Ockrent, Jean-Pierre Elkabbach, Serge July et Alain Duhamel.

D'entrée, l'interviewé s'excuse de ce long silence officiel qui dure depuis le 14 juillet : « J'ai l'impression d'être en dette à l'égard des Français. » Le public commencera d'écraser une larme, mais seul le téléspectateur non averti peut s'imaginer que le silence n'était pas stratégique. Mitterrand va soigner les détails et n'oublier aucun de ses grands thèmes, donnant même ses réponses aux questions que l'on aura oublié de lui poser.

De quoi les Français ont-ils peur ? « Des victoires de la liberté ? Il suffit d'être résolu. »

Bon point à Rocard et Laignel, mais aussi, ouverture oblige, à Soisson et à Durafour sans omettre de rappeler au passage qui est le patron : « Je suis l'aiguillon dans tous les domaines, mon rôle est d'être à l'écoute de tous les Français. »

Suit la distribution des prix internationaux : « Mikhaïl Gorbatchev est un homme d'envergure, l'histoire parlera », « Delors travaille très bien, il est admirablement compétent, il y croit. »

Après ces zakouski, on en vient au plat de résistance. Le chef de l'État sait bien que le plus important est de rassurer les Français. Ce sont donc les problèmes intérieurs qui auront la vedette — chômage, immigration en tête : « Les clandestins doivent s'attendre à être rapatriés dans leur pays (...) », mais n'oublions pas ces « richissimes personnages qui entretiennent des ateliers clandestins (...), industriels de la misère des immigrés (...), entrepreneurs du malheur des autres ».

Le Pen ne sera pas oublié; il faut dire qu'il a lancé son « point de détail » de l'histoire pour résumer le génocide juif et son « Durafour crématoire » pour désigner le ministre de l'ouverture. L'homme à la rose stigmatise : « Quand on cite la religion de quelqu'un, surtout quand il s'agit de religion juive, on soulève une série de connotations qui vont réveiller auprès des gens très primaires un sentiment... d'antisémitisme (...). Je prends donc cela comme une manifestation de racisme. »

Reality show

L'année meurt entraînant Sakharov dans sa disparition. Le Président salue le savant russe : « Il laissera le souvenir d'un éveilleur de conscience. » Certes, omet-il d'ajouter, mais après avoir été le père de la bombe soviétique.

Le 18 décembre, à Saint-Martin, George Bush en Ralph Lauren et François Mitterrand en Schreiber déambulent bras dessus, bras dessous, dans la moiteur des tropiques. À l'autre bout du monde, Bucarest perd la tête en retrouvant la liberté.

J'ai pris la Roumanie en pleine gueule, comme un uppercut de Tyson, mais c'était un direct de Guillaume Durand. La Cinq venait de se brancher sur Télé-Bucarest qui nous montrait le vrai faux charnier de Timisoara. Une des plus grandes campagnes de désinformation de l'après-guerre commençait. Tétanisé par l'horreur des mots et l'abomination des photos, hagard comme le monde entier vrillé à son écran, je découvrai l'au-delà de l'enfer et les soixante-six mille morts annoncées. Rien ou presque n'allait se révéler exact. Mitterrand s'y est-il laissé prendre? Lui qui, s'adressant à la nation quelques jours plus tard, jonglera avec les symboles : « 1789-1989, personne n'aurait osé souhaiter pareille célébration par un si bel anniversaire. Mais le drame roumain nous rappelle que l'Histoire est tragique et que la liberté se paie au prix de la souffrance. » L'actualité, lorsqu'elle est fiction, dépasse la réalité. Redoutable miroir à double reflet, tour à tour troisième œil ou cyclope, selon qu'il nous informe ou nous manipule. Ce jour de décembre 89, le monde allait découvrir, stupéfait, que la télévision pouvait mentir. Fascination du scoop, obsession de l'Audimat, abus du quatrième pouvoir, qui saura jamais ?

Récidive une semaine plus tard : la télévision roumaine allait nous servir, entre la dinde et le champagne, un procès en différé qui n'avait plus rien du conte de Noël. Une mascarade de justice, indigne, quelle que soit l'indignité des deux accusés. Les libérations auront-elles donc éternellement leur code de déshonneur ? Petre Roman, lorsque je le rencontrai plus tard à Bucarest, me fera une terrible révélation. A peine le jugement avait-il été rendu que les victimes, devenues bourreaux, avaient pressé l'exécution de la sentence et s'étaient rués, revolver au poing, sur les deux condamnés : Nicolae serait mort là, Elena s'évanouissant de peur. Ils avaient ensuite été jetés, l'un décédé, l'autre sans connaissance, à leurs exécuteurs, ivres de vengeance. Ainsi s'expliquent les folles interprétations d'experts qui, analysant le film des événements, ne parviendront pas à justifier le nombre d'impacts de balles.

De retour à Paris, Mitterrand comprend un peu tard que le vent d'Est marquera plus sûrement les mémoires que le Bicentenaire : il se précipite à Berlin. Manque d'à-propos, il ne saura pas attendre les quelques heures qui lui auraient permis d'assister en direct à l'explosion du mur, porte de Brandebourg. Pour ne pas s'être mis cette image dans la tête, les Français jugeront leur Président en arrière de l'événement.

Le chef de l'État essayera très vite de corriger le tir : « Je ne suis pas de ceux qui freinent, que la volonté du peuple s'exprime, qu'elle s'accomplisse. »

Étrange pour un acte manqué, cet homme, qui a tant donné pour la libération des nations et des idées, va sembler insensible à la révolution de l'Est, l'année même de sa béatification révolutionnaire. La médiatique est comme toutes les courses de fond, il ne suffit pas d'accomplir un parcours sans faute, encore faut-il ne pas rater le sprint.

1990
L'ANNÉE YO-YO

Temps mutant. Eltsine et Walesa viennent de s'asseoir à la table ronde du monde, Mandela suivra. C'est toute une barbarie qui s'enfuit. On se mettrait à respirer si Saddam ne prenait la relève.

Le Président entre dans l'année au téléphone. Avant même qu'il ne prononce ses vœux de-ci de-là, il les adresse personnellement à Ion Iliescu et Petre Roman, Jaruzelski, Kohl et Bush. Puis c'est la tournée générale.

Aux journalistes qui le pressentent, il répond mégalo : « J'indique une direction, je propose un projet. À l'Histoire de me répondre. »

Au corps diplomatique, il rappelle que « ce qui a fait de l'année qui vient de s'écouler une année exceptionnelle, peut-être la plus importante depuis la fin de la Seconde Guerre mondiale, c'est la façon dont le message révolutionnaire a de nouveau retenti dans le monde et singulièrement en Europe. Des mots que l'on croyait usés ou qui avaient été dévoyés : Liberté, Démocratie, ont servi de guide aux peuples qui ont pris en main leur destin ».

Aux « forces vives », il conseille de « remettre sans cesse leur ouvrage sur le métier (...). Il faut reprendre tous les jours le travail fait la veille, car il y a toujours un fil qui part ».

Au pays enfin, il inculque le devoir de tolérance : « Je ne supporte pas le racisme. Il y a toujours eu des époques de grande sensibilité à ce phénomène, avec des hommes de grand talent pour se faire entendre. Il y a ceux qui cherchent à exploiter certaines émotions, mais ce genre de tentatives n'a qu'un temps, la France doit échapper aux entraînements du racisme et se montrer fraternelle à quiconque vit sur son sol. »

Derrière ces bonnes paroles, de circonstance en temps de Bonne Année, se cache un Président qui a envie d'en découdre. Son camarade Barre, la veille, a dénoncé « une France pépère qui s'accommode très bien d'une gauche pépère », la botte de Tonton le renverra dans ses 22 : « Je n'ai pas l'impression d'être un rentier qui ronfle devant sa télé. »

Suicide, mode d'emploi

Joute stérile qui amplifiera cette crise du politique que le fil de l'actualité finira de débobiner. Crise du pouvoir qui s'use et d'une opposition qui en abuse. Aux idées constructives elle va préférer les formules assassines ; une stratégie suicidaire quand quatre millions de chômeurs attendent une solution à leur mal. Cette vacuité nous fera découvrir avec stupeur que les États ne sont plus les maîtres des économies nationales et donc de leurs conséquences sociales. Les politiques vont se révéler les médecins malgré eux d'un sida qu'ils ne peuvent pas guérir : le chômage.

Leur discours en perdra toute valeur. Quel malade ferait confiance à une médecine impuissante ? Après l'Italie, depuis des lustres habituée à ne plus écouter ses gouvernants, la France va s'enliser dans l'incommunication. Les politiques ont pour premier rôle d'être nos pédagogues du quotidien, et nos professeurs d'histoire immédiate. A trop courir après l'opinion, ils se feront inaudibles.

Le cimetière des éléphants

Et pendant ce temps-là, le PS se déchire. Le combat des éléphants commence dans les bourrasques de l'hiver, il s'achèvera dans les brûlures de l'été 94 par l'autodestruction de la race.

Drôle d'espèce, qui a tant attendu du pouvoir et finira par le perdre à force de luttes intestines. À peine son chef de tribu perd-il de ses forces que ses prétendants s'encornent jusqu'à la mort.

Le Président emmène Fabius, son fils préféré, en virée divine dans le Puy-de-Dôme, aussitôt Jospin et Mauroy s'inquiètent. L'homme à la rose se justifie mais sans tromper personne : « J'ai des amis politiques et personnels dans tous les courants (...). Il y a beaucoup de variantes entre courants au PS, mais il y a une constante : je suis leur ami. »

Dieu invente le diable

Janvier se traîne, rarement début d'année aura été si lymphatique. L'opposition toujours asphyxiée se cherche. Séguin trouve le premier : il se démarque de l'inoxydable Chirac. Il joue à l'adversaire direct du chef de l'État, en lançant la thèse de Le Pen, créature mitterrandienne : « À chaque fois que les choses s'apaisent, François Mitterrand relance le débat et le complique. Il joue les apprentis-sorciers avec le président du Front national. »

Astucieux, ce positionnement au sommet. En fait, il existe une hiérarchie médiatique : chacun porte des coups à son niveau, mais n'osera jamais attaquer de front le champion toutes catégories. Pour les media, s'en prendre au chef de l'État est acte de courage mais aussi déclaration d'intention. De ce jour, Séguin va se donner des allures de recours, un rôle qui lui réussira tant il sied à son physique de matou madré. Toute société médiatique est, par la force des choses, morphologique. Ne pas avoir la tête de l'emploi vous condamne aussitôt à l'échec. J'ai toujours pensé que si Barre avait eu la gueule de Tapie, il aurait été Président de la République.

La politique est un feuilleton ; ne peuvent y figurer que ceux qui ont trouvé leur rôle. Le mistigri du RPR a trouvé le sien. Il ne lui reste plus qu'à bien dire son texte d'opposant de fond. Il trouvera trois ans plus tard la consécration dans un face-à-face présidentiel à la Sorbonne.

Méfiez-vous des brunes

Le Président s'ennuie en son palais, il s'envole donc pour les beaux yeux de la Schéhérazade pakistanaise Benazir Bhutto. En guise de cadeau, le sultan Mitterrand a dans ses bagages une centrale atomique. Le film fera trop recette en France. Fin février fleurissent les critiques de la politique étrangère mitterrandienne. Absent sur l'Est, démissionnaire sur l'Afrique, trop occupé par l'Asie.

Qu'allait-il faire dans cette galère ? Le regard de braise de la première pakistanaise occupera tant et si bien les media qu'elle fera un voyage magique de ce déplacement officiel. Télévisions et magazines couvriront les moindres faits et gestes de la biche au pouvoir jusqu'à éclipser les voyages au vent d'Est ou aux brises africaines du Président.

Le même week-end, les giboulées de mars seront racistes. Roanne, La Ciotat, Saint-Florentin s'embrasent. François Mitterrand est dans la Nièvre, il prend aussitôt la parole et fustige : « Ces fureurs inconscientes qui ont la marque des systèmes destructeurs (...) ce sont des crimes de la stupidité et de l'ignorance. Ils signifient le refus de l'amour et de la vie en commun. » La constante de la gauche au pouvoir sera de toujours opposer les bons sentiments aux mauvaises actions. Autant de lettres mortes.

L'homme media venu du froid

Le 14 mars, Mikhail Gorbatchev est élu Président de l'URSS. Un petit génie de l'image est en train de naître. Sa première phrase à Reagan, lors de son voyage à Washington quelques mois plus tôt, tenait déjà de la légende : « Vous n'êtes pas un procureur, je ne suis pas un accusé. »

Ainsi ira la première révolution médiatique de l'histoire soviétique. L'URSS est un gigantesque hospice économique, paralysé par une succession de chefs momifiés, asphyxié par ses gigantesques dépenses militaires. Il lui faut un nouveau fauteur de rêves : ce sera Mikhail la star. Gorbatchev va, comme Mitterrand, être un chef d'État communicant. Chacun à sa manière, dans des circonstances pourtant différentes, va faire évoluer la fonction suprême de son pays. Catalyseurs avant même d'être gouvernants, sociologues autant que politiques, à l'écoute de leur peuple avant de s'écouter eux-mêmes, ils prouveront que, quelle que soit la nation, quel que soit le contexte, communiquer est désormais une raison d'État.

Des deux monstres sacrés, Gorby est certainement le plus doué. Inversant les paramètres habituels, il va pousser l'art de la médiatisation jusqu'à rendre banal l'exceptionnel. Mikhail joue à l'homme normal. Il en est donc plus accessible. Rien à voir avec le menton en avant de Mitterrand-César. Point non plus de langue châtiée ou d'incidentes culturelles. Mikhail parle la langue de la rue. Il écoute et répond. Bref, ce Dieu-là est de chair et de sang. Enfin un maître du monde à visage humain, mieux, taché de vin. D'ailleurs, lorsqu'il va voter, Mikhail Sergueïevitch prend sa petite fille par la main : comment lui refuser sa voix ?

Hélas ! le destin a ses facéties. Le révolutionnaire devenu régnant et donc bourgeois se fera déborder et, se trompant de putsch, y perdra son empire, dans le même temps où son empire se perdra.

Le Président, qui a compris l'engouement du moment, va désormais redoubler d'attention envers l'Est. Il félicite chaudement son homologue soviétique et quatre jours plus tard prononce l'allocution d'accueil de Vaclav Havel. Leur dernière rencontre datait de 88 à l'ambassade de France de Prague. Quelques jours plus tard, le dramaturge était emprisonné pour cause de manifestation. Le voici à la tête de son pays. On commence par écrire des histoires, un jour c'est l'histoire qu'il faut écrire. Après Walesa condamné au silence forcé, Havel interdit d'écriture et Mandela emprisonné, c'est donc la prise de pouvoir par les résistants. Preuve qu'il est toujours possible de s'opposer quel que soit le lieu, quel que soit le temps.

À bas les cumulards !

Le 22 mars, le Président en manque d'actualité s'offre une remise à l'heure des pendules de la droite. L'opposition s'en prend depuis quelques mois à la décentralisation. L'homme à la rose, en visite à Nevers, va leur tresser une couronne d'épines : « Cette réforme est si bien entrée dans les mœurs que ceux-là mêmes qui l'ont combattue s'en font aujourd'hui les champions et parfois, ce qui ajoute à la saveur des choses, contre ceux qui l'ont faite (...). Ce qui peut ne pas sembler satisfaisant, c'est peut-être le nombre excessif et la spécificité peut-être insuffisante des régions françaises. » La démocratisation des institutions territoriales « s'impose, parce qu'elle est un instrument de la démocratie (...). Rien ne doit être négligé pour détourner les administrations élues de se comporter en féodalités locales. (...) L'exercice et le cumul des mandats électifs procurent à ceux qui les détiennent des revenus sans rapport avec le temps qu'ils y consacrent ».

Quelques jours plus tard, il se confie à Serge July. En aparté, pour mieux se faire entendre. Le lendemain, le patron de *Libération* s'empresse de pondre un édito qui s'oubliera à peine lu. Dommage, il écrivait l'avenir : « Si les socialistes gagnent les élections, Michel Rocard sera le seul en mesure d'emporter la prochaine présidentielle (...). Si les élections de 93 sont perdues, 95 verra la victoire d'un homme de droite. »

Sinclair, onzième

25 mars, Sinclair onzième. La pièce est désormais rodée. Deux obligations, la première est de ne pas redonder, tels les acteurs de théâtre qui savent tous les soirs donner le frisson d'une première. Deuxième impératif plus subtil, ne pas laisser l'image occulter le message. Comment laisser sa trace dans ce flux visuel en surenchère permanente ?

Je sais que l'on rend la publicité première responsable de cette déviation. La pauvre n'y peut rien, c'est la télévision, en volant à l'écrit son pouvoir d'annonce, qui a modifié les règles. Hier, la nouvelle était celle du quotidien, on prenait le temps de la lire et donc de l'analyser. Le fond régnait sur la forme. Aujourd'hui, le 20 heures fait l'actualité dans un défilé d'images que l'on reçoit sans pouvoir respirer. Nous sommes asphyxiés par la litanie du présentateur-vedette ; très vite, notre opinion c'est la sienne. La déferlante de l'information moderne entraîne tous les esprits sur son passage ; elle dévaste les consciences, déstructure les personnalités, uniformise la pensée. Comment dès lors apprendre l'objectivité ? Les journalistes américains ont un système infaillible. Oh, ce n'est pas sorcier, il suffit de s'interdire le commentaire. Bien avant Antenne 2, Walter Cronkite rappelait chaque soir le nombre de jours de détention des otages américains à l'ambassade de Téhéran. Mais le jour où il acheva son 20 heures par : « Je souhaite bonne nuit à tout le monde, sauf aux Iraniens », son directeur le rappela vertement à l'ordre.

Mais revenons chez Anne. Le dernier « 7 sur 7 » était sur fond d'affaire Pelat. Chacun pouvait être sûr du spectacle et de l'écoute. Au menu du jour, congrès de Rennes et relations franco-allemandes, deux sujets moins alléchants. Le Président optera pour le style « morceaux choisis ».

« Je n'ai pas de poulain, c'est au PS à choisir qui le dirige (...). J'ai toujours connu le PS en état de discussions très vives. Aucun congrès n'a été facile, ni celui d'Épinay, que la légende aujourd'hui entoure de dorures (...). Le problème entre Michel Rocard et moi-même est dépassé depuis longtemps. Je l'ai réglé en 1981, on ne reviendra pas là-dessus (...). Je suis Président de la République, Michel Rocard est Premier ministre, ce qui est déjà fort bien et correspond à ses qualités, le reste lui appartient, si toutefois l'histoire lui est bienveillante. »

« Le mitterrandisme, moi je n'ai jamais employé ce mot-là, il ne me plaît guère, il me gêne. »

« J'ai bien l'intention et la volonté de mener à bien mon action pendant les cinq années qu'il me reste. »

« Tout État a la politique de sa géographie. La France, telle qu'elle est située, doit avoir une politique méditerranéenne. »

« L'histoire n'est pas effrayante lorsqu'on se sait capable de la dominer. »

« Le pittoresque du mouvement de l'Histoire, c'est que j'avais été invité en RDA par Honecker, que l'invitation a été confirmée par M. Krenz et que finalement j'ai rencontré M. Modrow (...). Est-ce que vous croyez que je n'ai pas eu raison d'aller à Prague au temps du Président Husák, des communistes durs ? C'est Vaclav Havel, le nouveau Président, qui me le disait il y a quelques jours : « On dit maintenant : avant la visite de François Mitterrand, et après la visite. »

Audimat 21,1 %, un score très moyen pour l'époque ; Rocard, avec 23,4 % fera mieux. Il n'est jamais facile de désamorcer les grognes intestines. Mitterrand n'a pas été reçu 7 sur 7.

Le silence, c'est le pouvoir

Et pourtant, désormais, quel contrôle de l'instrument ! Le chef de l'État est maître du jeu et même de ses silences. Un chercheur du CNRS, Danielle Duez, s'est intéressée, de son université d'Aix-en-Provence, à la structure du discours politique et à ses articulations : le vocabulaire choisi, la richesse et la fréquence des mots, leur mise en scène, leur vibration, leur structure mélodique et même leur efficacité sur l'effet convoité. Conclusion : le pouvoir incite celui qui le détient à enraciner ses messages dans l'absence de mots.

Champion en la matière, Georges Pompidou, spécialiste des atolls de langages dans des océans de silence. Recordman français du genre, il arrivait à « pauser » plus de la moitié de son temps de parole. D'où son indestructible image de sage.

Notre tête chercheuse a noté, sur deux décennies, la montée en puissance des silences mitterrandiens, trois phases dans cette lente ascension. En 1974, l'opposant candidat, en 81 l'élu, en 88 le Président. Le diagnostic est sans appel : le silence c'est le pouvoir. Lorsque François Mitterrand se sent dominé, il accumule les arguments et accélère sa vitesse de parole, très vite, il retrouve un rythme de conversation plus rapide que celui de l'exposé, son temps de pause se limite. Engrenage fatal, plus il parle, plus il perd son pouvoir de conviction. En revanche, quand il se sent maître du jeu, il devient maître de son temps, ralentit son débit et trouve stabilité et efficacité. Ainsi en 74, la lexicologue relevait-elle une moyenne de 30 % de « blancs », en 84 elle montera à 40 %.

Au fil des ans, les pauses seront de moins en moins fortuites. Elles ne correspondront plus à un temps d'hésitation, mais ponctueront les phrases pour les rendre plus percutantes en laissant la possibilité au téléspectateur de les mémoriser. Le silence est un moyen rhétorique. Les Chinois ne disent-ils pas : « Avant de parler, assure-toi que ce que tu as à dire est plus beau que le silence » ?

Le plus intéressant de l'étude est qu'elle démontre non que le style fait l'homme, car chaque personnage politique a son rythme, mais que c'est le rôle qui décide du débit. Mitterrand a vite rattrapé les normes de Giscard et Pompidou. La fonction crée l'organe, c'est bien connu !

Usé jusqu'à la gauche

Création de la BERD exceptée, avril sera sans histoire et donc sans effet, si ce n'est celui de voir le Président perdre insensiblement sa cote.

Le 10 mai 90 approche, le concept du « dix ans ça suffit » pointe son nez. De fait, les sondages s'amollissent. L'Élysée en cherche les raisons : usure, contrecoup du congrès de Rennes ou contre-offensive médiocre du « 7 sur 7 » ? Comment disséquer une dégradation de popularité ? Le chef de l'État reste serein, rarement figure politique aura tracé une telle sinusoïde personnelle. Onze fois ministre sous la IVe République, quatre fois candidat, deux fois Président, il a dû cumuler les crises de confiance. De l'affaire de l'Observatoire au lâchage par Georges Marchais en 1977, de la candidature prématurée de mai 68 aux affaires Greenpeace et Pelat, on est loin de la candeur tranquille d'un Léon Blum. Cinquante ans d'action permanente vous usent un homme, tout le problème est de savoir si son image, déjà vieillie d'un demi-siècle de confrontation, peut aller à son terme de 95. Les conseillers adverses s'en donnent à cœur joie.

Chacun se trompe, le Président n'est pas vieux, il est simplement surcoté. Son repêchage du PS l'a atteint en le radicalisant.

Pour ne rien arranger, dans la nuit du 8 au 9 mai, l'un des plus anciens cimetières israélites de France est profané à Carpentras. François Mitterrand bondit : « Cet attentat est particulièrement abject. Quels qu'en soient les auteurs, quelque soin qu'ils prennent d'agir dans l'ombre, lâchement, contre des morts, il faut qu'ils soient retrouvés et châtiés. »

Le 14, il éclate à nouveau devant le Conseil des ministres : « Le respect des vivants est lié au respect des morts [surtout] au moment où se développent de nouvelles et dangereuses tentatives d'exclusion et de discrimination. »

Quelques heures plus tard, s'organise un défilé silencieux, le chef de l'État va discrètement se mêler au cortège. Un geste plus que symbolique : c'est la première fois depuis la libération qu'un Président participe à une manifestation publique.

L'hôte de l'Élysée a repris son rôle, il n'est jamais autant lui-même que face à l'horreur, la mort, l'indignation, comme s'il aimait flirter avec l'adversité.

Dieu est au paradis

Traduisez : « Tonton est en Polynésie. » Nous sommes fin mai : colliers de fleurs, vahinés et yukulélés, rien ne manque au décor. Quant au fond, il ne pouvait être que libertaire : « Seul le travail productif offert également à tous permettra d'effacer les séquelles d'un pacte colonial toujours sous-jacent et dont je vous aiderai à faire disparaître les dernières traces (...). La dignité de l'un ne passe pas par l'humiliation de l'autre, et le partage des responsabilités et des compétences ne conduit pas à l'effacement ou à la disparition ni de l'un ni de l'autre. » L'image est trop paisible pour réveiller l'atonie générale, Mitterrand doit une fois de plus reprendre l'avantage.

Le prêche en noir et blanc

Le lyrisme lui sied : le Président va en user en rendant, le 6 juin, hommage à Willie et Nelson Mandela sur le parvis glacé du Trocadéro. Son éloge au prisonnier-symbole sera l'un de ses plus beaux discours du deuxième septennat :

« Nelson Mandela, ce nom sonne et résonne sur tous les continents avec la puissance irrésistible du destin car vous avez montré ce que peut la force fragile d'un homme. Plus on a nié votre humanité et vos droits, plus le monde se persuadait de l'inhumanité de vos juges (...). Nul ne connaissait plus votre visage de prisonnier depuis trente ans, mais votre dernier portrait d'homme libre était sur toutes les poitrines et dans tous les cœurs de la jeunesse. Je n'accueille pas seulement la liberté que vous incarnez ce soir mais aussi le mari de Winnie qui attendit vingt-deux ans avant de pouvoir l'embrasser, le grand-père qui aura attendu trente ans pour voir enfin le visage de ses petits-enfants (...). Oui, vous êtes l'homme de la liberté au fond des cachots, l'homme d'égalité au pire de la discrimination, l'homme de la fraternité face au fratricide du racisme. Eh bien, si la France est la patrie des droits de l'homme, elle est la vôtre mais comment oublier que vous n'êtes pas même citoyen de votre propre pays (...). Aujourd'hui, c'est le prisonnier qui guide ses geôliers sur les chemins de la liberté, c'est lui qui montre à ceux qui se croyaient les maîtres qu'ils étaient esclaves de leurs préjugés et qui leur enseigne comment on peut s'affranchir ensemble du système où fut enfermée la patrie commune. Voilà ce que je désirais vous dire ce soir, Nelson Mandela, au nom de mon pays. »

Le frisson de Cancún est là. Le Président, en une soirée, est redevenu l'homme de 81.

Les arbres ne votent pas

Fin juin, le chef de l'État soude avec son ami Kohl le rapprochement franco-allemand. Ils appellent d'une même voix le monde à aider l'URSS. L'orage de Rennes s'est apaisé mais l'hôte de l'Élysée n'a pas retrouvé ses marques. Son second septennat ne décolle pas. Est-ce parce qu'il se réfugie trop dans le premier et que toutes ces images qu'il nous offre ont un goût de déjà-dit, de déjà-vu? Sont-ce les Français divisés, et inquiets de leur division, qui à leur tour l'inquiètent? Entre le peuple et son chef, le courant, hier continu, n'est plus qu'alternatif.

La sacro-sainte interview du 14 juillet sera à l'unisson; Mitterrand apaise mais ne motive plus. Le pays s'ankylose alors qu'il lui faudrait bouger. La crise est là, psychologique et souterraine, nul ne la discerne. Elle plante en toute immunité ses racines au cœur même de l'apathie nationale. Seul moment d'émotion de l'entretien présidentiel, son passage écologique. Les verts sont la tarte à la crème du moment. Pas une célébrité qui ne vienne proposer en direct de sauver la planète. Comme souvent, c'est Mitterrand qui trouvera le plus beau slogan : « Les arbres, ils n'ont pas les moyens de se défendre, ils ne votent pas! Eh bien moi, je veux être leur défenseur. »

Chronique d'une guerre annoncée

L'histoire a horreur du vide. Après un début d'année sans histoires, elle va une nouvelle fois secouer la torpeur générale. Le 2 août, les troupes de Saddam Hussein envahissent le Koweït. La première vidéo-guerre de l'histoire commence. Le Conseil de sécurité de l'ONU demande le retrait immédiat et inconditionnel de l'agresseur, ce qui restera pure formalité.

La France est en congés payés, elle n'en croit pas ses transistors de plage. Rocard navigue en Méditerranée, Mitterrand est à Latche, il appelle aussitôt Bush, Gorbatchev, Andreotti, Thatcher, Moubarak. Dès le premier jour, il a pris le conflit en main. Il en restera jusqu'à la fin le pédagogue, le philosophe et le maître de paix, le Président américain s'étant déjà attribué le rôle de maître de guerre.

Le 9 août, Conseil des ministres restreint à l'Élysée. À la sortie, le Président tiendra lui-même la conférence de presse. Une première, le rôle est d'ordinaire imparti au porte-parole :

« La France entretient depuis longtemps d'amicales relations avec l'Irak. On sait qu'elle l'a aidé dans la guerre contre l'Iran. Cela l'autorise d'autant plus à dire clairement qu'elle n'accepte ni l'agression contre le Koweït ni l'annexion qui a suivi. »

Le problème est posé mais la solution ne viendra que le 21 août. Comment parler de paix lorsqu'il s'agit de faire la guerre ? Comment se retourner contre l'allié d'hier que nous avons armé ? Comment faire exister la France sans un conflit américano-arabe ?

Nouvelle conférence de presse tenue par le chef de l'État et c'est le lâcher de la « logique de guerre ». La formule deviendra instantanément célèbre : « La France appliquera avec fermeté les sanctions décidées par le Conseil de sécurité de l'ONU (...). Un embargo sans sanctions serait un simulacre. Il est certain que nous sommes pour l'instant, à la suite de la responsabilité prise par le responsable irakien, dans une logique de guerre. »

Entre guerre et paix, la France continue sans sourciller ses vacances. Seul Poivre d'Arvor trouble l'insouciance aoûtienne en revenant de Bagdad un bébé sous un bras, une interview de et par Saddam sous l'autre. Au journal, les professionnels médusés découvrent que l'*anchorman* français s'est laissé manipuler, mais son public lui pardonnera comme il pardonnera le faux face-à-face avec Castro ou le vrai tête-à-tête avec Botton. Les Français ont le cœur plus large avec leurs idoles de télévision qu'avec leurs politiques.

Michel Rocard sera cinglant : « Si la liberté de la presse est l'honneur des démocraties, elle est aussi parfois le relais des dictatures. » Mais il demeurera seul ou presque dans sa juste indignation et Pauvre d'Arvor n'en restera pas moins le journaliste préféré des téléspectateurs. Comment expliquer cet aveuglement ? Lassitude, hébétude, habitude, ou plus simplement égarement ? En Amérique, l'affaire se serait achevée en destitution, chez nous elle devint consécration. Grave !

Mitterrand continue. Le 27, il convoque une session extraordinaire du Parlement et lui fait lire un message : « La France a pris dès la première heure une part active aux initiatives, délibérations et résolutions des Nations Unies (...). Elle a saisi la Communauté européenne et convoqué l'Union de l'Europe (...), elle n'entreprendra aucune guerre dans des vues de conquête et n'emploiera jamais ses forces contre la liberté d'aucun peuple », dernière phrase littéralement empruntée au Préambule de la Constitution.

Le 29, le Président se déclare favorable à une extension de l'embargo et reçoit tous les grands représentants politiques.

Le 5 septembre, Saddam comprend qu'il a raté son coup ; il en appelle à la Guerre Sainte. La fatalité se met en marche.

Mitterrand hausse le ton : « Notre capacité d'intervention se situe au deuxième rang derrière les États-Unis (...) la France ne demande à personne de contribuer à son effort militaire. »

Le reality-show de l'été

Les conférences élyséennes à répétition ont l'inconvénient de lasser mais la vertu de tenir la dragée haute à Moscou comme à Washington. Abritée derrière le paravent de l'ONU, la « froggie » avance son pion de la troisième voie diplomatique et le pays s'enivre à l'idée que la stratégie française puisse influer sur le cours de la partie.

Car il s'agit bien d'un vidéo game : les Français ont, après « Belles, riches et célèbres », trouvé leur feuilleton de l'été et, ô merveille, c'est un reality-show. Le spectacle est permanent et gratuit. Chacun regarde, hypnotisé, sans se douter que le cours du monde est détourné, enterrant les eighties sous leurs cendres d'insouciance.

Il faudra attendre le 15 septembre pour que le nouvel épisode commence à donner des frayeurs. Nos troupes de l'armée de Terre s'envolent pour l'Arabie Saoudite. C'est l'opération Daguet. Le Président n'est pas d'humeur joyeuse : « Nous ne pensons pas être au bout de l'escalade (...). Je ne vois pas quel signe venu d'Irak permettrait d'échapper à un conflit armé (...). Il existe un esprit belliqueux qui semble mal mesurer les risques. Nous devons nous y préparer. »

Le style « opérationnel » n'exclut pas le lyrisme. En François Mitterrand, il y a toujours un poète qui sommeille, fût-il chef des armées : « C'est l'éternelle confrontation du canon et de la cuirasse. Tandis que le canon ne cesse d'être perfectionné, il nous revient de perfectionner sans cesse la cuirasse. »

Le 24 septembre, le Président dégaine son plan de paix. Il choisit la tribune de l'ONU pour l'exposer en quatre étapes :

Un : « que l'Irak affirme son intention de retirer ses troupes, qu'il libère les otages et tout devient possible. »

Deux : « restauration de la souveraineté du Koweït et expression démocratique des choix du peuple koweïtien. »

Trois : règlement du conflit en s'interdisant « l'amalgame entre des conflits qui ne sont pas de même nature », manière de couper l'herbe sous le pied de Saddam qui s'invente une lutte pro-palestinienne. Précision : « Notre démarche à nous implique le dialogue direct entre les parties prenantes. »

Quatre : « réduction mutuelle et consentie des armements (...) amorce d'une coopération de l'ensemble des pays de la région, de l'Iran au Maroc, de la Méditerranée à l'Atlantique. »

L'assemblée universelle applaudit ; le plan permettrait à Saddam de sauver la face, d'ailleurs Bagdad souligne aussitôt « le ton non agressif » du discours mitterrandien. Mais les deux grands acceptent mal de se laisser déposséder de la situation. L'Amérique persiste à s'en remettre aux résolutions de l'ONU et la Russie se met à menacer l'Iran. À croire que pour les grands, la guerre est une occasion à ne pas rater.

Le mal-ville

L'automne est là, dans sa grisaille et son incertitude. Le 18 octobre, le Président arrive à Vaulx-en-Velin ; il s'attaque à une guerre plus sourde mais plus tenace, celle du mal-vivre de nos banlieues : « Il faut prendre la ville en main », il accuse « ce faux libéralisme qui organise le malheur de l'homme (...). Que peut espérer un être jeune qui naît dans un quartier sans âme, qui vit dans un immeuble laid, entouré d'une sorte de concours de laideur ? Des murs gris sur un paysage gris pour une vie grise. Avec tout autour une société qui préfère détourner le regard et n'intervient que lorsqu'il faut se fâcher, interdire. »

Au même moment, comme pour mettre de l'huile sur le feu de la crise moyen-orientale, le général Aoun, pressé de quitter Beyrouth, est recueilli par la France. Au programme de l'inévitable explication, générosité et fermeté : ce départ

« enlève tout alibi aux puissances étrangères qui souhaiteraient maintenir des troupes sur le sol du Liban (...). Si des personnalités amies du Liban nous demandaient la livraison du général Aoun, je leur dirais à l'avance non (...). C'est désormais une question d'honneur pour la France ».

Mi-novembre, la fièvre lycéenne gronde, c'est de saison. Rocard est au Japon, Mitterrand monte donc en première ligne, ravi de témoigner qu'il est sur tous les fronts : « Les jeunes doivent être entendus lorsqu'ils disent ce qu'ils pensent du monde d'aujourd'hui et quel monde ils veulent pour demain (...). Ces jours derniers, ils ont tenu à parler de leur vie, de leurs quartiers, de leurs villes et de leurs établissements scolaires. J'ai reçu plusieurs de leurs représentants (...) je demande que quiconque exerce des responsabilités soit en permanence attentif à ce que votre génération attend et propose. » Cette montée au créneau n'est pas une figure de style. Le Président est en pleine tempête sous un crâne. Une drôle de guerre qui couve, les faubourgs qui s'agitent, les sondages qui s'enlisent, les jeunes qui trépignent et la sale affaire Urba-Gracco qui s'installe au grand jour et n'a pas fini de semer le discrédit dans les rangs socialistes.

Tout autre que François Mitterrand verrait l'avenir sombre, mais le stratège aguerri sait que l'accumulation d'embûches est son meilleur tremplin. La politique est un roman-photo : plus son héros est acculé, plus le public souffre et se bat avec lui.

Et puis cet homme vieillit et il le sait. L'âge n'est rien tant qu'il n'est pas cassure avec la jeunesse. Recevoir des ados c'est s'affirmer comme le sage de la nation, mais aussi témoigner de la fraîcheur de ses neurones.

Mitterrand guerre

Le 22 novembre, Paris réunit trente-quatre pays européens dans une conférence pour la sécurité. Les yeux du monde sont davantage tournés vers Bagdad que vers l'Oural. C'est l'occasion rêvée de s'ériger en Père de l'Europe pacifiée.

« Yalta, symbole de la coupure de l'Europe, Yalta s'est terminé ce jour à Paris. Nous entrons vraiment dans les temps nouveaux où la paix apparaît en Europe comme acquise, où les risques semblent disparaître, où le dialogue l'emporte sur la confrontation (...). La vie est dangereuse. N'allez pas imaginer que vient de naître un monde auquel rêvent les philosophes (...) pour la première fois, un accord a été réalisé sans vainqueur ni vaincu ni partage des dépouilles. »

Mi-décembre, le discours présidentiel se corse. Sixième conférence de presse depuis l'annexion du Koweït (Tonton a toujours prononcé Kovète, Dieu seul sait par quel réflexe anglophobe!) : « Il faut que les dirigeants de l'Irak, et particulièrement le Président, aient une conscience très claire du risque qu'ils encourent et qu'encourt avec eux la paix dans le monde (...). Pour l'instant il est évident qu'il n'y a pas de dialogue jusqu'à la date limite, on doit espérer que se noueront, ici et là, des dialogues (...). La France, dans la clarté, sans agir en silence mais en conformité avec les objectifs des Nations Unies (...) ne s'interdit pas de prendre des initiatives de ce type (...). Songez à tout ce temps perdu, à l'exacerbation des passions, à l'accumulation des armes et des hommes (...). Toutes les conditions sont maintenant créées et mon devoir est de pousser un cri d'alarme en disant que la France est résolue mais que toute chance de paix, s'il en est, doit être saisie. »

François Mitterrand est redevenu le Président de tous les Français. Ils ne l'oublieront pas et vont se remettre à lui faire confiance. Le baromètre Sofres prend un coup de chaud à 55 %. Le vent frémit à nouveau dans les branches du sassafras médiatique. Le chef de l'État sait d'où il souffle, il n'a pas fini de l'agiter.

La légende de l'année

Les vœux présidentiels ne seront pas très churchilliens : « Si nous laissons violer le droit des peuples à disposer d'eux-mêmes, rien n'empêchera, un peu partout, le fort d'écraser le faible, d'imposer sa violence. J'ai connu cela quand j'avais vingt ans et je ne veux pas que cela recommence. »

L'homme à la rose aurait pu mieux conclure cette année d'exception; on attendait un final plus « *blood, sweat and tears* ». Peut-être le chef de l'État, rêvant toujours d'un règlement diplomatique, a-t-il retenu son lyrisme guerrier. L'enterrement de la première année de la dernière décennie du siècle méritait plus de talent. Le Président l'aura donné à un numéro spécial de *VSD* où il annote les photos marquantes des mois écoulés.

Un morceau d'anthologie mitterrandienne :

L'exécution des Ceausescu : « Ah ! ces avocats pires que des procureurs ! L'avènement de la démocratie, après tant d'années de dictature, méritait un meilleur scénario. »

Commémoration de l'appel du général de Gaulle : « L'appel du 18 juin a la pureté et le tranchant des actes qui deviennent symboles. »

Le tremblement de terre en Iran, le 21 juin : « Le malheur n'a pas de frontières, l'espèce humaine en a trop. »

L'annonce de l'invasion du Koweït : « C'est le premier jour d'une guerre. On ne connaît pas encore la suite. »

Le relais 4 × 100 m français qui bat le record du

monde le 1ᵉʳ septembre : « L'effort, l'équipe, la solidarité, des Français de couleur : notre pays, tel que je l'aime. »

La signature de la réunification, le 3 octobre : « Je le répète, bonne chance l'Allemagne. »

Les casseurs des manifs lycéennes : « Lycéens et casseurs, il ne faut pas confondre, mais toute question demande réponse. »

Les yeux rougis de Maggie qui quitte la tête d'Albion : « Je l'ai affrontée, je l'ai estimée, nous avons beaucoup travaillé ensemble. Je ne doute pas de la trace qu'elle laissera dans l'histoire de son temps. »

Deux ouvriers se serrant la main sous la Manche, le 1ᵉʳ décembre : « Quand nous avons signé, Margaret Thatcher et moi, notre accord sur le tunnel, nous avions conscience de changer l'histoire par la géographie. »

Walesa élu président de la Pologne, le 9 décembre : « Solidarité, un mot qui l'a si bien servi et qu'il ne faudra pas oublier au pouvoir. »

Vue ainsi, cette année pourrie n'est-elle pas plus belle ?

1991
L'ANNÉE SOLDAT

D'entrée, Mitterrand joue en attaque :
« Nous commençons l'année avec des obligations lourdes. Mais nous sommes là pour cela. La responsabilité politique est toujours lourde, il ne faut pas s'imaginer qu'il y a des périodes tranquilles. Cela n'existe pas pour le gouvernement. »

Aux Corses, premier avertissement : « L'État doit se montrer implacable quand il s'agit de défendre les personnes et les biens (...). La loi Joxe sera soutenue par le gouvernement. »

À Saddam, ultime avertissement, par vœux diplomatiques interposés : « Je n'exclus personne des vœux qui se forment pour les peuples, pour les partis. Bonne année 1991 et, je vous en prie, faites que ce soit vrai. »

Aux journalistes, plus qu'un avertissement : « Habituez-vous à dire " classe politico-médiatique ". Si vous croyez que vous serez indemnes d'un excès de critiques dont vous êtes porteurs, vous vous trompez. Nous sommes porteurs tous ensemble d'une certaine idée de la République, de sa réputation. »

Un cri du cœur prémonitoire, la presse va pouvoir assouvir sa soif de scoop, de *live* et de *hot* dans cette guerre qui va s'engager dans deux semaines et exacerber le rythme de l'actualité. Hier les conflits nous étaient relatés par les correspondants de guerre. Les images nous parvenaient le drame achevé, nous étions préparés. Pour la première fois, on fait un vidéo game de la mort en direct. Attendre un événement c'est déjà y réfléchir, le vivre en direct dispense de toute méditation. Nous avons suivi cette offensive en gros plan sans pause ni répit. Ainsi avons-nous fini par ne plus réfléchir. Ainsi l'actualité en temps réel a-t-elle tué le commentaire. Le public dans son impatience ne considérera plus que l'action. Pour l'occulter aussitôt. Jadis la faculté d'oubli était la même, mais entre-temps l'analyse nous avait permis de décanter l'événement. Voici que nous regardons passer les nouvelles comme les vaches regardent passer les trains. Nous devenons, sans y prendre garde, une race de vidéo-ruminants.

Silence, on tourne

Le 9 janvier, le chef de l'État reprend la ronde infernale des conférences de presse élyséennes : « Il ne s'agit pas d'organiser je ne sais quelle guerre de destruction de l'Irak (...) nous voulons la paix (...). Donc, pendant cinq jours, primauté à la négociation partout où elle est possible, et si elle est possible. »

Les Nations Unies ont lancé à Saddam un ultimatum qui expire le 16. François Mitterrand, l'un des quatre Terriens les mieux informés sur les positions de Bagdad, connaît la fatalité de l'issue. Il dispose donc d'une semaine pour renverser l'opinion de ses concitoyens persuadés aux quatre cinquièmes que « nulle cause ne vaut une guerre ». Funambule sur le fil du rasoir de l'actualité, le chef de l'État va réussir l'impossible défi.

Le sondage du lendemain confirme l'état mental des Français : 57 % estiment que tout doit être fait pour négocier une solution de compromis, 69 % proclament qu'il n'est pas question qu'un des leurs meure à Koweït City.

Dix jours plus tard, 65 % de la France se rangera derrière le « général » Mitterrand pour bouter l'envahisseur hors des frontières de son voisin. Ils seront 75 % avant la fin janvier. La France va vivre un des plus brusques revirements de son histoire et le Président confirmera sa totale maîtrise de la médiatique.

Du 2 au 13, c'est la ronde des émissaires de paix, entourés du halo de mystère qui sied aux circonstances. Pisani de son côté s'en est allé en secret (bien évidemment révélé par la presse, bien évidemment avertie par ses soins) retrouver James Baker pour tenter une ultime fois d'amener Tarek Aziz à la raison.

Michel Vauzelle, lui, s'est envolé vers Saddam, porteur d'un message non officiel (mais signé François Mitterrand).

Le 14, le chef de l'État tire « les dernières cartouches de la démocratie », comme l'écrira *Le Figaro*. Il propose à Javier Perez de Cuellar et au monde un plan français de la dernière heure. Inutile de préciser que les dés sont déjà jetés mais la France, et ce sera son honneur et son alibi, aura clos le bal des négociations. Elle sera le pays du ballet diplomatique avant la danse macabre.

Les jeux du cirque, version fin de millénaire, vont débuter. Les téléspectateurs du monde entier attendent, au comble de l'excitation, que la mise à mort commence. En lever de rideau, le mardi 14 janvier, les dépêches crépitent. Le numéro deux de l'OLP vient d'être assassiné. L'odeur du sang envahit les cerveaux.

Le 20 janvier, préparez vos mouchoirs, la conférence de presse élyséenne sera télévisée. Pas de risques inutiles, aucun ténor hargneux ne fait partie du tour de table. Pour TF 1, ce sera le lisse Bromberger, pour A 2 l'averti Bortoli, pour La Cinq l'anonyme Lefebvre.

Cinq jours après l'ultime plan de paix va sonner le plan de guerre : « La France ne s'est pas interdit d'aller en Irak (...). Nous sommes solidaires de ceux qui se battent comme nous (...). » Il est « difficile de faire lâcher prise à l'Irak sans s'attaquer à son potentiel militaro-industriel (...), il faut naturellement le détruire ».

Le pays est maintenant unanime : il faut terrasser la bête immonde. Le chef de l'État nous affirme que nous sommes au deuxième rang derrière les États-Unis pour notre capacité d'intervention ». Et peu importe que nos avions ne volent pas la nuit, c'est la drôle de guerre et donc personne ne rit.

Objection, votre horreur

Le 29 janvier, le ministre de la Défense joue les objecteurs de conscience et démissionne. Hollywood, dans la plus ringarde des satires de guerre, n'aurait pas osé, mais nous, nous l'avons fait. Par bonheur, le ridicule ne tue pas sinon notre héros aurait été la première victime du Golfe.

Mitterrand ne trahit jamais ses amis dans ses déclarations, il fera donc assaut de litotes : « Des amis à moi, personnels ou politiques, sont saisis de troubles ; ce sont des personnes dont j'aime le jugement qui le plus souvent m'éclaire, mais que je ne suivrai pas en cette circonstance. »

Le retour à l'envoyeur sera moins urbain : « Je peux comprendre que ceux qui ont vécu l'empire colonial, l'Union française et vécu la Seconde Guerre mondiale n'aient pas réagi comme ceux dont la décolonisation a été l'acte de naissance à la vie politique. À chacun sa mémoire », écrira plus tard Chevènement.

La guerre est plein écran. Les missives succèdent aux missiles comme dans un show bien réglé. C'est « la guerre chirurgicale », nous annoncent nos media ; elle ne tue pas, elle fait du spectacle. On ne connaît d'ailleurs jamais le nombre exact des victimes. On peut les donner, voire les exagérer lorsqu'il s'agit du Rwanda, mais pas lorsque nous sommes l'un des belligérants. L'audio, lui, comme en manque d'effets, agite le risque d'armes chimiques, biologiques, nucléaires. Il faut bien faire frissonner la foule. Les prochaines guerres ne seront pas atomiques mais médiatiques. Comment s'en plaindre ?

La guerre cathodique et universelle

Le 7 février, c'est l'escalade. Saddam, à force de crier victoire à son peuple, s'est condamné à la défaite. Bush, lui aussi en mal de popularité, ne fera rien pour dévier le cours de la haine. Tout est désormais possible.

Le Président entame, avec la gravité qui sied, sa onzième prestation télévisuelle de crise : « La guerre terrestre est inévitable. Elle sera dure. Nous entrons dans une phase difficile (...) dans le courant de ce mois, cette épreuve cruelle aura lieu (...). La France est dépositaire de la convention de 1925 qui interdit l'utilisation des armes chimiques. Nous ne devons pas succomber à une volonté de riposte. Pas question donc d'entrer sur ce terrain où l'on veut nous conduire (...) ni arme chimique, ni arme bactériologique, ni arme nucléaire. » Engager de telles armes serait « un recul vers la barbarie auquel je me refuse ».

Le plus incroyable dans cette pression médiatique généralisée, c'est qu'elle ne s'accompagnera d'aucune retenue. Des hommes meurent, le monde se déchire mais les politiques continuent leurs effets de comiques troupiers. Philippe Mestre, député UDF de Vendée, osera répondre aux propos présidentiels : « Messieurs les Irakiens, gazez les premiers. »

L'aveuglement sera général. Le Président lui-même, qui saura maîtriser avec brio l'opinion nationale, ne comprendra pas que l'après-guerre va être pire que la guerre : « Le conflit ne durera pas si longtemps qu'il puisse mettre en danger notre économie (...) la guerre coûte cher, mais l'économie française n'est pas menacée (...). Je m'inquiète un peu de cette espèce de paralysie qui s'empare soudain de la France. C'est une mauvaise psychose. Beaucoup d'entrepreneurs n'investissent plus ou arrêtent de recruter alors qu'il n'y a pas de raisons. »

Les raisons sont pourtant claires mais l'heure n'est pas à écouter les économistes. La crise s'est déjà installée dans les têtes six mois avant ce conflit qui sera le cristalliseur d'angoisses préexistantes.

Profiteurs de guerre !

Le 24 février, l'assaut terrestre est donné. François Mitterrand fait le point face à Paul Amar : « J'ai l'impression que la phase terrestre se déroule mieux que prévu puisque cela va plus vite et avec moins d'obstacles que nous ne l'imaginions. Ce qui ne préjuge pas de l'avenir des prochains jours. C'est un résultat inespéré (...). Cette guerre a été rendue nécessaire. Et pas par nous. Le Président irakien a choisi un mode de suicide politique et militaire. Mais dès que nous en aurons fini, il faudra bien parler de l'Irak. Il faudra bien que l'Irak vive en paix, il faudra parler du Koweït, des réparations, du Moyen-Orient, des autres conflits israélo-arabes, de la situation au Liban (...) et la France ne manquera pas de trouver dans sa tradition des propositions riches d'avenir qui montreront qu'elle n'a fait la guerre ni contre l'Islam ni contre les Arabes. »

Étrangement, ce même jour, Michel Rocard m'a invité à déjeuner. C'est ma première rencontre avec cet homme qui a tant compté pour moi et ma génération. Pudeur ou gravité, nous parlerons de tout sauf de l'assaut qui se joue à l'instant même. À l'affolement de Matignon, aux dépêches qui accompagnent chaque plat, je réponds en proposant de m'éclipser. « Mais non, me répond mon hôte, cette guerre est si peu la nôtre, nous n'en sommes que des opérateurs attentifs et par bonheur elle ne saurait durer. »

Notre amitié débutera là sur fond de Scuds, dans les dorures matignonesques. Mais que la rencontre pour moi sera belle !

Les Français hier hostiles à l'action militaire sont aujourd'hui tous va-t-en guerre. 78 % approuvent les décisions de leur Président. L'opposition, ligotée par l'Union sacrée des jours de drame, joue la discipline républicaine. Jamais François Mitterrand n'aura connu un tel soutien lors de ses quatorze années de règne. La semaine suivante, il culminera à 85 % d'approbation de sa politique. Un score sans égal. Mitterrand est passé sans transition de l'enfer au paradis barométrique de la guerre du Golfe. Les renversements d'opinion favorisent les changements d'image. À l'homme blessé d'utiliser ces accès d'hypersensibilité publique pour se refaire une santé médiatique. Le plus difficile sera de garder l'avance acquise. Sondage rime avec volage. Plus rapide est l'ascension, plus rapide sera la chute. À la hausse, toute intervention vous crédite, mais que vous décliniez et tout propos se retourne aussitôt contre vous. Telle la navigation, la réputation est portée par le vent. Qu'il soit favorable et chaque manœuvre est profitable. Qu'il soit contraire et chaque tentative devient périlleuse.

La règle de survie politique paraît donc simple. Engranger un maximum de points en période d'opinion favorable. Laisser passer l'orage et se faire oublier par gros temps. Hélas ! même pour Dieu, il n'y a pas d'éternité en matière de sondage.

Le 27, l'Irak se range aux conditions de l'ONU, le 28 tout semble terminé. François Mitterrand a le geste qui convient : « Les hostilités ont cessé ce matin dans le Golfe et je suis venu aussitôt, ici, à Bayonne, pour saluer les familles des deux soldats tués au combat. On imagine leur souffrance. Je tiens aussi à exprimer à nos armées la gratitude de la Nation, sur tous les terrains où elles ont été appelées à servir, elles ont remarquablement représenté la France au côté des forces alliées et des pays amis. Je veux aussi remercier les Français qui, dans leur immense majorité, ont soutenu nos efforts pour la défense du droit et qui en ont accepté les risques. » Discours convenu s'il en fut.

Fin du film

Avant tout, laisser passer un peu de temps, ne pas hâter la conclusion. Le Président a fait un sans-faute de communication, il serait fou de rater la sortie. Durant ces semaines écoulées, le chef de l'État s'est institué premier éditorialiste de France. Manipulation, certes, mais le devoir d'un chef d'État, lorsque les circonstances l'exigent, est de conduire son peuple et donc l'opinion publique. Depuis le Vietnam, les dirigeants du monde occidental ont compris que l'anarchie médiatique peut mener au chaos militaire. Mitterrand sait aussi que dans ces heures de crise seule la télévision fait le jugement. Il n'utilisera pas d'autres porte-voix, c'eût été pure perte. Ainsi le petit écran est-il devenu, de drame en drame, maître à penser de la planète. Est-il un seul d'entre nous qui ces jours-là n'ait allumé son étrange lucarne ? Curieusement, plus l'heure est grave et plus on tend vers l'unicité des sources d'information. La Cinq avait été l'émetteur quasi unique du drame roumain. CNN sera le haut-parleur quasi exclusif de la guerre du Golfe. L'opinion mondiale se forgera là. Qui, d'ailleurs, aurait pu donner la réplique à cette gestion émotionnelle du réel ? En direct, en permanence, en gros plan ? Les règles mêmes de la rhétorique vont changer. Le rythme, les modalités, les mots du discours télévisuel vont cannibaliser toute autre source d'information. Le public ne retiendra plus que les quatre ou cinq événements télévisuels de la semaine ou du mois. Le réel est dans le poste, aussi fugace que le sont les images. Le temps maximum de la mémorisation d'un événement n'excède pas deux mois. Au-delà, on efface tout, pour faire de la place aux nouvelles sensations. Notre mémoire s'égrène ainsi aux vents de l'info. Nous ne sommes plus qu'un peuple de voyeurs. La grande partouze de l'actualité nous excite mais elle tue un à un tous nos sentiments.

Le dernier épisode de la série sera pour le 3 mars. Le Président choisira sa tribune préférée, « 7 sur 7 » : « Mes chers compatriotes, en décidant que la France appliquerait, fût-ce au prix d'une guerre, les résolutions votées par le Conseil de sécurité des Nations Unies (...) je savais que notre pays courrait de grands risques. Risques à l'extérieur, où nous aurions à connaître l'hostilité, ou du moins l'incompréhension de larges couches du monde arabes, risques à l'intérieur (...), risques sur le champ de bataille (...). Ce choix, nous l'avons fait cependant (...). Quand le droit et la liberté sont en danger, la France est de leur côté (...). Et maintenant, mes chers compatriotes, regardons l'avenir (...). Je déclare avec fierté que la France a tenu son rôle et son rang. Elle a de grandes échéances devant elle. J'attends qu'elle montre la même résolution et, dans le cadre d'une démocratie scrupuleuse, le même élan. Vive la République, vive la France. » Le *happy end* sera partagé. L'opposition pour une fois unanime saluera son ennemi héréditaire.

Ce n'est pas « victoire » qui fallait entonner mais « SOS ». La crise larvée, un instant masquée par le fracas des armes, va se montrer au grand jour. La France a été bien plus marquée par cette guerre qu'elle ne saura le reconnaître. Elle ne sera plus jamais la même. Les socialistes ne lui survivront pas. La veille, Gainsbourg s'est barré et avec lui toute une époque.

Le mal des îles

Mi-mars, Bush et Mitterrand jouent les courtiers de la paix, sous le soleil de la Martinique. Une lune de miel tropicale, pour lancer le « Nouvel Ordre mondial ». Rien ne vaut une bonne guerre pour resserrer les liens des vainqueurs sur le dos du vaincu.

Le retour au pays s'accompagnera du mal des îles. La Corse continue sa guerre des nerfs et la Réunion entame celle des galets qu'elle jette sur les forces publiques. Le chef de l'État, le 20 mars, dénonce en Conseil des ministres la maladresse des autorités locales dans la gestion du malaise dans ce département où « les riches sont de plus en plus riches et les pauvres de plus en plus pauvres ».

Air connu, mais de rigueur lorsqu'il faut brutalement passer de cet art inhumain de la guerre à celui, humaniste, du partage. Le métier de Président ne connaît guère de repos. À peine le conflit irakien est-il achevé qu'il lui faut reprendre l'offensive sociale. L'homme à la rose veut montrer qu'il ne renonce à aucun de ses engagements politiques. Les jours de Michel Rocard à Matignon sont comptés.

L'Histoire n'a pas tardé à retrouver son cours. Saddam, le dictateur déculotté par les grands, se venge de son échec en décimant ses minorités. Le génocide kurde reprend et avec lui l'insoutenable. Le 8 avril, lors d'un Conseil européen extraordinaire, François Mitterrand et Bernard Kouchner lancent le droit d'ingérence humanitaire. Le 11, le Président, devant l'École de guerre, salue l'intervention internationale au Kurdistan : « Pour la première fois, la non-ingérence s'est arrêtée là ou commence la non-assistance à peuple en danger. » Je ne sais ce qui restera du deuxième septennat, hormis cette remarquable maîtrise de la communication de guerre. Je ne sais si l'Europe fit un grand pas en s'ouvrant à tous ou se perdit en accueillant tous ses prétendants. Je ne saurais mieux dire si Rocard fut un bon Premier ministre ou si plus tard Bérégovoy sera un mauvais bouc émissaire, mais je crois qu'une des idées nouvelles de la démocratie occidentale est née avec Bernard Kouchner. Le droit d'ingérence humanitaire remplacera avec le temps ce qui fut hier la fatale ingérence religieuse puis la tragique ingérence guerrière.

Zestes d'Est

Mi-avril, Mitterrand est à Bucarest, l'accueil est mitigé. « Aide à la Roumanie ou à Roman ? » demandent avec rancœur les manifestants. Aussitôt, le chef de l'État, se souvenant de Prague et de Vaclav Havel, organise un petit déjeuner avec les opposants à l'ambassade de France. Entre le croissant et le jus d'orange, Doïna Cornéa, l'égérie révolutionnaire, se lance dans une violente diatribe :
« Notre pays n'est pas libre. »
Le Président trouve aussitôt la parade :
« Pardonnez-moi, Madame, pourriez-vous baisser la voix un instant et écouter la foule au-dehors ? »
Le silence se fait et l'on entend aussitôt le grondement populaire qui martèle : « Iliescu-Mitterrand, assassins ! »
« Pensez-vous, chère Doïna, qu'une dictature tolérerait cela ? Patientez, une révolution ça dure, tout va pour le mieux, il faut patienter. »
L'échange laissera Mitterrand désarçonné par ce pays hésitant entre communisme et socialisme, démocratie et voyoucratie.
Le retour à Paris sera à peine plus heureux. Eltsine est en voyage privé dans la capitale. Hôte de TF 1, il se plaint de ne pas avoir été reçu à l'Élysée. Bianco, le secrétaire général du château, l'invite aussitôt pour le lendemain et Mitterrand se mêlera comme par inadvertance à la conversation. Mais les mauvaises langues siffleront, certains journalistes allant jusqu'à nier que le futur Président russe ait rencontré Dieu.
Quelle obscure raison a-t-elle pu conduire l'hôte de l'Élysée à cette fausse note supplémentaire dans cette « symphonie de l'Est » dont il a raté l'ouverture ?

Vous êtes formidable

Deux mois à peine et la guerre est aux oubliettes. Les media vont trouver un nouveau sujet de polémique.

Le décennat, puisqu'il faut bien l'appeler par son nom, va dresser son infranchissable barrière devant le Président. Que Mitterrand puisse faire mieux (je veux dire plus long) que de Gaulle va paraître soudain impensable au microcosme.

Ce non-événement, purement mythologique, tiendra autant de place dans la presse que les cinq premiers mois mitterrandiens de l'année, pourtant fertiles en rebondissements. Pas un chroniqueur, pas un reporter, pas un politique qui n'y aille de son couplet.

Philippe Labro, revenu à ses premières amours, le temps d'une série de *close-up* dans *Le Point* fera la plus littéraire des interviews : « Je me sens absolument le même qu'il y a dix ans, mais avec, bien entendu, la trace laissée par les aspérités de la vie, tous les chocs qui vous infligent des bleus (...). Le sentiment que j'avais dans mon jeune âge d'une ouverture sur le monde ignoré n'est en rien atténué aujourd'hui, alors que j'approche de la fermeture (...). La liberté cela s'apprend. Vous ne découvrez la liberté d'expression qu'au bout d'une longue contrainte. Je pense qu'on ne trouve l'aisance de style, de façon d'être, d'écriture quoi, que dans le respect des règles. En politique c'est pareil. Il me semble avoir, aujourd'hui, de plus en plus de liberté. Je sais faire, quoi. Je n'ai plus cette timidité instinctive, profonde, qui me paralysait dans ma jeunesse. J'étais très intériorisé. On m'a caricaturé : fermé, fin renard, mystérieux. Le " mystère " était dans ma timidité (...).

« J'ai décidé de ne pas célébrer cet anniversaire moi-même. Je m'aperçois qu'en France beaucoup s'en chargent. Ceux qui se réclament de mon amitié, qui le font avec beaucoup de gentillesse, ceux qui se réclament de mon opposition et qui se mêlent au concert pour célébrer le même événement. Ils ne le font pas dans la même intention, mais finalement cela revient au même. »

L'homme à la rose touche juste. C'est l'opposition qui a monté cette date en épingle. Elle rêvait d'un bilan-catastrophe susceptible de déstabiliser son rival, elle va, à l'inverse, se laisser déborder par le torrent d'articles, d'interviews, de portraits, de bios, de rencontres. L'ensemble composera un étrange pot-pourri, qui tournera à l'hymne mitterrandien. « Un judoka nommé Mitterrand » titre *Le Nouvel Obs,* « Un hussard entré dans les ordres » reprend Jean Lacouture, « Que reste-t-il de nos amours ? » se demande *Témoignage chrétien.* « Dix ans d'assassinat des mythes et des illusions » répond *L'Événement du jeudi,* « 10 ans, 4 époques » résume *L'Express.* Tandis que *L'Expansion* conclut : « Les faits, du rêve à la réalité ».

La presse étrangère ne sera pas en reste. « *François's Grand Design* » ironisera *Newsweek,* non sans rappeler que l'hôte de l'Élysée a su s'imposer comme le « dirigeant incontesté des Français » grâce à son sens aigu du *french mood.*

La télévision à son tour fera donner les grandes eaux. Sur FR 3, « Le Pouvoir du temps » le 29 avril, et en réponse « Le Temps du pouvoir » le 6 mai, puis une « Marche du siècle ». TF 1 diffusera : « Lui et nous », portrait de l'homme du jour dans l'œil des autres, de Chirac à Rocard, de Mauroy à Fabius, chacun attentif à ne dire ni trop de bien, ni trop de mal.

Le piège tendu par la droite se refermera là, les purs et durs craquant en direct, gagnés par la mythification ambiante : Sarkozy vantera « le sens de l'amitié du Président », Léotard « son goût pour la lecture, l'écriture, et sa fascination pour les gens de culture ». Carignon fermera la distribution des prix en rappelant sa capacité à « gérer le temps ». Pas un couac ne viendra troubler l'hommage. Il faut se méfier des anniversaires, ils tournent à l'homélie.

L'Élysée ronronne; seule fausse note : le Parti socialiste. Pour essayer d'exister dans cet ex-voto national, Pierre Mauroy a l'idée saugrenue d'offrir au Président une campagne publicitaire. Il appelle à nouveau Daniel Robert, l'auteur du slogan boomerang « Au secours, la droite revient ». Il réussira à faire mieux dans le genre contre-pub. Il affichera, pour 10 millions de francs, une main égrenant des pétales de roses, titrée : « Dix ans qu'on sème ». Le détournement était inévitable. L'opposition rajoutera : « la misère », « le chômage », « la merde », en guise de slogan. Rien n'est pire qu'une campagne inutile, si ce n'est une campagne nuisible.

L'accélérateur de particules microcosmiques

Le 14 mai, je suis sur Europe 1. Jean-Pierre Elkabbach me demande de jouer les Madame Soleil politiques :
« Que pensez-vous de Michel Rocard ?
— Qu'il fut un bon Premier ministre.
— Pourquoi fut ?
— Parce que son temps à Matignon est compté.
— Et qui lui succédera ?
— Pourquoi pas une femme ? »

J'ai seulement livré l'un des scénarios possibles. Depuis quelques mois, il est clair que les rapports entre l'Élysée et Matignon se sont tendus, clair aussi que le septennat doit trouver son second souffle. Quant au successeur, il pourrait bien être du sexe opposé, pour créer la surprise et coller à cette société qui se tourne de plus en plus vers les valeurs féminines : générosité, partage, solidarité, ténacité, harmonie...

Dans la pression du direct, j'ai oublié l'usage qui pourrait être fait d'un pronostic qui n'engageait que moi. Le journal de 20 heures titre sur la fin annoncée du Premier ministre et chacun me croit dépêché par le Président pour lancer la nouvelle. Incroyable concours de circonstances, le chef de l'État venait, la veille, de prendre sa décision et déjà le remaniement se tramait dans les coulisses. La fausse fuite va précipiter la manœuvre. Le lendemain, la démission de Michel Rocard est officielle. Mitterrand le remercie : « L'Histoire retiendra l'intense activité qui fut celle de vos gouvernements (...). Commence aujourd'hui une nouvelle étape de notre vie publique : j'ai la conviction qu'elle vous offrira d'autres occasions de servir la France. » Le 1er janvier 93 s'ouvrira l'Europe. « Nous n'aurons d'autres protections que notre talent, notre capacité créatrice et notre volonté. Cette voie est difficile, mais c'est la seule ouverte, la seule digne de notre histoire. Il nous faut " muscler notre économie " (...). C'est pourquoi j'ai jugé que le nouvel élan auquel je vous avais conviés dès la fin de la guerre du Golfe devait être mené par un gouvernement identifié à cette tâche. Madame Édith Cresson (...) m'est apparue comme la plus apte à diriger ce gouvernement puisqu'il s'agit d'atteindre l'objectif que j'ai fixé : l'objectif 93. »

Aussitôt la nouvelle Première s'attelle à la tâche et choisit ses équipes. Je suis toujours resté ahuri par la manière dont se compose un gouvernement. Tout se fait en quarante-huit heures de coups de téléphone tendus où se marchande chaque parcelle d'influence. L'équilibre politique mène le jeu ; l'efficacité de tel ou tel pour un poste n'est jamais évoquée. Témoin, cette réponse ubuesque que me fit un soir Valéry Giscard d'Estaing :

« Pourquoi, Monsieur le Président, avez-vous appelé Raymond Barre comme Premier ministre ?

— Parce qu'il ne disait rien en Conseil. J'ai pensé qu'il avait le sens de la réserve. Je n'avais pas compris que cela signifiait qu'il se mettait en réserve de la République. »

Le rendez-vous manqué

Édith Cresson m'appelle à Matignon quelques jours plus tard pour me demander conseil. Je la mets en garde contre le machisme de la caste politico-médiatique. Un mal congénital chez nous.

« Il vous faut très vite vous affirmer, ne pas vous attacher de conseiller trop voyant, et agir vite et bien. Surtout définissez-vous d'entrée, chacun doit connaître votre force tranquille à vous. » Et je lui suggérai de faire lancer le slogan de « la Dame du faire ». Mais la belle Édith n'écoute déjà plus, elle n'en fait qu'à sa tête et la perdra à la première salve médiatique.

Dommage : elle sera bien meilleur Premier ministre que beaucoup d'autres mais que peut le savoir-faire sans le faire savoir ? Elle restera dans les annales de Matignon comme la preuve par neuf que gouverner est désormais communiquer. Et que celui ou celle qui ne croit pas à cette synergie doit hélas ! changer de métier.

Anguille sous roche

Le 19 mai, la presse au grand complet est à Solutré, mais elle y est seule. Pas de Président en vue. L'année précédente, quelques agités anti-TGV étaient venus troubler le rite intime. Dépités, les media leur feront porter la responsabilité de cette frustration. Et l'homme à la rose savourera sa vengeance en gravissant la roche le lendemain. Incognito.

Deux jours plus tard, Rajiv Gandhi est assassiné. François Mitterrand aimait la mère et appréciait le fils, il manifeste aussitôt son chagrin : « Il m'a été permis, dans des relations d'amitié, de connaître deux Premiers ministres exceptionnels par leur sens de l'État et de la grandeur de l'Inde qu'ils ont servie jusqu'à leur dernière heure : Indira Gandhi et son fils Rajiv. »

Le vieil élan

Juin éclot sur fond de sinistrose. La guerre a changé les comportements. Elle ne fut qu'un assaut d'images, mais si brutales et si répétitives que notre inconscient collectif a pris peur. En ne sachant pas donner un nouveau projet à la France, le Président va lui faire perdre définitivement son moral. Il parlera de « nouvel élan », mais le concept est trop faible, déjà cent fois ressassé (je l'avais sans succès proposé à François Mitterrand comme slogan de 88 avant de trouver la « France Unie »), les réformes qui l'accompagneront trop insignifiantes, le gouvernement trop usé. Seul le Premier ministre a changé et veut changer les choses, mais tout se dresse devant elle. Le chef de l'État le sent, il va se lancer dans un mini, hélas trop mini tour de France de soutien : « Arrière les pessimistes, qui croient toujours que la société se dirige vers le précipice alors qu'elle mute. »

Mais la crise est là, oppressante, et la morosité paralyse les esprits. Édith Cresson a bien lancé son plan en cinq priorités : l'apprentissage, la ville, la sécurité, le chômage, les jeunes. Mais toujours aussi piètre communicante, elle dit s'inspirer pour la formation d'un modèle allemand. C'est la huée. Dans notre pays, lorsque le machisme s'allie à l'antigermanisme, l'union est fatale.

Le Président aura beau en appeler à la « mobilisation générale des énergies et des compétences », le mal est déjà trop installé pour être guéri en quelques piqûres d'éloquence : « J'entends mener, poursuit-il, les affaires du pays de telle sorte que, dès que les remous d'une crise venue d'ailleurs auront cessé, le calme étant revenu et l'espérance quotidienne, liée à la renaissance de l'emploi (...), je pourrai dire aux Français : voilà, on vous rend ce dépôt qui vous a été confié. »

Habile, mais peu crédible, le torchon brûle entre la banlieue et la ville, les actifs et les exclus, les Français et les immigrés. Et la droite souffle sur le feu, Chirac en tête, qui aura l'impudeur, en fin de banquet, de décrire la frustration du Français qui partage son palier avec des immigrés engraissés aux allocs ! La conclusion du maire de Paris vaudra son pesant de honte : « Et si vous ajoutez à cela le bruit et l'odeur. »

Les Guignols traduiront le lendemain la pensée chiraquienne par : « Les nègres puent », tout le monde rira et puis très vite tout le monde oubliera. Ainsi va la vie politique.

Les sondages mitterrandiens sont à la baisse. Comme à chaque fois qu'il sent l'opinion lui échapper, l'homme à la rose, en visite à Grenoble, philosophe : « Nous avons beaucoup de travail devant nous, beaucoup de travail exaltant. Au fond c'est triste de vieillir puisqu'on ne le fera pas. L'on ne fera qu'un petit bout de chemin. C'est un peu triste. Enfin, un peu de philosophie nous apprend que ce qui est important ce n'est pas de vieillir et de passer, c'est que d'autres prennent la suite, prennent en charge l'histoire, en l'occurrence réalisent ce qui n'aura pas été rempli auparavant, le combat pour la justice (...). Ainsi la vie n'a de sens que si l'on passe au moment voulu, à d'autres générations, la responsabilité qui permettra de penser que nos vies n'ont pas été vides de sens. »

Le discours est beau mais pas de saison, l'heure n'est pas à la fuite du temps mais à la reconquête. La méthode Cresson est mort-née. Comme pour hâter la fin, elle enchaîne les bourdes médiatiques, enfilant autant de perles rares : « La bourse je n'en ai rien à cirer », les Japonais sont des « fourmis », les Anglais « des homosexuels », un festival du flops ! Édith fait le dos rond et, flanquée de l'inénarrable Abel Farnoux, lance à ses équipes : « Ce n'est pas le moment d'avoir des états d'âme. Il faut profiter de l'été. Nous avons deux mois pour trouver des idées neuves. »

Hélas pour elle, durant la canicule, les idées nouvelles souffleront à l'Est. Édith c'est fini. Seul Mitterrand semble y croire encore. Pour la sempiternelle interview du 14 juillet, les journalistes se mettront en quatre (Du Roy, Chabot, Elkabbach, Carreyrou) pour remplacer Mourousi, le Président, lui, montera en ligne pour défendre l'oiseau blessé : « Elle parle très bien, comment ? Parler cru ? (...). Elle a une langue vivante (...). Elle est charmante, non ? » Et le chef de l'État tente de détourner en touche, c'est-à-dire sur le terrain de l'Europe : « Mon horizon de responsable politique, c'est le 1er janvier 93. C'est une date capitale de l'histoire de France et il faut que la France gagne cette échéance, qu'elle soit forte. Il faut donc qu'elle accepte de changer certaines de ses habitudes, qu'elle accepte, ou que les catégories professionnelles acceptent d'être bousculées. »

Dieu fait la faute

L'été russe s'installe le 19 août. Les généraux soviétiques, comme jaillis de leurs tombes, la bedaine criblée de médailles, ont pris le Kremlin.

Mitterrand va patauger « dans le bortsch ». Le soir même, il déclare : « Le putsch a réussi dans la première phase. » Deux jours plus tard, il enchaîne : « Le fait que le putsch ait échoué ne m'a pas étonné. »

Les Français ont la mémoire courte mais pas réduite à quarante-huit heures. La France perd son latin et l'Élysée perd pied en ne parvenant pas à joindre Gorby séquestré dans sa datcha à mille kilomètres de Moscou. Désorienté, le chef de l'État lance un appel aux putschistes et par là même les reconnaît : « La France attache beaucoup de prix à ce que la vie et la liberté de Messieurs Mikhaïl Gorbatchev et Boris Eltsine soient garanties (...). Les nouveaux dirigeants de Moscou seront jugés sur leurs actes, particulièrement sur la façon dont seront traitées les deux personnalités en question. »

J'étais agenouillé comme tous les Français devant mon

téléviseur, suivant la messe de 20 heures. Je reçus ce jour-là comme un coup de poignard. Comment l'homme à la rose pouvait-il ne pas condamner sans appel un retour au communisme, qualifiant de « nouveaux dirigeants » des putschistes ?

Mais le pire était à venir. Soudain le Président, grave et solennel, lit en direct une lettre qu'il vient d'adresser aux renégats, leur donnant alors la caution de la France. Est-il possible que le défenseur perpétuel des Droits de l'homme envisage d'abandonner si vite un Eltsine démocratiquement élu, un Gorby internationalement reconnu et un peuple de Moscou qui déjà crie à l'aide ?

La France de gauche est médusée. D'autant que John Major a violemment condamné le putsch et que George Bush lui a emboîté le pas.

La droite exulte, Stéphane Denis, au talent en rafale, style kalachnikov, interpelle le Président dans *Le Quotidien* : « Ce n'était plus Briand ou Poincaré, c'est Daladier lucide et empressé à la fois. » Genestar jugera dans « Les péchés du Prince » : « Jamais il n'avait trébuché et chuté si lourdement. » Le *Financial Times* sera plus mesuré mais tout aussi critique : « Il ne faut pas être trop dur avec M. Mitterrand, mais il a été tout de même trop loin dans une circonspection qui pouvait passer pour de l'indulgence ou de la pusillanimité. »

J'aurai moi-même le lendemain, sur La Cinq, face à Guillaume Durand, une phrase tout aussi dure : « Je voudrais un jour comprendre la frontière entre l'extrême prudence et le début de la lâcheté. » J'enrageais. Peut-être me sentais-je trop proche de mes amis russes dont je faisais à cette époque les campagnes libératoires. J'aurais mieux fait de comprendre le pourquoi, en analyste de la communication. Le chef de l'État, fidèle à sa théorie du « premier qui parle fait l'opinion », s'est exprimé trop tôt. Le Président américain n'interviendra que six heures plus tard (merci le décalage), ayant entre-temps passé la nuit

à prendre le pouls de la Russie et compris que le putsch allait avorter.
Il est des moments où l'on gagne à se taire.

Acte manqué

Le 21 août, Eltsine monte sur un char de putschistes et serre la main d'une jeune recrue. Il lit au monde sa dépêche d'espoir du haut de son piédestal à chenilles. En dix lignes et une photo, il va gagner la partie. Les Russes n'ont pas perdu de temps pour tout comprendre de la médiatique.

Le soir, François Mitterrand, qui l'a eu au téléphone (mais la nouvelle star Boris ne l'a pris qu'après Major et Bush), fait son acte de contrition : « Monsieur Eltsine a révélé ses qualités profondes qui sont celles d'un homme de grand courage, de grande fermeté, de grande énergie (...), haranguant sans micro, sans moyen de diffusion (...), revenant s'enfermer au sein du Parlement et rejoint par des personnalités diverses qui savaient ce qu'elles risquaient, tout simplement leur vie. »

Il était grand-temps de reprendre la main, mais son intervention n'aura pas l'effet attendu. Au lieu d'ouvrir en personne le journal télévisé, rite obligé de l'annonce des grandes nouvelles élyséennes, le chef de l'État, qui s'est décidé trop tard à parler, l'a fait « en conserve » de l'Élysée. Noyée dans le flot de l'info, minutée par l'horaire, privée de l'impact du direct, sa prise de parole restera anodine.

Tout aura donc raté dans ce ratage d'autant plus ridicule que le Président n'a jamais eu d'autre intention que de voir une Russie démocratique.

Où fut la faute ? De ne pas trouver la fermeté des mots, de vouloir capter l'événement au lieu d'attendre son dénouement, de se tromper de symbolique en agitant sa missive aux putschistes même si elle partait du bon sentiment de préserver les vies de Gorbatchev et d'Eltsine, de ne pas savoir enfin trouver la bonne sortie.

Un soir, François Mitterrand m'expliquera avec colère qu'il a compris l'Est, et bien avant les autres pays. Il est vrai qu'en ce qui concerne le mur de Berlin, mieux valait aider à l'insurrection comme il l'a fait, plutôt que de jouer les voyeurs le jour de la victoire. Il est encore vrai que le putsch, il n'y avait pas cru une seconde ; mais que le devoir d'État a ses raisons que la presse ne connaît pas. J'en serai assuré quelques semaines plus tard lorsque le Président m'invitera à dîner rue de Bièvre, avec Anatoli Sobtchak. Posément, dans ce presque tête-à-tête, il reprendra ses arguments. Le maire de Saint-Pétersbourg, mieux placé que quiconque pour le juger puisqu'il était au côté d'Eltsine lors des événements, acquiesça. Il n'est pas homme à jouer les béni-oui-oui. Fût-ce devant Dieu.

Media culpa, connais pas

Septembre commence en fanfare. Marie-José Pérec est médaille d'or du 400 mètres au championnat du monde à Tokyo. Ce sera la seule bonne nouvelle de cet automne pluvieux pour le Président. Le ciel des sondages est bas et la météo n'a pas fini de se dégrader. 55 % des Français se sentent éloignés de leur Président et 61 % le trouvent atteint de ce mal réputé incurable, « l'usure du pouvoir ». La gauche polarise les aigreurs. Un sondage de la Sofres fait pour la première fois apparaître les deux grandes causes de ce rejet :
Un. Les scandales financiers, d'autant plus intolérables à gauche. On ne peut pas prétendre prendre l'argent des riches pour le donner aux pauvres, et se servir au passage. Après tout, c'est le bon sens.

Deux. L'éloignement. La droite peut se permettre d'être hautaine, voire sectaire, le parti du peuple ne peut s'en détacher d'une semelle. On ne peut plus *politically correct*. Pour ne rien arranger, le 9 septembre est le 3 764ᵉ jour de règne mitterrandien. Le record de durée détenu par le général de Gaulle va être battu et les Français supportent mal de voir quiconque attenter à leurs mythes.

Le Président doit se reprendre. Il va le faire à sa manière, en coups d'éclat. La semaine suivante, Boris Eltsine est sur toutes nos télévisions et clame : « Mitterrand avait compris qu'il s'agissait d'un coup d'État anticonstitutionnel. Il a soutenu la position de la Russie. Il a fait preuve à mon égard de beaucoup de sympathie et m'a téléphoné deux fois, m'assurant d'un soutien total. » Gorby, interrogé à son tour, renchérira. La presse française, qui a tant condamné l'attitude du Président, restera muette. Vraie ou fausse réhabilitation ? nul ne saura mais qu'importe.

La France ne pardonnera jamais tout à fait à son chef une faute qu'il n'a peut-être pas commise. Faire l'opinion n'est déjà pas facile, la défaire est impossible.

Dépression charismatique

Le chef de l'État a raté son examen de rentrée. Il va user pour son oral de rattrapage d'un procédé convenu : la conférence de presse solennelle. Le genre ne lui plaît guère ; lui qui a tout bousculé des us et coutumes médiatiques ne touchera pas à ce pré-carré gaullien. Il lui laissera ce style désuet et régalien de ses prédécesseurs qui fait la joie des Français. L'Élysée retrouvant pour un après-midi les accents du grand Charles, cela les ravit. François Mitterrand veillera à n'user qu'exceptionnellement de la formule et sans jamais dépasser la dose prescrite, une heure et demie en moyenne. Il donnera quatre représentations durant son premier septennat et une en 88, celle-ci sera donc la sixième. Le Général s'est produit dix fois, Giscard et Pompidou neuf, un record pour leur présence à la présidence.

La prestation présidentielle ne restera pas dans les annales, elle balayera tous les sujets sans oublier l'incontournable usure : « Comme le dit une marque, on ne s'use que si on sert. Bien que j'observe de plus en plus que ceux qui ne servent à rien s'usent beaucoup. »

Drôle, mais insuffisant pour enrayer une dépression charismatique. Mitterrand a été solide, il fallait être flambant. Il a joué la continuité, il eût fallu une rupture.

Le 20 septembre, le chef de l'État est à Weimar. Un journaliste va raviver des feux mal éteints : « Monsieur le Président, pourquoi vous êtes-vous opposé à la réunification de l'Allemagne après la chute du mur de Berlin ? » La réponse fuse, lâchée, brutale, agacée : « Monsieur, comme vous dites quelque chose d'inexact, je n'ai pas à vous répondre. Quand vous aurez vérifié vos informations, vous pourrez revenir me voir. »

Comme il faut qu'il ait mal, cet homme habituellement sous contrôle, pour prendre ainsi la mouche ! Les cicatrices des accidents de l'histoire sont-elles donc les plus longues à guérir ?

Le 28 septembre, l'homme à la rose revient sur son terrain préféré, celui des Droits de l'homme, où il sait que nul ne peut l'égaler : « C'est un grand champ de liberté que la France. Ce champ atteint vite la cacophonie, ce qui apprend, au demeurant, que la liberté doit se discipliner elle-même (...). Ceux qui s'en servent devraient s'imposer à eux-mêmes les règles de morale et de respect des autres (...). Ces libertés-là, elles me font penser à ces tortues qui vont pondre leurs œufs dans le sable, sur la terre (...). Quelle fécondité ! Mais c'est bien nécessaire parce que cela permet ensuite aux petites tortues qui naissent de commencer leur vie dangereusement puisqu'elles doivent faire quelques centaines de mètres sur la plage avant de rejoindre la mer et que bien peu réussissent. De tous les côtés les prédateurs se précipitent. C'est ce qui arrive aussi le plus souvent aux libertés. Il y a beaucoup de prédateurs qui surveillent (...). Il y a des systèmes politiques, il y a des hommes aussi, il y a des groupes sociaux dont l'appétit est immense et qui fondent sur tout ce qui passe. Quand la liberté passe par là, il faut avoir des jambes rapides pour échapper au sort qui nous est réservé. »

Le 1er octobre, Jean-Bertrand Aristide est renversé en Haïti. Un putsch qui voit le chef de l'État se prononcer aussitôt et sans ambiguïté : « Le Président Aristide sera traité comme le Président légitime de la République d'Haïti. » La leçon de Moscou a porté.

Soixante-quinze printemps

Le 21 octobre les radios libres ont dix ans, le Président choisira France Inter, radio d'État, pour célébrer l'événement et profitera de ce media intime pour aller au fond des choses.

Les infirmières : « J'entends souvent dire, il faut que le gouvernement nous donne des milliards. On devrait plutôt dire, il faut que les autres Français nous donnent des milliards. »

Les agriculteurs : « Le gouvernement a usé de patience (...), la patience finit par s'user. »

Europe : « Je ne veux pas que la France s'enferme derrière ses frontières. Elle vaut mieux que cela. »

Cresson : « J'ai la chance d'avoir un Premier ministre extrêmement énergique, résolu, qui a beaucoup de sang-froid et qui travaille beaucoup (...). S'il s'est fait mal comprendre, il faut qu'il s'explique et je commence à le faire avec lui. »

Une belle leçon de tonicité pour un homme qui va fêter le 26 octobre ses soixante-quinze ans. Mais l'humeur des

Français n'y est plus. La chute vertigneuse de Cresson entraîne son Président solidaire. Le parti n'est plus mitterrandien, est-il encore socialiste ? Le mois suivant, la France est paralysée, elle a enfin compris que la crise était réelle. Il fait trop froid dehors pour mettre son nez à la fenêtre et regarder passer un pouvoir finissant.

Le monde semble en profiter. La France est absente de la table des négociations post-guerre du Golfe. Mitterrand, par réaction, invite aussitôt Gorbatchev à Latche. Mais l'image est plutôt celle de deux présidents affaiblis qui essaient de se conforter mutuellement. D'ailleurs, rien ne va plus ; Montand le grand décide lui aussi de quitter sans prévenir la scène. Cabu jouera les Bossuet. Il dessinera Mitterrand veillant le « Papet » en maugréant : « Il y en a qui ne font rien contre la sinistrose. »

Robuste Constitution

La sinistrose est la pire des épidémies pour un homme au pouvoir car il est censé en être le vaccin. Un Président est garant de l'espoir avant toute autre richesse nationale. Sans optimisme, pas de confiance. Sans confiance, pas d'autorité. François Mitterrand va donc demander à ses conseillers « un plan media » en règle.

Il faut des idées fraîches, Mitterrand va réveiller la plus vieille fibre démocratique : la Constitution. Rien de plus neuf que le vieux. Le coup de pied dans la fourmilière constitutionnelle va une fois de plus diviser la droite (c'est une manie) : « Moi, cette Constitution, je ne l'ai pas votée. Ces institutions, je les corrigerai (...). Le Conseil constitutionnel devrait voir sa compétence élargie à toutes les plaintes individuelles. Réforme qui a avorté par le refus du Sénat. Elle sera adoptée. Je suis sûr que les Français consultés nous donneront raison. » Le quinquennat : « En droit, cette modification ne me viserait pas, mais, politiquement, moralement, je suis seul juge (...) étant entendu que moi aussi il m'arrive de trouver que quatorze ans c'est long. » La médiatique est elle aussi un art martial ; l'homme à la rose va donc faire assaut de toute part.

D'un bord, il tire sur Rocard. L'homme n'est plus Premier ministre, mais présidentiable ; il est donc revenu dans le camp des ennemis héréditaires : « Ce n'est pas lui qui m'a offert sa démission, c'est moi qui ai dit : " Je pense que l'heure est venue de changer maintenant ". Alors cela peut s'appeler virer, si l'on veut. »

De l'autre bord, il se laisse tirer par Noah. Pour fêter la coupe Davis, c'est *Saga Africa* à l'Élysée. Pour toucher toutes les générations, on a pris soin d'inviter les survivants des mousquetaires. Les crocodiles avaient gagné la coupe six fois de suite. Mitterrand persifle : « Maintenant, Monsieur Forget, il faut tenir six ans. Moi c'était sept, alors... » Les mondanités sportives s'enchaîneront avec la réception de Gérard d'Aboville, le rameur de l'impossible, puis le salut de la flamme olympique sur le chemin d'Albertville. Bref, on met les bouchées doubles. Et pour cause : la rentrée sondagique est catastrophique. Rien n'enraye plus une chute qui ne fait qu'accroître la sinistrose nationale. Le Président a du mal à trouver le ton de l'après-guerre. En septembre, il a été trop mou, en octobre trop ferme, en novembre trop offensif, ce n'est qu'en décembre qu'il trouvera ses marques : du beau, du bon, du grand Tonton.

Salut l'artiste

Le Président choisit ses armes : « 7 sur 7 ». On s'en serait douté. Retour en force et retour en France. La première prestation réussie de François Mitterrand depuis la fin de la guerre du Golfe correspondra pour le chef de l'État à « une maîtrise retrouvée du temps qui contraste avec la marque de l'usure révélée par les sondages », écrit Gilles Bresson dans *Libé*. Jean-Marie Colombani renchérira sur RTL, ce n'est guère son habitude, en parlant de « prestation brillante ». Mais la plus belle médaille viendra du *Télégramme de Brest* : « Le chef de l'État reste un maître dans l'art de la politique. Son intervention à " 7 sur 7 " est un modèle du genre, à méditer pour tous ceux qui ambitionnent de faire leur métier de la politique. »

Le Président n'a pris aucun risque, ni de forme ni de fond. Il a choisi l'Europe et a su se montrer pédagogue, exorciser les peurs, être précis et lâcher comme dans le vieux temps une bombe à retardement en laissant miroiter un changement possible du mode de scrutin.

Enfin l'année de l'usure s'use à son tour. Le Président va particulièrement soigner ses vœux, ceux de la décennie. Ceux aussi de sa cote d'amour la plus basse. Un point de non-retour, pense l'opposition. C'est mal connaître le vieux lion.

« L'année qui s'achève a été difficile (...). Entre Israël et les pays arabes, la paix reste en suspens tandis que, plus près de nous, l'Algérie se cherche. L'Europe, de son côté, a connu des bouleversements sans pareils. L'Union soviétique a perdu son empire et s'est écroulée sur elle-même, effaçant à la fois la trace de Staline et celle de Pierre le Grand (...). L'inquiétude gagne l'Europe de l'Est, où l'on redoute la contagion (...). Chez nous, nous subissons une crise de langueur, économique sans doute, psychologique aussi. On s'est lassé d'attendre la reprise (...) et puis il y a trop de gens malheureux, trop de gens éprouvés. Tout cela je le sais. J'ai besoin de vous pour continuer patiemment de combattre ce mal. Vous avez le droit de douter lorsqu'on vous dit que, dans le désordre général, la France s'en tire mieux que les autres (...). Et pourtant, c'est vrai ! La France travaille, la France agit (...) ; il nous restera à doter la République d'institutions mieux adaptées à notre vie démocratique.

J'engagerai cette réforme avant la fin de l'année. Je veux rendre plus évident encore qu'il n'est pas pays plus libre que le nôtre. »

Le Quotidien de Paris titre : « Mitterrand : aimez-moi », *Le Figaro* : « Mitterrand : aidez-moi ». L'année 92 commence bien !

1992
L'ANNÉE EUROPE

Dur, dur, la froidure des sondages. Les Français ne sont plus que 29 % à souhaiter le maintien de leur Président. Les flèches de l'opposition ont fini par porter, Édith a entraîné son patron dans sa chute. En tête des reproches : le manquement à la parole donnée, en second le déficit social, le chômage, l'écoute. En troisième, l'usure du pouvoir. La droite serait-elle devenue médiatiquement adulte ? Pour une fois elle a tiré groupée. Ses attaques se concentrent sur ces trois thèmes. En les enchaînant, en les répétant, elle a touché. Le chef de l'État n'en a cure.

Le bateau fait eau, mais le bon peuple de France a toujours aimé les capitaines courageux. C'est la première vertu qu'ils reconnaissent à l'homme à la rose, on peut lui faire confiance pour exploiter cet avantage. Dernier Président romantique, nul mieux que lui ne sait prendre la vague de l'imaginaire et mener sa barque à bon port. Dès octobre, il aura inversé le courant, 46 % seront pour son maintien, 45 % pour son départ.

Le plus fort de la tempête sera derrière lui, ce qui ne signifie pas que le beau temps soit devant.

Devant le corps diplomatique, l'hôte de l'Élysée rêve de paix : « Nous souhaitons ne plus être mêlés à aucun conflit. » Face aux Français, il rêve de projets : « Il faut que la France se passionne, retrouve le goût des grands choix. » Face à lui-même, il rêve de continuité. Son successeur : « Il lui faudra une bonne tête. Plutôt intelligent, capable de gérer les affaires publiques. Patriote. Européen. Il faudrait qu'il ait d'autres qualités que les miennes et, si possible, pas mes défauts. Je fais des vœux pour que le futur candidat socialiste, éventuellement futur Président de la République, soit lui-même. »

Hélas ! les Présidents ne sont pas des fées. L'actualité va se charger de ramener le rêve à la réalité.

Ils sont fous ces socialistes

La grande affaire de l'année c'est Maastricht. Dès mi-janvier, le chef de l'État se met en campagne :

« Un refus serait un drame national (...). Je ne me porte garant de rien. Simplement j'engage ma responsabilité politique, celle du gouvernement, celle de ce qui apparaît comme une majorité de Français. »

Face à la grogne montante, l'hôte de l'Élysée sait bien qu'il faut un projet mobilisateur. Il compte donc sur cette nouvelle terre qui s'avance. Mais le Français, avant d'être européen, est individualiste et donc peu enclin au partage.

L'Europe oui, mais la nôtre. C'est le slogan que je proposerai à Michel Rocard pour sa campagne de 94. Hélas ! la politique comme toujours l'emportera sur la logique et il détournera la formule en « L'Europe oui, mais solidaire », un solidaire qui s'avérera suicidaire.

Que faire lorsque tout se ligue contre vous, le fait divers comme le fait politique ? Le 20 janvier s'écrase près de Strasbourg un A 320. Bilan : quatre-vingt-sept victimes. L'hiver est en deuil.

Une semaine plus tard, le Président est à Oman. Il apprend l'hospitalisation en France du dirigeant palestinien et néanmoins terroriste Georges Habache. Réaction à chaud du chef de l'État : « Ils sont devenus fous. (...). Ils n'ont pas réagi en politiques, ils n'ont pensé qu'à l'humanitaire. » « Ils » ce sont le Quai, l'Intérieur et Georgina Dufoix, alors présidente de la Croix-Rouge. Dix hauts fonctionnaires vont payer de leur tête la bavure, et servir de lampistes. Les ministres, eux, resteront ministres. On aurait pu en rester là et extrader l'irrecevable intrus. Le juge Bruguière s'en mêle et met Habache en garde à vue. Ultime rebondissement. Le leader arabe sera expulsé dès le lendemain. Ainsi l'opposition et la presse mondiale pourront, dans leurs commentaires, ajouter à juste titre la lâcheté à la bavure. La France n'a même pas eu le courage de juger son assassin.

« Inepte » juge le *Washington Post*, « Désastre » reprend *The Independent*, « Irresponsabilité érigée en monument national » renchérit *Le Soir* de Bruxelles. Le *Times* proposant même, comme dénouement de l'affaire, « la démission d'un Président vieillissant perçu comme dépassé politiquement ». Bref c'est la totale, la noix d'honneur pouvant être épinglée sur le veston en tergal de l'obscur sénateur radical indépendant Marcel Lucotte. Il traitera l'hôte de l'Élysée de « monarque toujours méprisant, mélange de Louis XIV vieillissant et de Charles X en exil ». Le critiqué n'a rien à voir dans l'affaire, c'est Ubu politique. Ce pauvre Marcel aurait dû réviser son histoire de France, ou, mieux, se taire.

Confession d'un enfant du siècle

Vient le temps de l'explication télévisée. Dans le rôle des confesseurs, Poivre d'Arvor et Sannier. Dans le rôle du repenti, un fauve prêt à les dévorer tout crus. La meilleure des défenses reste l'attaque : « L'affaire Habache, ça vous obsède. Vous disiez " 58 % des gens pensent que j'étais au courant ". J'admire les autres ! Après une telle campagne de presse, avec l'amour du sensationnel généralement falsifié...

mais il devrait y avoir 75 % des Français qui disent que le Président était informé! D'autant plus qu'on l'a suggéré, laissé entendre (...). Des hauts fonctionnaires et Georgina Dufoix, qui sont tous des gens remarquables, d'une grande noblesse de caractère, ont fait une erreur de jugement. Ils ont traité la venue de Georges Habache comme une affaire de routine. Or, c'était un problème politique. Et c'était au Premier ministre et à moi de trancher. Nous ne pouvions pas le faire, nous ne le savions pas (...). Il n'y a plus d'affaire Habache. Tout ça est aussi un guet-apens politique (...).

« " Le crédit de la France... " Voulez-vous faire la liste de toutes les difficultés qu'ont connues les gouvernements précédents et les septennats précédents ? J'espère que vous aurez la pudeur de ne pas insister. Moi, je l'aurai en tout cas. Ce serait accablant (...). Je suis décidé, et le gouvernement avec moi, à ne plus ou à ne pas laisser faire les campagnes absurdes et calomnieuses qui sont entretenues de toute part. »

C'est clair, le Président n'en à rien à céder. Rarement il se sera montré aussi irritable et sur la défensive. Il se trahira plus encore lorsque sera posée l'inévitable question de sa popularité descendante :

« Moi, je ne fais pas d'introspection devant des millions de Français. Je ne passe pas mon temps à considérer mon nombril et à l'exposer à l'attention publique, enfin quoi ! »

L'agressivité n'est jamais télégénique. L'émission aura le mérite de clore le dossier, mais elle ne fera que précipiter le déclin présidentiel. Il ne restera plus que 35 % de ses sujets pour lui faire confiance. Même au pire de la tourmente, en 84-85, sa cote ne s'était jamais effondrée au-dessous de 40 %.

Aucun chef d'entreprise n'est ainsi ballotté au gré de l'actualité, comment pourrait-il assumer sa fonction si l'humeur de ses collaborateurs était rivée à celle du temps ? Il s'agit bien d'une crise de représentation. Si les souverains des siècles passés ne connaissaient pas ce désaveu perpétuel, c'est qu'il n'y avait pas divorce entre la vie sociale et leur langage. Et pour cause, la représentation publique permanente n'existait pas. Le système démocratique, même s'il reste le seul tolérable, a une faiblesse sur laquelle repose sa légitimité : l'élection. Élire un Président pour sept ans, c'est risquer que, bien avant la fin de son mandat, sa majorité ne représente plus la majorité. Dès lors son pouvoir ne sera plus légitimé, même s'il reste légal. Comment la politique ne serait-elle pas délégitimée au passage ?

Le plus inexplicable reste que ces mêmes votants déçus ne se sont pas privés de réélire le Président qu'ils n'avaient cessé de vilipender. Le cœur de l'électeur est insondable.

Decouflé, c'est gonflé

Par bonheur, les JO des neiges vont un temps faire oublier l'hiver présidentiel. Platini a porté la flamme, Surya Bonaly prêté le serment olympique, Mitterrand ouvert les Jeux, la fête peut commencer.

Decouflé sera magistral, Killy et Barnier ont fait le bon choix après avoir frôlé le pire. Ils s'étaient dans un premier temps adressé à Jean-Jacques Annaud. Par bonheur, après un an de préparation chaotique, chacun s'aperçut *in extremis* que la voie était sans issue.

Le 22 mars, le Président vote à Château-Chinon pour les régionales, sans infléchir la débâcle socialiste. Le *Financial Times* n'ira pas de main morte : « Le meilleur service qu'il pourrait rendre à son parti serait de démissionner avant les élections parlementaires de mars 93 (...), il serait dans l'intérêt d'un candidat socialiste — Michel Rocard, ou plus probablement Jacques Delors — d'affronter une élection présidentielle anticipée si la droite persiste à choisir MM. Chirac ou Giscard, tous deux hommes du passé. »

C'était il y a deux ans et demi à peine ; dans l'ombre, Édouard Balladur rédigeait son *Dictionnaire de la réforme*.

Et tout allait changer.

Béré, la berge

Début avril, Édith Cresson rend son tablier. Sa sortie sera à son image : énergique, brusque, jusqu'au-boutiste. Le plus viril des Premiers ministres de Mitterrand aura été une femme.

Depuis dix mois, elle demandait au Président de renouveler son gouvernement par une équipe restreinte. Face à cette alternative d'un Matignon commando, le Président, une fois de plus, hésitera, puis répudiera.

Nouvel élu, Pierre Bérégovoy, un mot qui en ukrainien signifie « l'homme de la berge ». Tout un destin !

Drôle de choix, à contretemps — c'est bien plus tôt qu'il eût pu agir —, à contre-courant — il sera inflexible sur le franc au moment où l'Angleterre se sauvera en abandonnant la livre — ; à contrecœur — les fausses factures et les abus de biens sociaux terniront son règne — et jusqu'à en mourir.

L'arrivée aux affaires d'un homme de gestion, aux yeux graves, à la silhouette rondouillarde, à la langue claire, didactique et sincère, n'est pas un hasard. Ce Balladur de gauche va rassurer la France au moment où son chef veut la voir opter pour l'aventure européenne. On ne peut courir deux lièvres à la fois.

Au feu les velléités cressonniennes d'une nation plus moderniste, plus dynamique, plus ambitieuse. C'est le retour aux sources. Chassez le conservatisme, il revient au galop dans ce vieux pays qui ne cesse de devenir vieux.

À nous deux, l'Europe

Sans perdre une seconde, le grand avocat de l'Europe va reprendre son bâton de pèlerin. Il choisit comme faire-part Ockrent, Sinclair, Elkabbach et Levaï. Le microcosme gloussera : deux des quatre interviewers sont les épouses de ses ministres. Mitterrand n'en aura cure : « Je suis passionnément patriote, la France c'est notre patrie, l'Europe c'est notre avenir. Notre patrie ne va pas disparaître, la France continuera d'être la France. Mais si nous n'avons pas une monnaie commune, une force commune, nous serons hors d'état de défendre nos économies. »

Une fois encore, le chef de l'État a trouvé le ton juste. D'emblée, 48 % des Français se déclarent prêts à voter oui à Maastricht. L'histoire témoignera demain du poids personnel que le Président aura su mettre dans la balance, face à la mobilisation des doutes. Cette Europe qui demain sera la fierté de nos enfants, la France la lui doit. À son habitude, la classe politique se décrédibilise dans des clivages aberrants. Jean-Pierre Chevènement, le spécialiste des démissions, se retrouvera plus proche des thèses gaullistes de Philippe Séguin que de celles de ses amis du PS. Lequel Séguin s'éloignera de Jacques Chirac, son patron. Giscard retrouvera aussitôt son rôle de chevalier de l'union blanchi sous le harnais et cherchera à entraîner le RPR sur ses thèses. La palme reviendra au PC qui retrouve le parti de Le Pen sur le thème de l'indépendance nationale et de l'abandon de souveraineté. Allez y retrouver vos petits !

L'émission n'évitera pas les habituelles questions d'intégrité et de corruption. « C'est vrai, dans la société telle qu'elle est, il y a prospérité du règne de l'argent, il y a un certain refus d'en partager les profits. Cela est une cause de dégradation morale (...). Il n'est pas possible d'accepter de continuer à se laisser aller vers une domination de l'argent qui naturellement corrompt. » Suivra presque naturellement l'inévitable séquence Tapie :

« C'est un homme sorti du peuple, qui a vécu dans des conditions difficiles, jusqu'au jour où il a réussi dans ses entreprises. On ne va tout de même pas l'accabler parce qu'il a réussi. Il y a beaucoup de méchanceté. »

Le feuilleton commence, il n'a pas fini d'enfler. Les media tiennent leur *Santa Barbara* et la diffusion est gratuite. Ils ne vont pas s'en priver.

Sur Euro Disney, l'homme à la rose prend ses distances : « Ça va apporter un surgissement d'activité économique dans la région (...). Ça c'est bien ; quant au mode culturel, disons que ce n'est pas exactement ma tasse de thé. »

Pour conclure, nous n'échapperons pas à l'envolée philonécro. L'homme né à Jarnac est trop fasciné par la mort et l'Histoire pour ne pas entremêler leurs ombres portées : « Mon rôle a un commencement et une fin. Il approche de sa fin de toute façon. Ce qui devait être fait a été fait. Quand l'historien se saisira de cette tranche d'Histoire, j'attends de lui qu'il soit aussi juste que possible et qu'il constate que notre société aura considérablement évolué, et, je crois, dans le bon sens. »

La mélancolie est une valeur française et notre âge moyen constamment en hausse ne fait qu'en rehausser la cote. Hélas ! nos hommes politiques, par excès de pudeur ou manque de romantisme, n'en usent guère. Dommage, la nostalgie reste la plus sûre façon de toucher l'âme de ce pays plus poétique qu'il ne se l'avoue.

Le 12 avril à minuit, La Cinq ferme les yeux. Les télévisions sont des appareils électroménagers au statut unique : elles habitent avec nous, nous font la conversation, partagent nos émotions. Peut-être est-ce pour cela que nous fêtons leur naissance et pleurons leur mort. Celle-ci s'effectuera en direct, toute l'équipe sur le plateau égrenant le compte à rebours, la voix brisée. Le coma électronique et la neige blanche suivront. Enterrant les éternels rêves français d'une télévision différente, les remords de Jean-Luc Lagardère d'avoir eu les yeux plus gros que l'audience, et la hargne de TF 1 et de M6, pour une fois unies dans une sentence, mais elle était de mort.

CSA gaga

Le Président me prie de venir le voir et me demande une campagne qui expliquerait Maastricht aux Français.

« Séguéla, me dit-il, pas d'intellectualisme publicitaire, soyez simple, concret, populaire. Ce n'est pas ma campagne, c'est celle des Français. »

Mitterrand parle d'or, il était temps de changer de ton et de troquer le monologue pour le dialogue. Le passage d'une société de masse à une société d'individus exigeait une communication plus authentique, plus personnelle, plus éclatée.

Avec Stéphane Fouks, Lucky Luke et Clausewitz du marketing politique, je me mis à l'ouvrage. Nous bâtîmes la première campagne politique écrite non par des rédacteurs mais par les électeurs eux-mêmes. Nous courûmes, un mois durant, la France, pour filmer sur le vif les Français et leurs raisons de dire oui ou non au référendum. Cette course à la publicité-vérité nous donna six affiches, une série d'annonces presse, douze spots radio et trois films. Une galerie d'autoportraits de la France profonde à la fois clips, pubs et reportages, qui faisait souffler un esprit neuf sur la publicité politique.

« Maas... tricht ? disait l'un, à part que c'est imprononçable, je suis plutôt pour », « Les guerres ça suffit comme ça », enchaînait l'autre. « En l'an 2000, on aura l'air bête de s'être posé la question », reprenait le troisième. Et la ronde continuait sans fin : « On va enfin arrêter de nous appeler le vieux continent », « Qu'on s'unisse, et le monde nous écoutera », « À douze, on est plus fort que tout seul »...

La signature était commune : « L'Europe est adulte, donnons-lui la majorité. »

Première émasculation : Pierre Bérégovoy, qui dirigeait la campagne, refusa les contredisants. Mon idée était de jouer le jeu de la vérité et de mêler oui et non en égale proportion. Les arguments des opposants étaient si plats ou si sectaires qu'à mon sens ils ne faisaient que renforcer l'envie de dire oui.

L'enjeu, il est vrai, autorisait mal une campagne-laboratoire, mais quel dommage d'être ainsi passé à côté de la première communication totalement démocratique !

Le pire allait venir du CSA. Nous peaufinions nos messages lorsque cette institution en quête d'autorité, toujours à l'affût d'une bourde, eut vent de notre action et s'opposa à sa sortie. Motif, elle créait un précédent dans un pays où les campagnes électorales sont interdites de télévision. En fait, elle n'était pas électorale mais gouvernementale. Il y eut à l'Élysée une projection mémorable. Autour de l'écran de contrôle se pressaient Jack Lang, Jean-Louis Bianco, Pilhan et Colé, Pierre Bérégovoy, son directeur de cabinet et quelques autres têtes élyséennes.

Je me pris à regretter le temps où le Président décidait seul de ses pubs. Lorsque le dernier film s'acheva, tous se turent, attendant le verdict du prince.

« C'est très bien, Séguéla », dit-il en se levant déjà pour retourner à son bureau.

Chacun y alla de sa louange mais le lendemain nul n'eut le courage de forcer l'avis du CSA et de passer les spots. Courage, fuyons !

Hit, hit, hit, Béré

Le Président célèbre la fête prolétarienne du 1er Mai dans les salons d'Europe 1. Jean-Pierre Elkabbach le reçoit en maître de maison pour un petit déjeuner frugal. Au menu, croissants chauds et sang-froid : « Pourquoi ne pas considérer qu'au-delà des législatives, la mission que j'ai confiée au Premier ministre devrait continuer ? »

Quant à l'Europe : « Elle devrait gagner trois à cinq millions d'emplois dans les années qui viennent. Ceux qui disent qu'il y aura davantage de chômage commettent une erreur fondamentale (...) et ceux qui refusent Maastricht ne pourront pas diriger la France, en tout cas pas avec moi (...). Il est insupportable de penser que les grandes entreprises vivent en se vantant de gagner des milliards chaque année et en même temps qu'elles licencient du personnel. »

Le punch est de retour et aussitôt l'intérêt des Français. Ils ne sont plus que 59 % à ne pas lui faire confiance. Ils étaient 65 % en mars. Le nouveau « Matignonné » n'est pas étranger à ce redressement. Il démarre en fanfare à 54 % et se classe derrière Delors au hit-parade de l'avenir politique. À l'Élysée, on se reprend à espérer.

Mitterrand et mantille

Le 6 mai, l'Exposition universelle ouvre ses portes à Séville, l'événement peut-il se dérouler sans Dieu ? L'entourage est éclectique : Delon, Bergé, Rosnay... Le Président est interviewé par FR3, accoudé au bastingage du « Puits d'images ». Lyrique, il s'envole vers les cimes mêlées de la « poésie de la science » et de l' « immense crédit de la France ». On pourrait croire le printemps revenu mais, pour nous rappeler à la sinistrose nationale, le stade de Furiani s'effondre : quinze morts, des centaines de blessés. La coupe, le foot, la France sont en deuil, son Président aussi.

Il quitte Séville à la hâte et débarque à Bastia : « J'ai ressenti ce que tous les Français ont éprouvé, une immense compassion, le sentiment d'une fête gâchée, de vies brisées, au moment même où on exaltait le sport, cette sorte de communion populaire. »

Et de onze au dix-huitième trou

Le onzième anniversaire élyséen sera moins tumultueux que le dixième. Guillaume Durand et *Paris-Match* interviewent l'homme du 10 mai le long d'un parcours de golf. L'âge donne tous les droits, imaginez la chose une décennie plus tôt, un Président socialiste s'adressant aux Français un club entre les mains.

La teneur du propos n'en sera pas moins sérieuse : « Quand il y avait deux puissances mondiales, nous n'en étions pas. Il n'y en a plus qu'une. Voulons-nous être l'autre ? Unie, l'Europe a pour elle tous les atouts. Et la France y joue un grand rôle (...). On n'explique jamais assez. Mais, en vérité, le choix est d'une extrême simplicité : est-on pour ou contre l'Union européenne ? Le reste est procédures (...). Je n'admets pas les raisons de ceux qui sont contre tout parce qu'ils ont peur de tout. »

Le 7 juin, veille du pèlerinage solutréen, le rocher sacré est assiégé par les anciens d'Afrique du Nord. Dans la revendication aussi, on n'arrête pas le progrès.

Mitterrand va déjouer son monde. Il concentre un imposant dispositif de sécurité, laissant ainsi penser aux journalistes que l'ascension aura bien lieu le lendemain. Mais c'est à la roche voisine, celle de Vergisson, qu'il se rend, entouré de sa garde rituelle, Danielle, Kiejman, Hanin, Lang, et, glissé à bon escient dans l'escouade, un photographe qui immortalisera la scène : « Je sais, glissera fielleusement le Président, ce que vos confrères vont écrire aujourd'hui, s'il n'a pas fait Solutré, c'est qu'il doit être fatigué. » Ils en seront pour leurs frais.

Diable d'homme, qui aura su faire d'une simple randonnée une escalade médiatique. Homme-diable qui saura prendre la presse à ses propres pièges pour mieux se laisser piéger par elle à toutes fins utiles.

Le prêche vert

Le vert est la couleur à la mode. Le chef de l'État est à Rio, il va profiter de la tribune mondiale qui lui est offerte pour prôner l'écologie sociale : « On ne peut séparer l'homme de la nature car il est la nature même comme le sont l'eau, l'arbre, le vent, le fond des mers (...). Notre devoir, il est le même partout et pour tous, faire que la terre nourricière soit à la fois notre maison et notre jardin, notre abri et notre élément (...). Notre rencontre n'aura pas été vaine si elle permet de faire comprendre aux peuples du Sud que l'écologie n'est pas un luxe de nantis et à ceux du Nord qu'il n'est pas de vraie protection de l'environnement sans aide au développement (...). Le nouvel ordre international sera celui qui saura combiner le désarmement, la sécurité, le développement et le respect de l'environnement (...). » Mitterrand en arrive à une « éthique mondiale » à têtes multiples : « Ne croyez-vous pas que la drogue, la violence, le crime, le fanatisme sont à placer au rang des pires pollutions et que l'une des bio-diversités à protéger sans perdre son temps est celle des cultures et des civilisations menacées d'étouffement ? »

Un discours étrange et pénétrant, mêlant politique et mystique, profane et sacré, alerte et espoir. Un des grands moments du verbe mitterrandien, il n'y en aura plus beaucoup.

Mitterrand, frend doctor

Fin juin, la guerre s'intensifie en Bosnie, à croire que l'histoire s'ennuie si elle n'a pas son quota de drames quotidiens. L'Europe voit resurgir des mots (s'écrit aussi : maux) que l'on croyait enterrés : épuration ethnique, viols, massacres, camps de la mort. Il ne sera même plus possible d'acheminer l'aide humanitaire, les Serbes s'y opposant. Le chef de l'État est au sommet européen de Lisbonne ; il convoque Bernard Kouchner en déclarant : « Le complot européen nous prend à la gorge. » Dans la nuit, le *french doctor* et le ministre des Affaires étrangères vont organiser le plus impromptu et le plus risqué des voyages présidentiels. Le lendemain, ils s'envolent pour Split. Le matin suivant, un hélicoptère les prend pour les déposer à Sarajevo.

La visite la plus inattendue, donc la plus médiatique de la décennie, n'aura duré que six heures, mais elle a fait trembler dans les chaumières. La presse, pour une fois unanime, vibre d'émotion : « Gonflé » fredonne *Le Parisien*, « Le coup du Père Térésa » module *Le Quotidien*, « L'électro-choc » vocalise *France-Soir*, « Globe-trotter de la paix » reprend *La Nouvelle République*. *Le Soir* décrochera la timbale en entonnant, de Bruxelles : « Il l'a fait. »

Effectivement, il fallait le faire. En ces temps où les paroles s'envolent mais où les exploits restent, le discours des faits est encore le plus parlant.

Comme il avait su le faire en 85 à Nouméa, en plein état d'urgence sur le Caillou, à Bogota en 89 en pleine lutte contre la drogue, ou à Beyrouth au lendemain du drame du « Drakkar », l'homme à la rose a su forcer la main du destin. L'histoire s'est toujours écrite ainsi, hier à coups de faits d'armes, aujourd'hui à coups de faits médiatiques. Mitterrand jaillissant d'un blindé de l'ONU sur l'aéroport de Sarajevo, sans un regard pour les militaires serbes qui l'occupent, rendra, pour un instant fugace et cependant inoubliable, leur fierté aux Français.

Je reste, moi l'homme des coups et des envolées publicitaires, frappé par le poids des photos. Un album de Dieu nous en apprendrait plus sur cet être étrangement caché que ses discours, si admirables fussent-ils. Mitterrand avec Kohl à Verdun, à Beyrouth en pleine fièvre, dans Paris en balade avec son ami Pelat, dans le jardin de l'Élysée seul avec son chien. Il y aurait des dizaines d'instantanés qui trahiraient mieux l'homme que toutes les allocutions par définition soigneusement échafaudées.

Savoir se construire un panthéon d'images fait partie des nécessités. La République est comme les royautés ; elle a simplement remplacé les peintres de cour au talent d'exception parfois — Vélasquez pour n'en citer qu'un — par des photographes qui sont davantage à l'affût des photos indiscrètes et interdites que Vélasquez, qui peignait des âmes et des gestes. Rares sont les photographes — Depardon, Cartier-Bresson — qui se veulent serviteurs de leurs modèles.

L'autre vainqueur du jour, c'est Bernard Kouchner : l'aventurier du cœur devenu le diplomate de l'urgence trouvera là une consécration forgée depuis vingt ans sur tous les barouds du monde.

« Je suis venu ouvrir une porte, dira calmement le Président, entre deux salves de mortiers, je ne suis pas venu en négociateur, d'autres ont été mandatés pour cela, mais pour m'informer (...). Cette ville est isolée du reste du monde tandis que des obus tuent sa population. Toute démarche humanitaire commence par une liberté de circulation. Il faut donc que l'aéroport soit ouvert. J'espère qu'il sera possible de l'ouvrir par un accord amiable. Si tel n'est pas le cas, il faudra envisager des moyens militaires. Il ne s'agit pas de déclarer la guerre à quiconque mais de protéger une population (...). La France et moi-même avons une grande estime et une vieille amitié pour le peuple serbe. Cela nous laisse d'autant plus libres pour dénoncer des actes qui ne respectent plus la personne humaine. »

Et le Président s'en ira déposer une rose à la mémoire des victimes d'une tuerie aveugle et inutile survenue un mois plus tôt : « Je ne suis pas venu vous apporter l'illusion. Les institutions internationales sont des monuments très lents à bouger. Cependant, je crois en la force symbolique des actes. J'espère que celui-ci pourra saisir la conscience universelle sur ce drame humanitaire. »

L'opposition elle-même ne gâchera pas ce moment d'exception. Chacun ira de son satisfecit. Longuet : « Hommage au panache », Stasi : « Quand un chef d'État s'expose personnellement et physiquement, il faut tirer son chapeau et saluer son courage », Pasqua : « C'est bien et c'est bien de n'avoir demandé à personne. » Drôle de Pasqua, éternel ennemi, éternel complice.

Mais l'histoire n'est pas toujours celle qu'écrit l'actualité. C'est lors de la réunion avec le Président bosniaque et Lewis McKenzie, le commandant en chef des troupes de l'ONU, que sera révélée au Président et à son entourage la réalité des camps d'extermination. Hélas ! lors de la conférence de presse quelques minutes plus tard, il n'y aura pas un mot sur l'inacceptable horreur. Le vrai message à délivrer au monde était pourtant bien celui-là, mais il eût trop choqué. Un bon Samaritain ne peut être messager de l'enfer.

Le pouvoir de dire oui

François Mitterrand lance la campagne officielle du référendum sur l'air connu de je suis le Président de tous les Français : « Il n'y aura ni vainqueur, ni vaincu, pas de bons ou de mauvais Français. » Les premiers sondages sont favorables, 37 % de oui, 23 % de non. La majorité revenant à l'abstention : 40 %, mais l'Europe est coutumière du fait.

Le 14 juillet permettra au chef de l'État de redevenir militant : « Dire non serait casser l'Europe (...). Un refus de la France apparaîtrait comme une négation de tout. »

« Mitterrand à Vichy »

Changement de décor, deux jours plus tard, l'ancien fonctionnaire du Maréchal commémore tristement le quarantième anniversaire de la rafle du Vel' d'Hiv'. Le Président grave et solennel, kippah sur la tête, s'avance pour déposer la gerbe de circonstance lorsque des : « Mitterrand à Vichy », montent soudain de la foule. Robert Badinter s'empare alors d'un micro et éclate : « Je m'attendais à tout sauf au sentiment que j'ai ressenti un instant : vous m'avez fait honte. Vous m'avez fait honte, taisez-vous ou quittez aussitôt ces lieux de recueillement. En pensant à ce qui s'est passé là, vous m'avez fait honte. Il y a un moment où il est dit dans la Parole : " Les morts vous écoutent. " »

Et les applaudissements couvrirent les huées. Qu'il est bon de savoir que l'éloquence peut encore calmer la connerie... Jusqu'à quand ?

Dieu parle au ciel

Le 29 juillet, retour au calme et envolée céleste. Dieu s'entretient en direct avec le colonel français Michel Tognini, à bord de Soyouz TM 15 :

« La conquête de l'espace, c'est la maîtrise de l'avenir. La réussite de ces vols représente une avancée pour l'humanité si considérable que rien ne peut passer avant cela (...). Quand on est cosmonaute, on devient universel (...). Vous serez dans la mémoire de millions de vos compatriotes. »

Dieu rêve-t-il d'être cosmonaute ?

L'actualité décidément ne respecte plus rien. Voici trois étés que la trêve aoûtienne est bafouée : le Golfe, puis Moscou et cette année Sarajevo, « la honte de l'Europe » comme l'a désignée Helmut Kohl. La gent politique s'agite et demande que la France s'engage plus avant. Lang, Dumas et Kouchner calment le jeu : « Toute forme d'aventurisme serait meurtrière : on ne joue pas avec nos soldats comme avec des soldats de plomb » et les va-t-en guerre se font traiter de « machos des plages qui jouent trop aux jeux vidéo ». Le Président reprendra l'argument à sa manière : « Ajouter la guerre à la guerre ne résoudra rien. »

Sorbonne show

Septembre sera sous les *sunlights*. Le Président fait sa rentrée à la Sorbonne face à Guillaume Durand qui fait la sienne sur TF 1. On a mis les petits plateaux dans les grands. *Close-up* Durand-Mitterrand, dialogue avec un panel de Français, interview à trois micros menée par July, Carreyrou et d'Ormesson, message d'amitié (et de soutien référendaire) d'Helmut Kohl, et, en vedette, *mano a mano* avec Philippe Séguin. C'est l'épreuve idéale pour l'hôte de l'Élysée. Il a choisi lui-même, après moult négociations, ses contradicteurs, tous également policés, intimidés et respectueux, pour ne pas croiser trop durement le fer, mais également brillants, afin que la lumière de Dieu scintille de tous ses feux.

Le choix de Séguin vaut de l'or : il rabaisse les éternels prétendants Giscard et Chirac et ne peut que rehausser, avec le niveau du débat, l'image du Président. Dis-moi avec qui tu débats, je te dirai qui tu es.

Titre de la pièce : « Aujourd'hui l'Europe », sujet imposé.

Premier acte, Durand joue les faux candides, mais le Président ne s'en laisse pas conter et contre en pédagogue passionné : « Chacun a estimé que l'Europe était suffisamment connue, c'est une erreur d'appréciation. On voit bien, au moment où, pour la première fois, on s'adresse au peuple pour qu'il décide, on lui donne, on lui restitue son pouvoir, on s'aperçoit qu'il y a un travail pédagogique d'éducation, d'explication considérable à faire, parce qu'on a pris trop de retard. Espérons qu'on le comblera. »

Deuxième acte, le face à France. Ce sera le moment d'émotion. Du prof d'art plastique, partisan du oui, à l'étudiant qui crache son catastrophisme, en passant par le paysan qui entre deux sanglots dit que l'Europe va le tuer ou l'agent d'assurances pas très rassuré, aucun ne manque des visages de la France profonde. Entre deux questions convenues fusent les vraies interrogations :

« Et si c'est non, resterez-vous ? » dit l'un d'eux.

Le Président devient soudain grave et répond :

« Si les Français devaient tromper mon espérance, eh bien j'aborderais franchement la question. »

Troisième acte, le panel de journalistes. C'est Jean d'Ormesson qui affrontera l'épreuve, je dis bien épreuve, puisque chaque interview du Président n'est pour l'interviewer que la recherche de l'exploit qui lui vaudra les titres du lendemain.

« Vous êtes le meilleur et le principal animateur de Maastricht, attaque l'Académicien.

— Vous êtes bien aimable, répond le Président sur ses gardes.

— L'idée ne vous est-elle pas venue de sacrifier votre carrière personnelle à une cause qui la dépasserait de très loin ?

— Cela m'est arrivé. »

L'immortel, soudain troublé — l'écran n'est pas la page blanche —, s'emmêle dans les phrases, avoue que Mitterrand va l'emporter mais devrait quitter néanmoins la scène.

L'hôte de l'Élysée reprend aussitôt l'avantage : « Si c'est le oui, c'est que je ne m'étais pas trompé, c'est donc parce que je ne me suis pas trompé qu'il faudrait que je m'en aille ? Laissez-moi le temps de digérer tout cela... »

Dernier acte, le face-à-face tant attendu, il ne décevra pas. En conclusion, Séguin rappellera à l'hôte de l'Élysée que « la démocratie, c'est entre autres choses l'acceptation par une minorité de la loi de la majorité ! Vous avez connu cette situation, Monsieur le Président, je la connais en ce moment...

— Chacun son tour, coupe Mitterrand.

— Chacun son tour... merci de m'ouvrir des perspectives radieuses ! » reprend Séguin sous les rires de l'assemblée.

Et voilà comment on jette un pavé dans la mare de ses opposants en consacrant en trente minutes de débat une nouvelle tête d'affiche. Dès les jours suivants, le Président ne se privera pas de dire : « Cet homme est promis à un grand avenir. » En privé, pour que la chose soit à coup sûr diffusée.

L'émission sera la dernière grande apparition mitterrandienne réussie. Mutation sociologique oblige, il n'y aura pas l'humour, la modernité, l'écoute de la première mourousienne. Un autre style, plus perméable à cette époque aussi avide de classicisme et d'urbanité qu'elle l'était sept ans plus tôt de nouveauté et de provocation.

L'émission phare a joué son rôle. Le oui qui chutait se stabilise, la cote présidentielle remonte. Les Français n'auront donc jamais été aussi européens que ce jour-là. Les rares simulations qui, plus tard, s'amuseront à faire revoter Maastricht verront triompher le non.

Le destin frappe à la porte

Quelques jours après, le destin frappait à la porte du palais : l'homme à la rose entrait à Cochin pour une première opération de la prostate. À une semaine du vote, certains y verront une manœuvre. Pour mieux empoisonner les esprits, on saura très vite que l'opération chirurgicale n'avait rien d'urgentissime. Mais qu'importe la date, l'hospitalisation était inévitable. Le Président a un cancer. Dieu est donc mortel, voici qui, plus que tout autre geste, va le rapprocher des hommes.

Le 20 septembre, en allant voter à Château-Chinon, le Président confie : « Je savais bien que je prenais un risque considérable, je savais bien que le Parlement serait largement favorable au traité de Maastricht, mais il est des circonstances où il faut consulter le peuple. » Le remède à son anxiété viendra dans la soirée : deux électeurs sur trois se sont exprimés et le oui l'emporte de 590 000 voix.

Une victoire sur le fil qui permettra à Villiers de fustiger un « oui penaud, étriqué, essoufflé et piégé par l'avenir ». Mitterrand n'est pas dupe : « On s'en tire. Mais il faut raser les murs. »

Comme à la sortie de chaque élection, le Président est vanné ; son opération s'est bien passée mais elle a laissé des traces. Il suffit de jeter un œil sur le calendrier écrémé des trois semaines suivantes pour juger de sa fatigue. Mais le plus mal en point reste le parti. « Le PS a fait son temps », clame Marie-Noëlle Lienemann. Le pire est qu'elle n'a pas tort.

L'affaire du sang a contaminé Fabius, il est sous perfusion jusqu'en 2002. Seul le franc, pourtant très attaqué, résiste. Bérégovoy en a fait son cheval de bataille.

Mauvais sang

Début novembre, le fringant Clinton remplace l'ennuyeux Bush, l'Amérique prend un coup de jeune. Raison supplémentaire pour le chef de l'État de s'exprimer à nouveau, le 9, sur TF 1 et France 2. Il était temps, la presse n'est qu'un mur des lamentations.

Deux mots sur sa santé : « Peut-être serai-je amené à me ménager un peu plus. »

Trois mots sur le nouvel hôte de la Maison-Blanche : « L'arrivée d'une nouvelle génération aux États-Unis d'Amérique laisse annoncer qu'on va passer à d'autres façons de voir. »

Quatre mots sur la cohabitation : « Je ne l'appelle pas de mes vœux, c'est le peuple qui décide et je suis là pour exécuter ses décisions. Je serai honnête avec le suffrage universel. »

Mais le cœur de l'intervention sera réservé aux hémophiles : « C'est un drame épouvantable pour ces familles (...), une sorte de pardon de la nation leur est dû (...). Je n'ai pas à décider qui est responsable et qui est coupable ou qui ne l'est pas (...), mais je peux constater des défaillances, des dysfonctionnements dans le fonctionnement de l'État et, dans ce cas-là, il faut les corriger. » Cela ne suffira pas à apaiser les esprits. 85 % des Français se disent mécontents des jugements rendus et souhaitent que les ministres soient traduits devant la Haute Cour.

L'émotion s'est faite drame, ces ministres ont agi au mieux de leur savoir, toute personne bien informée en est convaincue mais laissera faire la vindicte populaire. Cette injustice supplémentaire ne rendra pas la vie à ceux qui l'ont injustement perdue.

Dans l'ensemble, le Président a été bon, vif, combatif, exhaustif. Le dernier monstre de la vie politique est encore bien vivant. 53 % des téléspectateurs présents ont aimé contre 41 % de déçus : le Président a retrouvé pour un soir sa majorité.

Une majorité qui n'est que présidentielle. L'hôte de l'Élysée n'entraînera pas le PS dans son courant de sympathie. Pire, il l'y noiera. La rupture est désormais consommée entre le parti et son mentor. Eux c'est eux, moi c'est moi.

La gerbe de trop

Le 11 novembre, le chef de l'État dépose une gerbe sur la tombe du maréchal Pétain. « Moi, je ne l'aurais pas fait », dit Giscard, tandis que Delors invoque le devoir de réserve et que Chirac s'avoue choqué. Pourquoi cette gerbe de trop ? Parce que l'homme à la rose est respectueux de l'histoire ; ses fleurs étaient destinées au héros, mais la classe politico-médiatique n'a voulu y voir que le traître. Chacun est plusieurs, mais les censeurs ne retiennent jamais que le personnage susceptible de nourrir leur vindicte. Il faut bien que la haine trouve sa pâture. À moins que ces roses cachent d'autres épines, fichées au cœur même de son histoire.

Le sac de trop

Début décembre, la présidence annonce l'envoi de troupes en Somalie et demande au ministre de l'Action humanitaire de superviser le déchargement de la cargaison de riz collectée quelques semaines plus tôt dans les écoles. Kouchner, en *battle-dress* Lanvin, un sac sur l'épaule, ne se fera pas ce jour-là que des admirateurs. L'ubiquiste *french doctor*, devenu petit fier des pauvres, se fera tancer par les esprits chagrins. C'est l'heure des vœux, à la fin d'une année que le Président aurait souhaitée différente et à l'aube d'une nouvelle qu'il souhaiterait sûrement, *a posteriori*, n'avoir pas connue. Mais la règle du jeu de l'histoire est qu'elle choisit pour vous. Reste à négocier les courbes le mieux possible : « Saluons d'abord l'audace et la sagesse. La sagesse est celle des chefs d'État américain et russe qui signeront dans trois jours un accord portant sur la réduction en dix ans des deux tiers de leurs armes stratégiques. L'audace est celle de l'Europe puisque demain, 1er janvier 93, les frontières disparaîtront entre les douze pays de la Communauté. Je vous en parlais, ces dernières années, comme on parle d'une espérance, eh bien demain ce sera fait (...). Par bonheur, la géographie a placé la France au centre de cette Europe-là. Elle y gagnera encore en influence. »

À ce discours lyrique, il fallait un post-scriptum plus prosaïque : « Un dernier mot, j'espère que personne ne songe à s'attaquer aux acquis sociaux. » L'hôte de l'Élysée a donc admis la cohabitation, il a même, d'une phrase, préféré le pays à l'alternance. Tout est en place pour le lever du rideau de 93.

Béré va s'engager dans sa dernière campagne. Lâché par les tenants historiques du PS, il va sortir de sa manche ses deux jokers : Tapie et Kouchner. Un vrai tournant pour la gauche, et pour ceux qui s'y voyaient cartes maîtresses. L'étaient-ils vraiment encore ?

1993
L'ANNÉE TRISTESSE

L'année démarre très « veillée des chaumières ». Les Bush, pour leur dernière réception officielle à l'Élysée, demandent à garder le menu. Souvenirs... souvenirs. Le 4 janvier, le froid a déjà tué quinze personnes dans notre beau pays. Qu'importe, le SDF n'est pas encore le malade à la mode, il faudra un hiver de plus avant que l'étrange lucarne filme quelques sans-abri sans vie. Alors notre conscience s'éveillera, les dons pleuvront, les politiques promettront.

Usure, vous avez dit usure? Le bilan mitterrandien 92 est pire que le précédent : 54 % de cote négative, deux lourds points de plus qu'en 91. Quant à sa cote personnelle, elle dévisse : 31 %. Vivement le sang neuf de la cohabitation! Elle va une fois de plus chasser l'anémie des sondages. En auscultant les points d'image négatifs et positifs du Président, on découvre un malade pas si mal portant.

Au passif : chômage (89 %), immigration (75 %), pouvoir d'achat (75 %), lutte contre la hausse des prix (50 %). Autant de pavés dans la mare du futur Premier ministre.

À l'actif : la défense des libertés (66 %), la place de la France dans le monde (63 %), la construction européenne (53 %). Autant de prérogatives acquises à tout Président cohabitationniste. Pourquoi se plaindre? Les vœux de début d'année seront donc politiquement et personnellement toniques. François Mitterrand commence publiquement son cancer. Il va même se servir de l'inexorable mal qui le ronge pour redonner de la force à son combat.

Tropique du cancer

Cancer. Le mot fatal est lâché. Pas un Français qui ne frémisse à son énoncé. Comment, en exorcisant leur peur à travers le mal de leur Président, ne se seraient-ils pas soudain trouvés plus proches de lui ? « Je ne prétends pas être en forme, soliloque-t-il auprès des journalistes. Vous savez, on en prend un coup dans ces cas-là. Je suis plutôt du côté de ceux qui ont de la chance : je traverse aussi bien que possible ce plan de rencontre avec la maladie. J'ai des difficultés parce que je n'étais pas habitué. J'ai calculé que depuis l'âge de onze ans je ne suis pas resté plus de quarante-huit heures au lit pour cause de maladie (...). Souffrir ? Non, pas vraiment. Mais je sais que si ça tourne mal, il faut que je serre les mâchoires... La mort, à soixante-quinze ans, se fait plus pressante. Il faut bien qu'elle trouve un moyen de déboucher... Mais le plaisir d'être malade, c'est qu'on rencontre toujours Molière. Les médecins font des calculs, on ne comprend pas toujours ce que cela veut dire. Pour le cancer, il y a des " marqueurs ", il y a deux signes majeurs, celui qui dit s'il y a des métastases et celui qui dit si l'organe est atteint. À moi on a dit que le PSA — c'est en anglais — ne devait pas dépasser 5 et quand j'ai été opéré j'en avais 75 ; maintenant j'en ai 25. Mon organe n'est pas encore tranquille mais il n'y a pas de métastase ! Il n'y en a pas pour l'instant. Les autres organes ne sont pas atteints et je suis cela avec beaucoup d'intérêt, curieux de savoir quel sera le premier (...). Messieurs, vous êtes tous, vous aussi, à la merci de cela ! »

Quant à l'autre fléau qui le guette, il le brave : « Je ne leur ferai cadeau d'aucun jour. Ils disent qu'ils vont me couper l'eau et l'électricité, tant mieux. Je boirai du vin et je travaillerai mieux à la bougie (...). Ils peuvent bien être six cents élus de droite à l'Assemblée, je resterai. Au contraire, ce sera plus facile. Plus ils sont nombreux, plus ils feront d'erreurs. »

Un mal ne va jamais seul, la France est, elle aussi, souffrante. À la misère physique s'ajoute en cascade la misère morale de politiques trop avides. Léotard fait l'objet du non-lieu le plus féroce de l'histoire de la justice. Le maçon est au pied du mur. Juppé se fait offrir la pub de son dernier livre par Jean-Claude Decaux. Noir est noir et la gauche pas plus rose. Georgina Dufoix passe au scanner. Le mal est bel et bien contagieux. L'argent s'est fait maître en tout lieu.

D'Artagnan pas mort !

Le 19 janvier, le Président repart en campagne, le résultat des futures législatives est entendu mais lui ne l'entend pas de cette oreille. De son îlot élyséen, il ferraille sans un regard pour le raz-de-marée annoncé de l'océan adverse : « Je n'ai pas entendu dire qu'on voulait supprimer le SMIC, remettre en cause la retraite à soixante ans, revenir sur le système de la répartition de la Sécurité sociale ou [installer] une protection sociale à deux vitesses. Non, je n'ai rien entendu. Ou bien c'était assourdissant (...). Il faut bien qu'il y ait des idéologies et des tendances politiques qui défendent le droit du plus grand nombre et du plus modeste contre ceux qui, détenant les privilèges, ont tendance naturellement à les conserver (...), le socialisme est la réponse moderne à cette question. »

Nouveau riche ou ancien pauvre ?

Tapie avait reçu en cadeau de Noël sa réintégration en son ministère. Bérégovoy s'en explique à « L'Heure de vérité » :

« Il est né dans le même milieu que moi. Il a voulu réussir. Il est pour les jeunes un exemple de dynamisme et de combativité. »

On ne sort pas d'une enfance menée à la dure par un père communiste et chauffagiste à La Courneuve sans respecter son prochain. Le mépris est un atavisme de riche. Or, Bernard a ses origines dans le sang, l'intelligence de l'instinct plus que celle de la culture, un charme plébéien plus qu'élégant, une gueule plus gueule que belle. Cette dualité le met hors jeu de notre société. Il le sait, il en souffre : « Pour les riches, je suis un paria, pour les prolos un capitaliste. Autrement dit, socialement je ne suis nulle part. »

Le 8 février, l'homme à la rose reprend son jeu de massacre préféré, la valse des prétendants : « Je n'appellerais pas un Premier ministre qui serait défavorable à la construction de l'Europe. » *Exit* donc Séguin qui en rêvait, mais aussi, dans la foulée, Pasqua et Villiers. Restent Chirac, Giscard, Balladur, Barre, Juppé ou un joker toujours annoncé mais jamais choisi.

Sourde aux mesquines supputations nationales, la Terre continue de tourner, entraînant dans sa ronde le chef de l'État. Le voici du 9 au 15 février au Vietnam et au Cambodge où les pancartes populaires l'orthographient Mitterang. « Je suis ici, annonce-t-il, pour clore un chapitre et plus encore pour en ouvrir un autre. »

La réponse de radio khmer rouge vaudra son pesant de riz, elle comparera Dieu à « une créature démoniaque, puante, exécrée, méprisée, et isolée ». Venant d'où elle vient, c'est un hommage...

Le chef de bang

Le 17 février, Rocard lance l'appel de Montlouis et propose aux militants, d'abord ébahis puis ravis, un « big-bang politique » : « Vaste mouvement ouvert et moderne, extraverti, riche de sa diversité, qui fédère tous ceux qui partagent les mêmes valeurs de solidarité (...). Il appelle tout ce que l'écologie compte de réformateurs, tout ce que le centrisme compte de fidèles à une tradition sociale, tout ce que le communisme compte de véritables rénovateurs et tout ce que les droits de l'homme comptent aujourd'hui de militants actifs et généreux. »

Le simple mot de big-bang, parce que neuf en politique, va réveiller les espoirs. Ce n'est ni le premier ni le dernier essai d'ouverture depuis France Unie, chaque politique a poussé son cri d'union mais jusque-là aucun n'avait trouvé la bonne formulation. Déjà les amis et néanmoins concurrents s'inquiètent : Bernard Kouchner lance mi-figue mi-raisin : « Michel, cher iconoclaste, la fenêtre s'ouvre et vivent les courants d'air ! » Le Président plus sceptique encore ne mâchera pas ses mots : « Une bonne formule suffit à créer l'événement, même si elle est creuse. » Il ajoute : « Rocard se trompe d'élection. Dans une législative, on rassemble d'abord les siens. Après on ouvre. »

Les formules ne sont jamais creuses, elles obligent seulement à être remplies à hauteur de l'espérance qu'elles lèvent. Hélas, l'homme de Conflans n'est plus ce qu'il était — l'usure d'avant-pouvoir existe elle aussi. Il ne trouvera jamais le souffle de la dernière ligne droite où se gagnent les marathons. Le chef de gang de la fin des années 70 n'est plus qu'un chef de bang.

Big flop

Le lendemain, le Président est sur France 3 pour deux 19-20. En politique, la concordance des dates n'est jamais fortuite. L'ex-Premier ministre a voulu, en lançant son appel la veille, couper l'herbe sous le pied de son éternel rival. La guerre est à nouveau déclarée.

Rocard a visé juste. À croire qu'il a retenu les leçons mitterrandiennes : il a parlé le premier, il aura donc raison. Pour le chef de l'État, ce sera le « big flop ». Ses deux heures successives de télévision marqueront moins les esprits que le simple big-bang rocardien. Pourtant, tout avait été agencé pour frapper les esprits. L'interactivité est la tarte à la crème du moment : la communication présidentielle va donc s'en emparer. Pour la première fois en France, un homme d'État répond en direct aux seules préoccupations des Français posées par Minitel. Le principe est simple : 22 888 questions ont nourri le serveur mis en place par France 3 selon trente thèmes établis par la rédaction. Les interrogations sont triées et deux sont retenues par région : le Président va faire un tour de France en studio.

Au Toulousain qui se plaint des méfaits de l'automatisation, il traduit : « Nous n'y pouvons rien, on ne peut pas se battre à reculons. » Et explique qu'en revanche on peut compenser le manque de scrupules de certains patrons par des plans de reconversion.

Face à la Francilienne qui déplore que les petits boulots soient occupés par les immigrés, il gifle : « Madame, quand un immigré a été accepté par notre communauté nationale, je lui reconnais tous les droits d'un être humain et d'un travailleur. »

Le dialogue coulera ainsi les soixante premières minutes, sur un mode « café du commerce », balayant l'Hexagone de la Lorraine au Bordelais, de la Bretagne au Roussillon. Seul vrai moment de flamme, l'emportement de l'ex-premier secrétaire du Parti socialiste : « J'aimerais en finir avec cette phrase que l'on dit souvent : François Mitterrand laissera le PS dans l'état où il l'a trouvé. Quand je l'ai trouvé, il venait de faire 5 % à l'élection présidentielle. Aujourd'hui il est autour de 20 %. Moi, je n'ai jamais réussi à le mener à plus de 23 %. Atteindre un quart des électeurs, c'est très bien. 20 %, c'est un beau résultat, même si ce n'est pas assez. »

L'audience de la première émission est honnête, sans plus ;

six millions de Français ont regardé François Mitterrand en début de programme, mais dès l'arrivée du « Bébête Show » sur la Une, les 19,4 % d'audience de F 3 ont chuté à 11,7 %. Dieu a battu le Président. L'hôte de l'Élysée ne s'est d'ailleurs pas senti à l'aise, il s'en plaint à ses conseillers : « J'ai éprouvé une sorte de manque, il y avait beaucoup de questions et on ne peut pas les traiter à fond. » Le lendemain, il sera plus mordant.

Un Bourguignon le titille-t-il sur les affaires qu'aussitôt il rembarre : « L'immoralité ne date pas d'hier (...). Sur cinquante-huit personnes ou parlementaires incriminés dans les affaires judiciaires, trente sont dans l'opposition et vingt-huit relèvent de la majorité présidentielle. J'entends beaucoup plus parler des deuxièmes que des premiers. »

Une épouse d'hémophile l'interpelle, il en profite pour soutenir Fabius : « Je trouve très injuste qu'on le mette en cause de la manière dont on le fait. »

On en arrive à Pelat et Bérégovoy, il désoriente : « Un ministre des Finances qui a besoin d'emprunter, ce n'est pas si mal que ça. J'en connais d'autres qui ont de quoi. Quand il s'agit d'un homme intègre comme lui, j'éprouve comme une sorte de souffrance à le voir mis en cause pour une affaire où il a su se montrer ferme et reconnu comme tel par tous les spécialistes. » Mais le rythme de l'émission ne correspond en rien au ton présidentiel, gagner une suite de points trop faciles ne suffit pas à enflammer les tribunes : c'est raté.

L'adieu aux armes

La défaite aux législatives est inéluctable. À quatre jours du scrutin, le 24 mars, le Président préside le dernier Conseil des ministres de gauche. Combien d'années faudra-t-il attendre pour que le fait se reproduise ?

Les quarante et un membres du gouvernement sont là,

plus émus que studieux. Le chef de l'État, dans un silence de funérailles nationales, va retrouver son lyrisme actif :

« Notre défaite n'est pas due à une erreur d'aiguillage mais à l'usure. Dans le monde, les gouvernements en général, et ceux de gauche en particulier, ont du mal (...). Jamais la presse n'a été aussi grande, jamais la justice n'a été aussi libre ! Voyez comme on est mal récompensé, nous en sommes les premières victimes. Certains juges aiment à être serviles, mais plutôt avec la droite. Qu'on soit tombé sous les coups de la liberté n'est pas grave, ce qui le serait davantage, c'est d'être tombé par naïveté (...). La droite risque d'être emportée par la logique des classes (...). Car je crois qu'il y a encore des classes, il y a toujours des dominants et des dominés, et des riches qui veulent être encore plus riches. Croyez-vous que quand la droite sera au pouvoir les forces sociales ne vont pas exercer sur elle des pressions et que le patronat ne va pas en exercer aussi pour déréguler ? Il ne faut pas s'illusionner. La droite restera la droite. On m'a moqué quand j'ai parlé de la défense des acquis sociaux. Mais on s'apercevra qu'ils existent quand la droite va s'y attaquer (...). Je resterai, je ne céderai pas à l'offensive d'une forte majorité. Parce que c'est mon devoir d'homme d'État et parce qu'on ne voit pas aujourd'hui comment l'un d'entre nous pourrait être élu dans le cadre d'une élection anticipée. Jusqu'au dernier souffle, je serai avec vous. Je ne me laisserai pas enfermer dans une ratière, ni égorger dans l'ombre. Tout sera porté sur la place publique. La seule limite est mon état de santé. Certains disent que je serai seul face à la droite, mais on n'est jamais seul devant la vie, sauf quand vient la mort (...).

« La défaite, c'est comme lorsqu'on vit un deuil. On croit qu'on ne s'en remettra jamais, comme si les forces de l'amour l'emportaient. Mais qu'y a-t-il de plus fort que les forces de l'amour sinon les forces de la vie ? Ça va être dur mais il faut que vous continuiez à militer en oubliant les stratégies individuelles. Il faut se battre et lutter de toutes ses forces.

Cela va prendre du temps. Moi-même j'ai mis quinze ans pour reconstruire le PS. Il faut retrouver les valeurs, le sens de notre combat historique. Les plus jeunes d'entre vous ont encore tout leur avenir. L'espérance n'est rien sans la volonté humaine qu'il faut transformer en volonté politique. Il faut que vous retrouviez le sens du combat collectif, la chaîne des combattants du socialisme. »

Connaîtra-t-on jamais Président plus romantique ?

C'est le cœur battant la chamade que l'équipe Mitterrand II se disloquera ce jour-là. Elle ne retiendra rien du discours sur la montagne. De coups de Jarnac en coups de poignard, elle va aussitôt se suicider, en croyant tuer le père. La rose se meurt.

Le 28 mars est un jour noir pour la gauche. Les socialistes ne sont plus que cinquante-quatre dans la nouvelle Assemblée, ils étaient deux cent quinze à l'orée de la première cohabitation. 17,4 % des voix pour le PS : le verdict est sévère. Les Français sont ainsi, ils font toujours payer très cher les manquements à leurs rêves. L'espérance de 81 avait été trop belle, celle de 88 jouait les rattrapages mais déjà s'enfuyait. Le réveil ne pouvait qu'être rancunier.

Le lendemain, le Président remercie le plus fidèle et le dernier de ses Premiers ministres, annonce l'arrivée d'Édouard Balladur à Matignon, dessine son pré-carré et conclut : « À la majorité qui s'en va et qu'accompagnent mes pensées fraternelles, je dis qu'au-delà des difficultés du moment viendra le temps du jugement serein sur la période qui s'achève. J'ai confiance dans celui de l'Histoire. À la majorité qui arrive, je dis mon souhait qu'elle sache trouver les voies qui lui permettront de répondre aux aspirations des Français. À vous mes chers compatriotes, je dis : Travaillons, travaillons tous au succès de la France. »

5-4-3-2-1 partez

La bataille pour Matignon a été sourde mais âpre et cependant rien n'a percé. Le Président aime avoir plusieurs fers au feu, ne serait-ce que pour mieux faire apparaître son libre choix. Le jour où le chef de l'État reçoit Jacques Chirac, le maire de Paris va commettre la plus irrémédiable erreur de jugement de sa carrière en laissant sa place à Balladur. Partant de l'analyse que la crise va atteindre son comble et le nouveau « Matignonné » en payer le prix, le président du RPR se voit monter sans encombre sur la plus haute marche du podium de 95. Quelle bévue ! La course à la présidence vient de s'ouvrir et le favori n'a pas pris le départ.

La nature a horreur du vide, les Français, en manque de nouveauté depuis des mois, vont mordre au style Balladur. Discrétion, onctuosité, distance, courtoisie, mais en toute fermeté, la France a perdu un gazier et trouvé son prélat. Normal, la mode est à la rondeur. Des caméscopes aux aspirateurs, des canapés aux téléviseurs, des voitures aux pots de yaourt, c'est à qui sera le plus bio. Le Premier ministre, que tout le monde dit démodé, est on ne peut plus dans le vent. Le plus extravagant est qu'il n'y aura ni choc des esprits, ni amertume des cœurs. Le passage de relais se fera sans pleurs ni heurts. Première habileté du prince Édouard, il a su rendre évident, à force d'être pronostiqué, le choix de sa personne. Depuis trois mois, tous les media proclament le raz-de-marée droitier et l'arrivée du nouveau capitaine. Le jour où, à pied, il rejoint son nouveau bureau, la France n'y voit aucun événement.

Le Président lui-même va changer de ton, sans que nul n'y prenne garde. La politico-philologue Dominique Labbé a décrypté chacun des 305 124 mots utilisés par le chef de l'État entre mai 81 et avril 88, lors de ses soixante-huit entretiens télévisés. Dans cette quarantaine d'heures d'antenne, il a usé du « je » trois fois plus que le général de Gaulle en son temps (lequel fut le personnage le plus cité par Mitterrand dans ses interventions, devant Valéry Giscard d'Estaing et... Yves Mourousi).

Dès mars 93, le « on » cohabitionniste va en partie relayer le « je », alors que le mot le plus prononcé deviendra « histoire ». Un doux aveu. Qui mieux que les mots trahit nos pensées ?

Le 3 avril, le premier Conseil des ministres enterre la hache de guerre : « Vous êtes, nous sommes ici parce que le peuple l'a voulu, au service de la République et de la France. »

« Nous sommes bien là pour cela et pour rien d'autre », répondra en substance le nouvel hôte de Matignon. Les armes sont restées au vestiaire.

Le même jour, Fabius, le fils prodigue, se fait évincer du parti par Rocard, le fils renié. Le PS est à sang et à feu ; Delors, de Bruxelles, en tire les marrons et voit aussitôt sa cote remonter. Au royaume des sondages, les absents ont toujours raison.

Aussi faut-il se méfier d'eux et ne pas confondre, comme la presse en fait usage, popularité et vote. Aucun pays au monde n'est plus influencé que le nôtre par les cotes d'amour, mais il faut se garder de confondre la logique de la renommée, fondée sur le consensus, et la logique de l'urne basée sur la mobilisation. Simone Veil, Madame 7 % des élections européennes de 89, ou Raymond Barre, le dégringolé de la présidentielle de 88, en sont les preuves vivantes.

Mort à crédit

Le 1er Mai, deux « morts voulues » vont endeuiller la France. La première passera inaperçue. Il n'avait pas trente ans et ne supportait plus le regard des autres sur sa déchéance. Il était chômeur, le jour de la fête du travail il s'immolera par le feu.

Le deuxième était un honnête homme que les media, pour leur plus grand tirage, avaient traité de malhonnête. Lui ne supportait plus ce regard de la presse sur la seule ombre d'une vie de dévouement. Aussi préférera-t-il la priver de ses joies à défier son honneur.

On aurait pu espérer que le remords aurait conduit les journalistes à l'examen de conscience. Peine perdue, il s'en trouvera même, et d'abord Carreyrou, pour accuser, dès le lendemain du drame, le Président d'avoir lâché son ami de toujours. La réponse de l'intéressé ne se fera pas attendre.

Le visage du Président est plus blanc encore qu'à l'accoutumée, mais aujourd'hui c'est de rage. La cérémonie vient de s'achever. En fond de scène, la cathédrale de Nevers dresse son rideau de pierre. Il s'adresse à la foule glacée :

« Je parle au nom de la France lorsque j'exprime ici le chagrin que nous cause la mort d'un homme dont chacun savait, ou percevait la qualité, qualité rare faite de courage, de désintéressement, de dévouement au bien public. Je parle au nom de la France lorsque je dis devant son cercueil qu'avec Pierre Bérégovoy, elle a perdu l'un de ses meilleurs serviteurs et qu'elle prend conscience sous le choc d'un drame où se mêlent grandeur et désespoir. La grandeur de celui qui choisit son destin, le désespoir de celui qui souffre d'injustice à n'en pouvoir se plaindre, à ne pouvoir crier.

« Et je parle au nom de ses amis pour dire qu'ils pleurent un homme intègre et bon, pétri de tendresse et de fidélité, à la fois préparé à subir les épreuves que réserve le combat politique et fragile quand ce combat dévie, change de nature et vise au cœur (...).

« Enfin, Premier ministre, son action m'autorise à redire aujourd'hui la capacité de l'homme d'État, l'honnêteté du citoyen qui a préféré mourir plutôt que de subir l'affront du doute. Toutes les explications ne justifieront pas que l'on ait pu livrer aux chiens l'honneur d'un homme et finalement sa vie au prix d'un double manquement de ses accusateurs aux lois fondamentales de notre République, celles qui protègent la dignité et la liberté de chacun de nous. L'émotion, la tristesse, la douleur, qui vont loin dans la conscience populaire depuis l'annonce de ce qui s'est passé (...) lanceront-elles le signal à partir duquel de nouvelles façons de s'affronter tout en se respectant donneront un autre sens à la vie politique ? Je le souhaite, je le demande et je rends juges les Français du grave avertissement de la mort voulue de Pierre Bérégovoy. »

Les Français, soudain conscients, retiendront leurs larmes, quelques mammifères essayeront d'en tirer profit. Jean Montaldo publiera même une *Lettre ouverte d'un chien au nom de la liberté d'aboyer*. La différence entre les chiens et les hommes est justement que les premiers aboient quand les seconds pleurent.

La première mort de Mitterrand

Le Président mourra là une première fois. Ce drame trop proche, cette injustice trop flagrante, cet hallali médiatique tourneront au dégoût. Il lui semblera soudain ne plus être de ce siècle.

La Force Tranquille se fera l'Homme Tranquille jusqu'à en devenir fataliste. Le règne s'achève ainsi avant l'heure. Le pouvoir va désormais trop haut, trop loin, trop vite, pour qu'une carcasse humaine puisse lui tenir tête plus d'une décennie. Notre Constitution n'est plus de saison.

A star is born

Le 10 mai 93, on ne soufflera pas les douze bougies réglementaires. Le deuil n'est pas mort, même si l'actualité a changé de drame.

Eric Schmitt, alias HB (*Human Bomb*), prend en otages les enfants de la maternelle de Neuilly. En l'abattant à l'aube, la France se sentira soudain plus en sécurité et se découvrira un héros nouveau : Nicolas Sarkozy, les yeux bleuis de noir sans sommeil et le cœur exposé. Le petit homme ira loin.

Le 18 mai, l'hôte de l'Élysée est celui de la SNCF. Il inaugure le TGV Nord pour un premier Paris-Lille. Il n'y a pas de petits combats ; le Président profitera des journalistes présents pour envoyer une pique au Conseil d'État qui grogne contre son idée de délocalisations : « Il faudrait que l'on s'habitue à Paris, du côté du Palais-Royal, à considérer que la province française n'est pas le Kamtchatka ou le désert du Kalahari. »

Le 19 mai, l'homme à la rose, arrive sous les applaudissements au spectacle de l'homme aux chansons. Mitterrand est allé voir Trenet fêter sur scène ses quatre-vingts ans. Le récital anniversaire a été repoussé d'un jour pour coller à l'agenda présidentiel, l'un ne voulant pas rater l'autre et vice versa.

Le 30, c'est Solutré treizième, l'événement n'en est plus un. Le Président lui-même sait que la veine est tarie : « Allez, filez ! Je ne veux plus vous voir », lance-t-il d'entrée aux journalistes. Et dire qu'il fut un temps où l'Élysée conviait discrètement à la marche médiatique le ban et l'arrière-ban des rédactions !

Concubinage notoire

Les derniers jours de printemps batifolent, comme si l'actualité s'était mise en vacances avant l'heure. La cohabitation tourne au concubinage. En ce début juin, Balladur et Mitterrand font conférence commune à Beaune, sous le regard attendri de Kohl qui porte la chandelle. Ce n'est que la routine d'une soixante et unième consultation franco-allemande, mais, une fois n'est pas coutume, l'humour est au rendez-vous. À un journaliste qui les interroge sur les bons rapports entre le Président et son Premier ministre, le trio improvise une réplique de théâtre :
François Mitterrand : « Je vous renvoie à saint Thomas : " Voyez ! " »
Édouard Balladur : « Je crois que saint Thomas dit : " Voyez et touchez " ! »
Helmut Kohl : « En tant que chrétien-démocrate, je trouve très beau le rôle qui est ici joué par saint Thomas ! »
L'anecdote est révélatrice. Très habilement, Matignon, enferme, semaine après semaine, l'hôte de l'Élysée dans les inaugurations, les commémorations et autres célébrations qui sentent le chrysanthème. De son côté, le balladurisme enfle, ralliant intellos et journalistes, patrons et leaders d'opinion et, pour finir, le peuple tout entier. Qu'arrive-t-il au vieux lion, d'ordinaire si prompt à mordre lorsqu'il se sent cerné ? Est-ce la lassitude de l'âge, le mal qui déjà rôde, l'entourage qui s'étiole ?, sa combativité n'est plus la même. Quelle différence à un septennat de distance ! Le consensus consume. À trop bénir son adversaire, le Président se fait béni-oui-oui : « Avec Balladur, ça se passe exceptionnellement bien. Il fait tout avec tact et mesure. Il a vraiment les qualités requises pour sa fonction. »

Le 3 juin, le chef de l'État et la France oublient crise, querelles, échéances. L'Élysée reçoit les vainqueurs de la coupe d'Europe de foot. Elle est, pour le patron de l'OM, pleine de petit-lait : « Vous avez, Monsieur Tapie, fait du bon travail parce que vous aimez ce que vous faites, parce que vous aimez votre sport, et parce que vous aimez votre pays. »

Un mois plus tard, le lait tournera à l'aigre, le feuilleton de l'OM battra tous les *Cœurs brûlés* en Audimat. Emplois du temps obscurs, ragots téléphoniques et magots de fond de jardin, secousses judiciaires et rescousses ministérielles, insultes jetées au vent et caméra jetée en mer : la France va vivre douze mois d'extravagances absolues.

Le 17 juin, François Mitterrand retrouve le Panthéon, le temps d'une rose qu'il dépose sur la tombe du patron de la Résistance. C'est comme si 81 recommençait, l'espace d'un matin : « Mort sans parler, silencieux à jamais, Jean Moulin a laissé dans l'histoire une trace fulgurante. »

Suivra la palpitante réminiscence des combattants de la nuit : « On marchait à tâtons, dans la nuit noire, sans se voir, mais tous étaient guidés par la même lumière, qui se rapprochait à mesure que les jours passaient : la volonté de ne pas déposer les armes avant la victoire commune. »

L'envolée n'éveillera aucune passion même si elle prend *a posteriori* des allures de plaidoyer *pro domo* : « Il est facile, après coup, d'isoler tel ou tel épisode pour l'amplifier ou le gommer, d'interpréter à contresens le comportement des uns et des autres, bref de traiter les combattants de la Résistance comme des héros de roman que chacun aurait la liberté de déchiffrer à sa manière ou à sa guise (...). Notre devoir est de rendre un sens à l'histoire tel que nous l'avons vécue, et dans le cas de Jean Moulin ce sens n'est pas niable, il n'est pas équivoque. »

Équivoque, vous avez dit équivoque !

PPDA KO

Cinq jours plus tard, le chef de l'État est à Tokyo au sommet des pays industrialisés, il s'y montrera si attentionné pour son Premier ministre, à la conférence de presse qui l'unit à Balladur, que les mauvaises langues iront jusqu'à le traiter de « sherpa d'Édouard ».

Récidive le 14 juillet. Le satisfecit présidentiel est tel que *Le Monde* ironise : « La cohabitation idéale ».

Revenant sur le suicide de Bérégovoy et « ses chiens » lâchés à la presse, l'hôte de l'Élysée sera moins conciliant : « C'est une expression qui dit très bien ce qu'elle veut dire (...). [Cette mort est] une leçon cruelle qui sera entendue (...). On a toujours tort de ne pas faire assez. C'est la question que je me suis posée, que se sont posée tous ses amis. »

Quant à Poivre d'Arvor qui osera demander au chef de l'État s'il a bien été le sherpa de son Premier ministre, il se fera férocement remettre à sa place : « Je vous reconnais bien là. Il n'y a pas de doute, la marque de fabrique, ça ne change pas chez un homme. »

Dur, dur, mais la nouvelle la plus cruelle de la journée restera le départ en forme de chanson de Léo Ferré. Le grand anar, en ultime pied de nez, choisira de nous quitter le jour du défilé des militaires. Mitterrand l'aimait bien, ce révolutionnaire jamais guéri de ses révolutions : « Il incarnait la tradition qui depuis le Moyen Âge n'a cessé d'unir la poésie et la musique, le souci de l'art et l'amour du peuple. »

Peut-être l'enviait-il, ce poète qui n'a jamais chanté autre chose que ses opinions !

Le 24 juillet s'éteint à son tour le génie du génie civil. Francis Bouygues sera enterré avec les pompes et les honneurs d'un monarque. Normal, n'était-ce pas le roi du béton et l'empereur de l'audiovisuel ? À sa manière forte et tranquille, il était pour moi une sorte de version paysanne de

François Mitterrand. Certes, brut de décoffrage, un atavisme professionnel, mais doté de cette ténacité, de ce magnétisme, de cette perspicacité qui font les hommes de fer.

Les vacances sonnent, le Président s'envole pour Latche, pour un mois de silence. Balladur, lui, s'est posé à Chamonix. Il usera de l'arrière-plan montagnard du mont Blanc pour s'en accoler l'image. Une fois encore, le Président est aux champs, le Premier ministre à la tâche.

Au boulot

Début septembre, c'est la reprise, après cet août inerte. Le 2, le chef de l'État invite à Latche Shimon Pérès. Il est temps de rattraper l'histoire, la France n'a pas eu sa part d'histoire dans le processus de paix moyen-oriental. Le 9, François Mitterrand s'invite au journal télévisé de France 2. La minute est historique, Yasser Arafat et Shimon Pérès sont à deux doigts d'une signature et prêts l'un et l'autre à parler avec le Président français. Paul Amar essaye lourdement de faire dialoguer directement les deux hommes. Pérès prétexte une panne de son et quitte le studio. La bombe médiatique ne sera qu'un pétard mouillé.

La Corse tranquille

L'homme à la rose ne détèle plus, dès le lendemain il est dans l'île de Beauté : « Je souhaite, je veux que les Corses se sentent maîtres de leurs affaires dans tous les domaines qui relèvent de leurs compétences (...). Oui, que les Corses se saisissent de leurs responsabilités nouvelles (...) sans hésitations ni restrictions (...) mais sans renoncer à vivre, travailler et assurer leur devenir dans la collectivité nationale (...). Rien ne serait pire que le repli. Prenez donc en charge votre destin (...), vous avez raison de le vouloir, mais la République a raison (...), elle, de vouloir demeurer elle-même et de s'enrichir tout simplement de l'identité corse. » Quelques heures plus tard, il résumera : « Que ferions-nous sans vous, que feriez-vous sans nous ? »

Ah ce vieux rêve mitterrandien de la Corse tranquille !

Le 20, le Président est partout. Il se bat avec ces accords qui se GATT. Le lendemain il part pour Gdansk où les Polonais le trouveront plus empressé à vendre des TGV qu'à leur acheter des produits agricoles. Quelques jours plus tard, il est à Lille pour la première de *Germinal*. Il était annoncé dans le train gauche-caviar, celui où le Tout-Paris s'empiffrait avant de verser une larme sur le drame des corons. Prudent, l'homme à la rose a eu le tact de fuir cette obscénité et de s'engouffrer dans le train de l'ordinaire et de la simplicité.

Chien de pub

Fin septembre, c'est guignol. Le labrador présidentiel s'échappe de l'Élysée et s'égare. Les forces de l'ordre se mettent aussitôt en chasse, et reviennent bredouilles.

Une banale histoire de chien perdu sans collier, s'il n'avait été retrouvé grâce à une petite annonce de *Libération*. Quel réconfort pour le pubard que je suis de voir que quelques lignes de publicité sont plus efficaces que la garde élyséenne et la police nationale réunies...

To be or not to be

Le 13 octobre, le chef de l'État décore son Premier ministre comme le veut la tradition qui n'en est pas une : « Ainsi vous avez rejoint vos prédécesseurs. Ensuite, les mérites, c'est l'Histoire qui le dira. » L'Histoire est ainsi devenue la compagne lancinante du chef de l'État. Elle le hante, mais plus il y songe moins il œuvre pour elle, comme si son temps était déjà fait.

Que prouver de plus que la tâche accomplie ? Je me souviens de l'hôte de l'Élysée me confiant en 1983 : « Cette Constitution est bien mal faite, sept ans c'est trop court, quatorze ans c'est trop long. Hélas ! je ne puis proposer, enchaînera-t-il, un septennat unique. Ce serait écarter Valéry Giscard d'Estaing de toute reconquête et je ne m'en sens pas le droit. Quand au quinquennat, il ne peut qu'aller au bout de rien s'il n'est pas renouvelé. Quel risque pour la France. »

Le 22 octobre, Yasser Arafat propulsé « Président provisoire de la Palestine libre » choisit Paris comme destination de son premier voyage officiel. Ainsi remercie-t-il notre pays de ce double jeu bénéfique des relations d'amitié de Mitterrand pour Israël et de l'engagement de Cheysson, son ministre des Affaires étrangères, pour la cause palestinienne.

Ironie du destin. Le terroriste repenti sera reçu en grand apparat par Juppé et Chirac. Sans oublier que le premier avait proféré à son encontre dès février 92 « qu'il n'était pas un interlocuteur permettant de faire évoluer les choses », et sans pardonner au second de s'être déclaré en août 86 non-partisan d'un État palestinien.

« *Une heure de vérité, c'est court* »

La veille de son soixante-dix-septième anniversaire, l'hôte de l'Élysée reçoit en son château Virieu, Duhamel et les autres pour une deuxième « Heure de vérité ». Les Français s'interrogent presque plus sur la forme physique de leur Président que sur sa forme politique.

Mitterrand n'a pas son pareil pour humer l'air du temps et savoir d'instinct composer le personnage attendu. Il saura en quatre-vingt-dix minutes donner l'image rassurante d'un sage face à un monde inquiet. Jean-Yves Lhomeau, son observateur patenté, le décrira dans *Libération* pas encore devenu *Indigestion* : « Toujours bon pied, bon œil et surtout beau langage, clair, pédagogique, sans un tunnel ou un mot de travers, comme on ne l'a pas entendu pratiquer depuis longtemps. »

Pour tout politique vieillissant, le paraître reste bien le message premier. Une banalité lâchée le teint bronzé frappe plus qu'une vérité énoncée les yeux cernés (c'est un expert en la matière qui vous le dit). Mais il y avait bien plus que la musique des mots dans cette prestation présidentielle. Monologue intérieur plus que dialogue avec ses inquisiteurs, les digressions de l'homme à la rose laissaient flotter dans la bibliothèque élyséenne comme un adieu : « Je suis le premier responsable devant l'histoire et nos contemporains du visage que prend et prendra la France. »

Et l'homme à la rose de signer le Livre d'Or : « Une heure de vérité, c'est court. »

La buvette Balladur

Novembre sonne à la porte et avec lui le souvenir. Mitterrand renonce à fleurir la tombe de Pétain. À chacun ses fleurs du mal. Il compense en inaugurant l'aile Richelieu du Grand Louvre. Mieux qu'un musée, c'est un espace à vivre, sévérité et beauté en prime. Chirac et Toubon seront de la fête mais Balladur boudera. Il avait à l'époque retardé les travaux, ne consentant pas à s'expatrier dans le quartier popu de Bercy.

Est-ce pour le punir qu'il a été fait de son ancien bureau la buvette du lieu ?

Allô, allô, allô, la France ne répond plus

L'année se désagrège et avec elle la gauche. À la question mensuelle « Pensez-vous qu'il ferait un bon Président », les Français ont redistribué les cartes : Delors est à 49 %, Rocard à 30 %, Kouchner à 23 %, Lang à 22 %, Fabius à 19 %, Tapie à 14 %.

Il est loin le temps des cerises. Tout s'affadit. À Hervé Bourges, venu lui faire ses civilités avant d'abandonner à regret son titre de star des chaînes publiques, l'hôte de l'Élysée fait remarquer : « À ce que l'on m'a dit, vous faites campagne pour Xavier Gouyou-Beauchamps. » La réponse sera couleur du temps : « Je suis comme vous, Président, je n'aurais rien contre un successeur couleur muraille. »

Les vœux dureront huit minutes. J'entends, ceux aux Français. Le Président, fidèle à la tradition, les renouvellera douze fois pendant la semaine qui suivra. Surprise, le chef de l'État proposera un nouveau Grenelle, cette négociation qui avait clos les manifestations de Mai 68 et révélé Georges Pompidou à son peuple. « Le temps est venu, pour les organisations patronales et les syndicats de travailleurs, d'établir ensemble et au plus tôt les bases d'un nouveau contrat social pour l'emploi. L'État devra les y aider. Il aura à cœur, je l'espère, que cesse cette lugubre course aux licenciements dont sont victimes les salariés. »

L'appel restera sans écho. Premier signe de l'isolement de l'hôte de l'Élysée. Les relais sont coupés.

Pour cet ultime message de l'année, le Président jette toutes ses forces, comme si ce 94 qui va s'ouvrir ne devait pas l'atteindre : « Maintenons cette haute tradition, parlons le langage du progrès et de la liberté. C'est ainsi que l'on nous aime et que l'on nous reconnaît. Chaque fois que je vois l'injustice et l'intolérance avancer, je pense que c'est la République qui recule. »

Justement, l'année qui vient marchera à reculons.

1994
L'ANNÉE CANCER

Sale époque ! Le franc CFA est dévalué, l'Afrique, déjà économiquement exsangue, se saignera un peu plus. La Californie, à peine remise des secousses raciales, subit les soubresauts sismiques. D'ailleurs les derniers baladins nous quittent, Mélina Mercouri, Jean-Louis Barrault, puis très vite Madeleine Renaud qui ne supportera guère une aussi courte absence. Et jusqu'à Rousselet, « tuer » par Édouard, Grossouvre par le dépit, Doisneau par l'âge, tandis qu'enterrant une époque, Nixon et Jackie Kennedy referment la porte des années belles.

Oui, la mort rôde en cette année grise et jusqu'au plus profond de l'Élysée. Année fatale qui s'avance, au mal du Président va se superposer le cancer de l'argent sale. La France y perdra ses dernières illusions. À l'entrée d'une campagne présidentielle, quel drame.

Coït verbal à l'Élysée

L'homme à la rose attaque janvier à pleines forces, pressentant peut-être qu'elles lui seront comptées : « En 1993, 80 millions ont été transférés aux entreprises, sans effet sur l'emploi. Messieurs les chefs d'entreprise, c'était cher payé. Je n'ai jamais vu d'emplois, jamais. » Quant aux

300 milliards de l'assurance-chômage, « on peut imaginer que de telles sommes pourraient être employées à combattre et à faire reculer le mal plutôt qu'à l'entretenir ». Et de brandir aussitôt son nouveau contrat social.

À l'Élysée, lors de l'échange de vœux entre Président et gouvernement, Édouard, avec son air d'ennui distingué, proposera sans élever la voix « le renforcement du dialogue social ».

Les effusions oratoires achevées, le Président entraîne Jacques Chirac, en qui tout le monde voyait alors son successeur, dans un petit salon. Que se sont dit les deux hommes ?

Le 6 janvier dans la même salle du palais, ce sont les vœux à la presse. La cuvée 93 s'était assombrie dans les évocations morbides, la vendange 94 sera plus joyeuse : « J'entends, je lis " le Vieux ". Et quelquefois je pense : " Essayez donc, — je vous le souhaite. " » On badine, le chef de l'État roucoule sur son âge et avoue même être moins nocturne qu'avant sauf si l'on tient vraiment à le rencontrer. À une journaliste qui lui lance : « Pourquoi pas ? », le vieux croqueur de souris répond en se caressant les mains : « Si c'est une offre personnelle, n'en doutez pas. »

L'ultime bonheur de nos joutes politiques est de savoir encore préserver ce marivaudage. Imaginez Clinton, John Major ou Kohl osant une telle réponse. Mais sur le chapitre du coït verbal, chez nous tout reste possible.

Connaissez-vous cette histoire bête ? Un jeune quadra français revient de New York en Concorde. Il n'en croit pas ses yeux, la cabine avant qu'il occupe n'est peuplée que de jolies femmes. Il s'enhardit et questionne sa voisine :

« Vous vous connaissez toutes ?

— Mais oui.

— Voyage d'affaires ?

— Si l'on veut, je dirais plutôt scientifique.

— Un congrès, peut-être ?

— Bingo, nous rentrons du premier congrès mondial

féminin de sexologie. Nous avons dépouillé une gigantesque étude portant sur des milliers de cas et déterminant les gènes des bons amants.

— Et peut-on connaître vos conclusions ?

— Bien sûr. En tête du hit-parade, les Juifs, je vous laisse en imaginer la raison physiologique. Puis les médecins, peut-être ont-ils la supériorité de tout connaître du corps de la femme. Enfin les Indiens, et plus particulièrement les Apaches.

— Au fait, je me présente, coupe notre héros, docteur Geronimo Cohen. »

Piques, piques et colégram

La cohabitation s'annonce donc sous un jour plus goguenard que revanchard.

Drôle de guerre en dentelles où les deux adversaires feront assaut de civilités, l'un sachant bien qu'il n'a plus les armes, l'autre bien décidé à les tourner vers son rival du même camp, l'un voulant quitter l'Élysée par la grande porte de la légende, l'autre y entrer par la porte dérobée d'une image présidentielle anticipée : « Vous êtes le chef du gouvernement, je suis le chef de l'État. Face à l'histoire, on ne séparera pas si facilement nos responsabilités individuelles. » Il y aura quelques piques, nous sommes au spectacle. Il faut que, à tout moment, le public sache qui est le bon et qui est le méchant. L'hôte de l'Élysée glissera ainsi dans ses conversations à la presse un coup de pied de l'âne : « C'est un homme suffisamment expérimenté pour connaître la fragilité des sondages, je comprends qu'il en soit satisfait. M. Balladur a des mérites, le peuple les lui reconnaît. Mais l'opinion est versatile (...). À parler tout le temps, on la lasse. Il y a quelques prétentions à mobiliser les media. »

Les affaires reprennent, Mitterrand tient son os de rentrée, il va chercher à s'imposer sur le terrain social. Patiemment, l'Élyséen a rencontré en catimini tout ce que le monde du travail compte de hautes autorités : les syndicats et le CNPF, les partis et les patrons, les spécialistes politiques et les économistes spécialisés.

Le 21 janvier se tient le congrès des jeunes dirigeants d'entreprise. Le Président adresse une lettre aux congressistes. Prévenu par les fuites habituelles, le ministre Giraud, qui s'était dit surchargé, découvre soudain un trou dans son emploi du temps et se précipite. Trop tard, l'exhortation du chef de l'État sera le clou de la journée : « On ne peut pas attendre (...) la montée inexorable du chômage et de l'exclusion (...). Il faut changer de voie (...) [inventer] une nouvelle organisation du travail favorable à l'emploi, [permettant] de concilier la vie professionnelle, la vie familiale, les temps sociaux. » Il propose que se créent, « sous l'impulsion des collectivités territoriales, des activités répondant aux besoins collectifs et offrant aux salariés les mêmes conditions d'emploi que dans d'autres branches professionnelles ».

Le nouveau contrat social pour l'emploi est lancé, toutes les suggestions de partage du travail, de formation continue, de boulots de proximité seront reprises six mois plus tard par les candidats de tout bord.

En d'autres temps, le chef de l'État serait apparu comme leur initiateur. Mais déjà les idées de l'homme à la rose ne portent plus, tant il est vrai que le seul haut-parleur indispensable est celui de la puissance.

Le prêche dans le désert

Février suivra la même pente. Le 4, le chef de l'État reçoit à l'Élysée les jeunes de la Zup de Montereau. Il s'en prend à la politique de la ville, regrettant que Balladur ait confié à Simone Veil d'autres tâches en sus de celle-ci. Le même jour, de Meyzieu, fief de Jean Poperen, il tonne : « Je vois bien que les crédits s'amenuisent. Il faut veiller à l'esprit des Français, certains souffrent beaucoup. Attention aux révoltes fondamentales quand la raison ne peut plus rien. » Il compare certains quartiers à des « objets de laideur, de répulsion, d'ennui, de colère et donc de délinquance (...). La réhabilitation et la réorganisation de la cité (...) [voilà] l'une des trois ou quatre priorités qui s'imposent à l'ensemble du pays. »

Une fois encore l'appel restera sans reprise. La petite mort du mitterrandisme s'avance.

Le 7 février enterre Houphouët-Boigny, président de la Côte-d'Ivoire, dans la plus grande cathédrale du monde, construite en pleine brousse par la seule volonté du patriarche de l'Afrique. Mitterrand est au premier rang. À sa gauche, un fauteuil vide où reposent quelques fleurs blanches, symboles de l'absence de l'empereur défunt. Le vieux tigre avait désigné le vieux lion pour ultime compagnon.

Qui sera à la droite du bouquet de feuilles de chêne, le jour où François Mitterrand quittera la scène à son tour ?

Le 21 février, le chef de l'État célèbre à sa manière, dans une allocution radio-télévisée, la victoire de l'ultimatum lancé aux Serbes. Jouant les maîtres de guerre après l'heure, le Président a le verbe orgueilleux. Douze fois en cinq minutes, il donnera du « je », citant les rapports que lui ont faits Clinton, Eltsine et le général Cot, qui commande sur place les forces de protection des Nations Unies. « Acte de présence », titre sévèrement mais justement *Le Monde*. Mitterrand est ainsi, toujours entraîné par son lyrisme. On ne se baigne pas impunément, à longueur de vie, dans un flot de lectures romantiques.

Mitterrand midinette

Mars est là et ses giboulées de décorations et de visites officielles. Spielberg, le dompteur de dinosaures, le Président Aristide, chantre de la démocratie haïtienne, et le cardinal Decourtray, le médecin des âmes, se succèdent à l'Élysée.

Le 8 mars est la Journée de la femme ; le Président l'illustrera à sa façon en saluant le courage de Yann Piat, « sans la connaître », précise-t-il avant de déplorer la faible représentation féminine au Parlement. Il conclura en annonçant son intention de faire entrer au Panthéon les cendres de Marie Curie.

Michel Drucker ferme le ban le 31. Le chef de l'État dit regretter la disparition de « Champs-Élysées », « modèle de l'émission de variétés ». C'est vrai qu'en matière télévisuelle il a des goûts grand public. Je l'ai surpris dévorant en leur temps *Dallas* ou *Dynastie* et ne s'en cachant pas, comme il n'a jamais masqué son attrait pour les shows du vendredi soir.

Notre Président est ainsi : tyran face à son entourage, groupie devant les stars. Quelque temps auparavant, je l'avais retrouvé chez Jacques Attali. Autour de la table se pressaient Serge July, François de Closets, Jean-Marie Périer et France Gall. Devinez qui il ne quitta pas des yeux ? Il eut même cette question de midinette à l'égard de la chanteuse. À un moment de la soirée, il se tourna vers elle pour lui demander sans façon .

« Avez-vous le trac ? »

France rougit, sourit et murmura :

« Comme vous, Monsieur le Président. »

Maréchal me voilà

Avril déroulera ses tapis rouges. Le 10, il rend hommage aux libérateurs de la Haute-Savoie, le maquis des Glières. Le

24, il baptise le mémorial d'Izieu dans l'Ain : « Un symbole. Parce qu'il s'agissait d'enfants, sa tragédie est le symbole même du crime contre l'humanité, le symbole même de tous les Juifs de France exterminés sous le régime de Vichy. »

Quelques jours plus tôt, dans un entretien au *Progrès de Lyon*, il répondait aux reproches adressés par Serge Klarsfeld. L'affaire Pétain bruisse déjà : « J'ai veillé personnellement à ce que ces problèmes [ceux de la répression des crimes contre l'humanité] soient réglés une fois pour toutes par le code pénal de 1992. Nous sommes les premiers au monde à l'avoir fait. Nous sommes allés bien au-delà des exigences actuelles du droit international. Alors que me veut-on ? La mémoire doit rester fidèle et j'ai tout fait pour la servir. Serait-il honteux de servir, aussi, l'unité nationale ? À chacun son devoir. »

Quatre mois avant sa parution, Mitterrand pressentait-il les ravages du livre de Péan ?

Autoportrait

1er avril, la cohabitation a tout juste un an. Le Président en profite pour faire son bilan avant l'heure.

Sa fierté : « Je n'ai pas commis un seul abus de pouvoir. J'ai libéré tous les contrôles sur les moyens d'information. Jamais la télévision et la presse écrite n'ont été aussi libres, et je serais tenté de dire : jamais peut-être elles ne le seront. »

Il cite ensuite, en vrac, les mesures sociales prises en 81, le RMI de 88 qui sera la grande œuvre de Michel Rocard. La suppression de la peine de mort qui restera la sienne. Puis suivront : la paix maintenue, l'inflation vaincue, le franc affermi, le commerce extérieur bénéficiaire, l'Europe lancée.

À la colonne regrets : d'abord sa grande idée de développement de l'enseignement du français à l'étranger, et pour finir cet échec lancinant du chômage, sa grande désillusion.

Que retiendra l'histoire ?

Pourquoi pas un règne où les mots Paix, Liberté et Justice sont passés avant le terme économie ?

Le 7 avril, le frère d'armes devenu frère de cœur, François de Grossouvre, se suicide dans son bureau de l'Élysée. L'inexplicable fin restera inexpliquée, laissant chacun sur les sables mouvants de ses arrière-pensées et Mitterrand de marbre.

Avoir vu la mort si près en son palais, comment ne se serait-il pas pétrifié ? Mais sous le masque la rage monte. Elle éclatera quelques semaines plus tard. Réunissant ses collaborateurs élyséens, il les semonce rageusement : « Je suis ahuri de ce que je lis dans la presse. Je croyais être tranquille jusqu'à la fin de mon mandat. » Mais non, Monsieur le Président, l'Élysée n'est pas une maison de retraite. Et le pire est à venir.

Les attaques s'enchaînent : procès Touvier, affaire Grossouvre, liste Tapie conçue pour abattre Rocard, et jusqu'à la disparition de l'Akahl-Tekké offert par le Président turkmène, introuvable dans les haras nationaux.

Pour achever cet avril noir sur une note plus rose, le Président accorde une interview à *Marie-Claire*. Oui, il aime les femmes, « ce n'est pas une offense ». Il les aime pour « leur compagnie, leurs conseils, leur générosité et leur sensibilité (...), leur application, leur ténacité et leur intuition ».

Mais rassurons-nous, il avouera en fin d'article « n'avoir jamais désiré être une femme ». Il leur aura bien peu parlé aux femmes, en quatorze années de règne ! Héritage de cet antiféminisme des IIIe et IVe Républiques, pudeur rentrée ou simple négligence ?

Début d'année bien peu médiatique pour le chef de l'État. Quelques touches d'humeur, quelques touches d'humour, mais rien qui touche vraiment. La veine est-elle tarie ?

Balladur, à l'opposé, va, pour la quatrième fois en vingt et un jours, s'inviter à notre dîner et s'installer en recordman de France de la communication télévisuelle. Depuis avril 93, il a réussi la performance de s'adresser, sans lasser, une fois par quinzaine aux Français : vingt-trois journaux télévisés ou grandes émissions politiques.

Avec une moyenne de 1,9 intervention mensuelle, il coiffe ainsi sur le poteau Jacques Chirac, tenant du titre jusqu'alors, avec 1,8. Mauroy, lanterne rouge, ne dépassera pas 0,6, Rocard 0,8 et Fabius 1,2.

Comme de Gaulle et Racine, le prince Édouard use d'un vocabulaire simple et d'une syntaxe complexe. Jean-Marie Cotteret, lexicographe, soulignera même que 75 % des mots employés par notre Premier ministre font partie des deux mille termes que comporte notre français quotidien. La bonne règle, pour être entendu de l'ensemble du pays, voudrait qu'on ne dépasse jamais 80 %, mais 75 est une performance pour un homme politique qui se doit de paraître cultivé. Le truc de Balladur est de paraître brillant tout en étant fruste. Recette : des mots simples mais des phrases compliquées. Une phrase sur trois dépasse le seuil fatidique des soixante-quinze mots. La profusion de subordonnées, dans le souci d'introduire à tout instant des nuances, présente le double avantage de ne pas trop l'engager et de teinter d'intellectualisme ses propos.

Seul Tapie réussit à ne pas utiliser un mot de plus que notre vocabulaire populaire. On est pro ou on ne l'est pas.

Le mai des souvenirs

Le 1er Mai est jour de tristesse, François Mitterrand tient à honorer, de l'Élysée, la mémoire de son dernier Premier ministre socialiste. La grande famille rose est en deuil : Mauroy, Fabius, Rocard, Delors, Mermaz, Nallet, Dumas et, parmi d'autres, Tapie... Aucun des mousquetaires d'hier n'est absent. Quel chemin parcouru et quelle triste fin de route : « Pierre Bérégovoy nous manque. Aujourd'hui, alors qu'il s'agit de refaire des forces, comme l'ardeur du militant qu'il fut serait utile à ceux qui, nombreux, refusent de baisser les bras ! Comme ils seraient bienvenus, ses talents de négociateur et d'homme d'action ! Comme elle serait salutaire, l'autorité tranquille du dirigeant politique qui ne se laissera jamais engluer dans les rivalités de chapelle. »

L'adieu aux armes n'assourdit pas le glas d'un parti déchiré. Étrange politique, bal maudit des *ego* où les mots trahissent et les gestes révèlent, où l'on ne sait jamais, des suppliques prononcées, si elles sont espoir d'un autre futur ou constante volonté de gommer le passé.

En cette fin de deuxième septennat, je reste surpris par le peu d'hommes venus de la base qui auraient pu avec le socialisme monter au même niveau que les bourgeois tombés sous le socialisme. Je suis étonné de la si faible part faite aux autodidactes, par rapport aux énarques et polytechniciens. Mauroy et Bérégovoy seuls contre tous. Ainsi, au-delà des tendances politiques, notre pays est-il bien conduit par une même classe : même formation, même forme d'intelligence. Je m'en prends à regretter Édith, maladroite et déplacée, mais libre de dire et de vouloir faire autrement. Qui l'a vraiment laissée faire ?

Le 5 mai, le chef de l'État organise, dans la salle des fêtes de l'Élysée, une conférence face à tout ce que la France compte de détracteurs ou de défenseurs de la dissuasion nucléaire. Léotard a lâché sa bombe : « La question n'est pas de savoir si l'on va reprendre les essais nucléaires, mais quand. »

Jamais ! dit en substance et publiquement François Mitterrand, « et tant que j'occuperai mes fonctions, il en sera ainsi (...). Certains se disent : Dès qu'il aura tourné le dos, on verra bien ce que l'on fera. Moi je vous le dis, après moi on ne le fera pas, parce que la France ne voudra pas offenser le monde en relançant le surarmement nucléaire ».

Le style est devenu biblique. En vérité je vous le dis, après moi point de déluge. Mais Dieu n'est plus Moïse.

J'ai fait ce que j'ai pu

10 mai, dernière ! Que sera le 10 mai prochain ?

L'homme à la rose a choisi de s'exprimer conjointement sur la Une et la Deux. Face à Paul Amar et à Poivre d'Arvor, il va caracoler une ultime fois. Afrique du Sud, Algérie, Bosnie, Rwanda, Europe, chômage, mort de Grossouvre, bilan des treize années : les soixante minutes pour convaincre seront une fête. Mais le champagne des mots a comme un goût amer. À l'inévitable question des présidentielles, l'homme à la rose se trahit et répond : « Je n'ai pas encore réfléchi pour qui je voterai. Au deuxième tour, mon devoir sera de dire mon sentiment. Mais c'est dans un an. Quant à l'homme qui pourrait me succéder, c'est encore en question : au sein du RPR, et un peu partout. »

Quel horrible aveu d'impuissance et de méchanceté pour les espoirs de Rocard !

Et après ? « Je voyagerai, je lirai, je me promènerai, j'écrirai, je ne serai pas fâché de dire ma vérité. »

Et lorsque, pour conclure, le journaliste lui demande ce qu'il souhaiterait que l'on gardât de lui, il cite l'inscription funéraire de Willy Brandt : « J'ai fait ce que j'ai pu. »

La presse toujours aussi morbide ne retiendra que cela. Les titres jailliront le lendemain comme un bouquet de fleurs fanées. « Fin de parcours », « Préparation du dernier mot », « La cérémonie des adieux ». N'est-il donc plus que la fin pour intéresser le monde politico-médiatique ?

L'attitude des media pose à nouveau la question : comment régler à l'avenir cette lancinante fin de règne ? Aucun système ne protège ce deuil du pouvoir annoncé que sonne la dernière année élyséenne. Sachant que dans quelques mois vous ne serez plus le maître, personne ne vous écoute. La grande lâcheté prend dès lors le pouvoir. Elle peut conduire à tous les égarements.

Par bonheur, le public ne suivra pas l'enterrement avancé de la presse. La cote du Président va rebondir, elle monte à 43 % après l'émission et continuera son ascension pour parvenir, fin juin, à 46 % et retrouver à ce niveau le score de Balladur.

Les Français ont décidé d'accompagner dignement les derniers pas de leur Président.

Le grand merdier

Le verdict est tombé sans appel, sans partage, sans espoir. La liste de Michel Rocard touche le fond avec moins de 15 % des voix. Les listes parasitaires triomphent. L'éternel perdant va quitter la scène, non sans courage ni dureté : « Le Président a ce qu'il veut : le PS va éclater, Mitterrand ne laissera rien, ni œuvre, ni morale, ni parti. » Au-delà de la rancœur de l'homme blessé, il y a la vérité de la chute d'un système. Nous sommes entrés dans l'ère des media-campagnes. La presse a dominé les partis, fixant ses rendez-vous, ses thèmes, ses débats, imposant son rythme à des politiques qui perdent pied dans ce torrent médiatique.

Rôle ambigu d'une télévision devenue l'auteur imposé d'une pièce sans scénario, débâcle des partis dont les sphères d'influence locales sont subitement désamorcées, effet pervers du spectacle qui conduit à soutenir son adversaire plutôt que son champion. Pasqua tirera sur son propre navire-amiral et Roland Dumas coulera le vaisseau Rocard à quelques encablures de l'urne. L'électeur ahuri ne sait plus qui est avec qui, ni qui est pour quoi dans cette bataille navale d'adultes. À ce petit jeu, les francs-tireurs Tapie et Villiers vont décrocher la timbale.

Un pays a les élections qu'il mérite. Rien ne va plus en terre politique. On découvre avec stupeur deux mini-

Watergate français : le PS a été mis sur écoute, Barril serait en mission au Rwanda pour le compte de l'Élysée. Tapie tente de l'y retrouver mais c'est pour échapper à ses juges. Carignon, Noir, Longuet, Léotard, Madelin commencent leur chemin de croix et les grands patrons sont à leur tour dans la seringue judiciaire. Pierre Suard ouvre la marche, Pineau-Valencienne suivra, puis Beffa, puis Mauer puis d'autres. *Le Canard* se rengorgera : « Le Rotary va devoir se réunir à la Santé. »

Le prêche final

Mieux vaut fuir cette curée, le Président s'envole début juillet pour les émotions d'une Afrique du Sud enfin noire. Il y est le premier chef d'État au monde reçu par Mandela. Comment mieux témoigner du soutien inébranlable de la France à l'ANC ? Le dialogue entre les deux chevaliers de la liberté redonnera au chef de l'État l'éclat perdu de ses grands discours de Cancún ou de la Knesset :

« Vous avez été et resterez un symbole éclatant de l'indomptable esprit humain, lance le nouveau chef de l'État.

— Je suis venu célébrer avec vous, lui répond Mitterrand, votre victoire sur la peur. Les plus belles victoires sont celles que l'on conquiert sur soi-même, celles où l'on s'arrache aux destins tout tracés. Et dans ce monde avare de bonnes nouvelles, vous avez administré la preuve que rien n'est inéluctable, et surtout pas le malheur. Je vous en remercie au nom de l'humanité et spécialement au nom de l'Afrique souffrante. »

Certes Mitterrand n'est pas Jaurès, mais il a toujours, lorsque les événements l'y forçaient, retrouvé sa force de tribun. Il n'est pas non plus Mendès dont le cartésianisme politique nourrissait chacun des discours, mais il saura ne jamais parler pour ne rien dire. Il n'est pas non plus de Gaulle avec ce lyrisme qui paraîtrait aujourd'hui bien théâtral, mais il trouvera toujours l'envolée nécessaire au moment opportun. Le génie mitterrandien sera enfin de ne jamais se tromper de registre, joignant au sens de l'opportunité le talent voluptueux de l'ironie. Les discours de Cancún, du Bundestag, de la Knesset, des Nations Unies marqueront les annales. Mais le meilleur de lui-même, le chef de l'État l'aura réservé aux Français, non dans ses allocutions officielles, toujours empruntées même si le talent les rend pertinentes, pas plus que dans ses duels cathodiques trop réglés d'avance. Les grands moments du Président resteront ces dialogues télévisés où, les questions épineuses écartées, il se livre à fleuret moucheté, traitant de tout et de rien, mais avec une profondeur insigne. Pas un mot alors qui ne touche, pas un geste qui n'émeuve, Mitterrand est intimiste. Peut-être est-ce en ces situations qu'il retrouve la sagacité et l'isolement de l'écrit. L'écrit murmure, l'image crie. Normal que ce grand timide ait mieux réussi à la frange de l'ombre et de la lumière qu'aux grands feux des déclarations officielles.

La communion solennelle

Justement sonne le dernier 14 juillet tontonien.

« Je n'en suis pas fâché, dira l'intéressé. En même temps, ce que j'aurai fait m'aura passionné. Donc vous voyez un homme qui est partagé dans ses sentiments (...). Je ne suis pas fâché non plus de me retirer, songez que les enfants de quinze à vingt ans n'ont jamais vu que moi. À leur place, je serais un peu lassé. »

La date est historique. Cinquante ans plus tôt les Allemands ont défilé sur les Champs. Il aura donc fallu un demi-siècle pour que s'enterrent les passions. Que la haine a la vie dure !

L'interview qui suivra restera la dernière, pas la plus marquante. Qu'importe, le Président aura fait de ce rendez-vous télévisé du 14 juillet un rite. Une messe païenne où un peuple entier communie avec lui-même. Le moment est bien choisi, les vacances sont à la porte, chacun oublie les embarras de la vie. La mi-année, quelle bonne date aussi pour faire le point, un bilan d'autant plus facile que dès le lendemain vos détracteurs sont en congés payés et pour une fois ne s'adonnent pas au petit jeu destructeur des remises en question. Mais Dieu n'a pas droit aux vacances.

Mitterrand va vivre le pire mois de sa vie. Sa femme est hospitalisée depuis quelques jours, à son tour il va entrer à Cochin pour la seconde fois. L'homme qui en sortira ne sera plus tout à fait le même. L'histoire va se draper dans son noir manteau de douleur et de drame.

Latche-moi les baskets

Le Président est donc retourné sur la table d'opération. Tout l'été, les fausses nouvelles ont chassé les vrais mensonges. Un jour, la presse étrangère le dit mort, un autre la presse française l'annonce démissionnaire. Mitterrand est à Latche, il est fatigué, la chimiothérapie qu'il subit l'épuise et l'oblige à s'allonger plusieurs heures dans la journée. Quatre vagues de vingt et un jours vont se succéder, espacées de quelques temps de repos. C'est douloureux, harassant, mais surtout humiliant pour cet homme qui n'a jamais été alité de sa vie, si ce n'est pour une sciatique négligée au début de son premier septennat.

Et que dire de ce vol de charognards tournoyant au-dessus de sa tête, chacun calculant quel serait pour lui le meilleur moment de la fin présidentielle.

L'été s'étirera ainsi, macabre et nauséeux.

Le malheur des uns faisant le bonheur des autres, l'effacement du chef de l'État a provisoirement installé Balladur sur son trône. Seul à s'occuper des dernières semaines de l'intervention du Rwanda, il en sera le premier bénéficiaire. Entre un Président non-candidat et un non-candidat à la présidence, les Français ont choisi à qui prêter allégeance. Fin août, un sondage *Ifop-VSD* sacrera l'hôte de Matignon meilleur Premier ministre depuis vingt-quatre ans avec 63 % de « suffrages ».

Tout le monde applaudit, sans rechercher le nom du tenant du titre en 1970. C'était Chaban-Delmas au faîte de sa « nouvelle société ». Étonnant si, vingt ans plus tard, Jacques Delors en devenant Président faisait triompher ce concept du bon Premier ministre, mauvais candidat...

L'homme qui voulait être roi

Pour l'heure rien ne semble entraver la voie royale de l'ex-collaborateur de Georges Pompidou.

Le jour de sa nomination, Édouard Balladur est arrivé à pied à Matignon. Un repentir médiatique défiait cet immortel dessin de Plantu qui l'avait pour la postérité croqué en chaise à porteurs. Depuis, Monsieur le Premier ministre, comme François Mitterrand en son temps, a fait son chemin de Damas. De 86 à 88, son habit de ministre d'État, son phrasé onctueux, son refus de quitter ses dorures du Louvre l'avaient conduit à la première place du hit-parade de la superbe. Les défauts d'hier sont vertus d'aujourd'hui, l'arrogance s'est faite élégance, la distance, rassurance. Bonnes lectures et bonnes manières, aisance et pertinence, le prélat des années 90 s'avance, implacable. Mais il n'est plus le même. Le ministre des Finances de la rue de Rivoli s'est fait ministre des économies, refusant les avions du GLAM à son gouvernement et prenant ostensiblement l'avion de ligne pour se rendre à Chamonix.

Que le retour se fasse en hélicoptère ne choquera personne, les journalistes n'étaient pas conviés. C'est que Monsieur Balladur a désormais tout compris de la médiatique. N'écrivait-il pas dans son *Dictionnaire de la réforme* : « La communication est indispensable, quand elle est bien faite, elle peut créer l'illusion du mouvement et donc servir un gouvernement immobile »? Bien évidemment, il fustigeait Mitterrand, à moins qu'il n'ait tendu, sans y prendre garde, les verges pour se faire battre.

La première vertu de tout homme qui grimpe est de savoir jusqu'où ne pas aller trop loin. Édouard Balladur va se laisser griser et, dopé par sa cote, jouer les vice-présidents. Voici qu'il s'attaque au sacro-saint « domaine partagé » de la politique étrangère. La réaction mitterrandienne sera cinglante. Le Président n'est pas homme à se laisser enterrer avant l'heure. Il fera savoir prestement que l'opération Turquoise est son initiative et que le Premier ministre et son ministre de la Défense s'étaient montrés au départ hostiles à l'envoi de troupes françaises au Rwanda.

Figaro-ci, Figaro-là

Septembre lance en fanfare la campagne présidentielle. Philippe de Villiers, le premier, annonce son entrée en lice, Le Pen et Laguiller suivront. Les ténors pour l'heure se réservent. L'hypocrisie mène le bal.

Le Figaro va hausser le débat et ouvrir par deux fois ses colonnes à Mitterrand, Giscard et Chirac.

L'homme à la rose reçoit Franz-Olivier Giesbert à Latche. L'entretien durera quatre heures et sera le plus long qu'ait jamais publié le journal dont il fut l'éternelle bête noire.

Giesbert, avec acuité et une pointe de cynisme, va tenter de faire dresser à son hôte un bilan avant l'heure :

La maladie : « Je pense que celle-ci sera assez obligeante pour me permettre de terminer mon mandat (...). Si je n'étais pas sûr [d'exercer mes fonctions], je m'en irais. »

La présidentielle : « J'apprécie beaucoup Raymond Barre. Je crois que c'est l'un des tout premiers à être capable de diriger l'État », dit-il après avoir placé Delors en tête des postulants de gauche. Ainsi Barre restera-t-il jusqu'à la fin le candidat de l'hôte de l'Élysée. Cet adversaire qui lui fit si peur en 88 s'est fait son prétendant préféré. Dès 90, je me souviens que le Président ne me cachait déjà plus sa préférence. Comme successeur de gauche, on trouve mieux.

Pour la gauche, justement, l'homme d'Épinay trouve que la reprise économique offrira ses chances, malgré le fait que « les forces conservatrices s'organisent et concentrent leurs moyens financiers (...), je parle de cette quinzaine d'hommes d'affaires qui raflent tout ».

Les affaires : « L'opposition de l'époque n'a pas fait de quartier, oubliant l'apologue de la paille et de la poutre. Si vous faites un calcul qui peut paraître dérisoire, vous constaterez que beaucoup plus d'élus de droite que de gauche ont été l'objet de procédures judiciaires. Cela n'excuse d'ailleurs personne (...). Les socialistes incriminés n'auraient pas dû se mettre dans ce cas-là. Leur électorat est plus exigeant que d'autres. Il a été choqué par ce déficit moral. Il a eu raison. Il n'a pas encore tout à fait pardonné. »

Sa fortune : « Quand je quitterai l'Élysée, je n'aurai rien de plus que quand j'y suis entré (...). Je n'ai pas de compte à l'étranger, je n'ai ni actions, ni obligations, ce que je possède, je l'ai acquis avant d'être Président de la République. »

Pour avoir, depuis quinze ans, vu vivre le Président et parfois dans son intimité familiale, je sais qu'il dit vrai.

L'écriture : « J'aimerais avoir le temps d'écrire cinq ou six livres (...), mais cela prend du temps un livre, et je n'en ai plus beaucoup. »

La mort : « Cette perspective est tellement inscrite dans la vie de chacun qu'il serait un peu misérable de s'abaisser devant cette échéance (...). Ce n'est pas de mourir que j'éprouverai un grand souci, c'est de ne plus vivre. »

Le grand zapping

Fin septembre va brutalement changer de ton ; après un été au zénith de sa cote, Balladur perd onze points. Soudain, après des mois d'assiduité au feuilleton « Marche Tranquille sur l'Élysée », les Français zappent. La campagne est en marche, plus les politiques le nient, plus le public le sent et moins il goûte la volonté masquée de l'hôte de Matignon de déménager à l'Élysée. Les partisans se regroupent ; désormais ils vont voter utile dans les sondages, chacun pourra compter les siens.

Mémoires d'outre-tombe

Dans ce climat délétère, la montée des eaux du passé de Mitterrand arrive à point nommé pour masquer les complots de ses successeurs potentiels. Le livre de Péan et cette photo face à Pétain. Celui d'Emmanuel Faux et les multiples rencontres de Bousquet — très anodines rencontres — finiront en torrents de boue. Mitterrand, au plus mal de sa chimio, va ressentir l'impérieux besoin de se justifier dans le poste.

Tout fut surréaliste en cette soirée historique du 12 septembre. Un Président d'outre-tombe, un Elkabbach d'outrecuidance, une dramaturgie d'outre mesure.

Le chef de l'État a choisi son terrain, cette bibliothèque à la cheminée allumée dès la moindre brise et qui le conforte. Mais il est livide, le cheveu décimé par la chimiothérapie, la voix fragile comme suspendue, l'œil perdu. L'oiseau est blessé, qu'allait-il faire dans cette galère ?

Dès la première image, le jeu est déjà faussé, le téléspectateur s'est fait voyeur, prenant en direct le pouls de son Président. Le petit écran est lâche, s'il vous voit fort il vous porte, mais qu'il vous sente affaibli et il vous dépèce plan après plan avec une jouissive morbidité.

D'ailleurs, l'hôte de l'Élysée ne fera rien pour calmer le brasier allumé par le livre de Pierre Péan. Bien au contraire, comme à malin plaisir, il jettera de l'huile sur le feu.

Sur les lois antijuives, il reste évasif : « J'ignorais tout d'une législation d'alors contre les Juifs étrangers. Pour les camps de concentration, j'étais comme tous les Français informés, je n'en savais pas grand-chose. »

Sur Vichy, il refuse l'amalgame; Vichy a « nui aux intérêts de la France. La République n'a rien à voir avec cela. Je ne ferai pas d'excuse au nom de la France. »

Sur Bousquet, il ne saura pas condamner : « Il a été acquitté, ce n'est pas grâce à moi (...). À partir de 1950, Bousquet était redevenu un libre citoyen, très introduit dans les milieux financiers et de presse. » Il dit avoir arrêté de le voir « début 86, quand commence à se répandre que la Haute Cour [de 1949] n'avait pas tous les éléments historiques à sa disposition sur la rafle du Vel' d'Hiv' ». Sur le fait qu'il ait freiné des procédures judiciaires, il s'engagera : « Absolument, c'est vrai, mais ce genre de procédures judiciaires ravivent les plaies », expliquera-t-il en évoquant la guerre d'Algérie, mais tout le monde entendra « Vichy ».

Rien ne va plus au royaume de la communication, voici que Dieu lui-même, jouant les pénitents, s'accuse par son aspect tragique de péchés qu'il dit n'avoir pas commis. On peut difficilement mieux prêter au doute et à la critique. L'Audimat le dira à sa manière, *Navarro* fera un meilleur score que cette confession d'un enfant du siècle. Roger Hanin battra Mitterrand.

Et puis il y a le reste, à commencer par ce qu'on voit, cet homme tellement affaibli. « Une deuxième opération, sur une maladie pas facile à dominer, ça m'a laissé un peu sur le flanc », mais il précise : « Je suis informé de tout. Pour les

affaires graves, je dis mon mot. » Démissionner ? Seulement
« si la souffrance est telle qu'elle pèse ».

La fin de l'interview est d'autant plus bouleversante
qu'elle pourrait conclure bien au-delà de cette émission :

« Depuis deux jours, il faut que je lutte contre beaucoup
de choses. Je veux absolument que ce que je vous ai dit soit
compris par les gens... je ne veux pas leur faire de peine
(...). Un homme se construit par ses actes et aussi ses
réflexions. Je me suis construit, à ma manière. Je suis
devenu un homme de gauche et un responsable de gauche.
C'est pour moi un immense bonheur (...) je me sens très en
paix avec moi-même. Aujourd'hui, je me trouve devant des
échéances en rapport avec la sincérité (...). J'aimerais qu'on
me dise au total : ce que tu as fait est plus positif que
négatif. »

Le lendemain, les media s'empressent d'organiser des
forums populaires : « Je ne peux pas croire qu'il ne savait
pas », dit une Parisienne. « Il a voulu nous faire croire qu'il
n'y avait pas d'autre alternative que Vichy, c'est faux »,
renchérit une autre tandis qu'une troisième résume le
malaise : « J'ai besoin de crier mon indignation et mon
dégoût. Je ne conteste pas le travail de Monsieur Péan, je
condamne le moment choisi pour le révéler. Monsieur
Mitterrand est à la fin de sa vie, on devrait le laisser
tranquille. »

Mais justement et incroyablement, c'est lui-même qui a
choisi et le jour et le moyen de cette confession publique.
Voulait-il mettre sa conscience en règle devant l'histoire,
couper court à une campagne de calomnies qui l'effrayait
par-dessus tout, reprendre un leadership médiatique que le
régent lui dérobait ? Nul ne le saura jamais, lui non plus
peut-être. En forme une heure avant l'interview, Mitterrand
accusera un violent coup de pompe dès le démarrage de son
intervention pour ne reprendre des forces que vers la fin de
ses quatre-vingt-dix minutes d'angoisse. Tout cancéreux en
cours de traitement est ainsi soumis à de terribles variations

de tension. Quel risque que de se montrer en un moment pareil...

Le diable habite les détails ; ce soir-là, il était à son aise. Comment un communicant aussi averti pouvait-il espérer régler en une heure trente de télévision un passif qu'un demi-siècle a refusé de solder ? Et puis l'aurait-il fait, que nul ne saurait répondre à la question posée ce soir-là par l'Histoire : est-on responsable de ses vingt ans ?

« Je n'étais à vingt ans, dira le chef de l'État, que le produit de mon milieu, c'est-à-dire d'une petite bourgeoisie modérée, catholique, patriote, un peu conforme, n'aimant pas les extrêmes (...). J'ai choisi ma voie et je l'ai choisie lucidement alors que j'avais atteint la trentaine. J'étais un jeune homme, disons classique, beaucoup trop classique. Disons que j'étais un peu lent dans mon évolution, mais il y en a qui ne l'ont pas faite. »

La conscience tranquille est bien plus lourde à porter que la Force Tranquille. François Mitterrand est désormais dans la solitude, « cette splendeur des forts » comme le disait de Gaulle avec tant de romantisme. Ses anciens barons ont, les premiers, organisé l'hallali. La conscience vacille toujours plus vite chez ceux que vous avez ennoblis.

Courage, je reste

Cinq jours plus tard, le vieux lion, qui n'a pas digéré sa contre-performance, va remonter à l'assaut. Le courage n'a pas d'âge. Il est à Bayonne, face à trois mille congressistes de la mutualité. Sans voix mais vibrant d'une force intérieure, il va haranguer une foule en admiration et montrer qu'il lui reste assez d'énergie pour mordre ceux qui menacent les conquêtes sociales.

La médiatique a ses humeurs. Ce soir-là, le teint plus vieilli encore que la semaine précédente et l'aphonie presque totale, le Président retrouvera son cœur de vingt ans. La

presse, qui une semaine plus tôt n'avait que le mot ambiguïté sous la plume, ne parlera plus que de « lutte intime contre la maladie, s'accompagnant d'une pugnacité politique ». *Libération* titrera : « Sa Part de vérité », *Le Figaro* : « Le Plaidoyer de Mitterrand », *Info Matin* : « Le Grand Pardon ».
Souvent media varie.

Par ici la monnaie

Automne noir. La corruption, souterraine depuis la nuit des temps, jaillit au grand jour. Plus de soixante affaires judiciaires suivent leur cours malodorant. Un ministre démissionnaire est emprisonné, deux autres démissionnés, peut-être trois bientôt mis en cause. L'État de droite fait eau sale de toute part. Les petits juges ont découvert le pouvoir de la grande presse, et lancent leur opération main dans le sac.

L'argent noir a coulé à flots et le circuit n'a épargné personne, ni les politiques, ni les chefs d'entreprise, ni les journalistes, qui trouvent pour seule excuse collective les excès publicitaires des candidats. Le mal n'est pas dans la pub mais dans le système. L'argent facile est vite trop facile, lorsqu'il n'a ni origine déclarée ni finalité obligée. Et dire que le mot candidat est originaire du latin (*candidus*, blanc), qui signifie blanchi. Pour briguer leur fonction, les futurs sénateurs revêtaient une toge blanche qui témoignait de la pureté de leur âme. Le port de la toge pourrait bien redevenir obligatoire. Le mac-carthysme français n'en est qu'à ses balbutiements.

Le grand déballage

Jeudi 4 novembre, *Paris-Match* publie les photos d'un père et de sa fille. Elle a vingt ans, elle vient d'intégrer Normale

Sup au quatrième rang, elle partage avec son père le goût de la lecture. Elle a le regard pur et dur des jeunes gens qui partent à la conquête de la vie. Il a l'œil attendri et nostalgique de l'homme au déclin de la sienne. Des images d'album de famille, mais elles vont choquer la France. L'héroïne du jour est la fille naturelle du Président. J'avoue avoir eu à la lecture du reportage comme un goût amer. Ce magazine, qui avait illuminé ma jeunesse lorsque, jeune reporter de *Match,* je partais à l'autre bout du monde cueillir l'aventure du grand journalisme, en était donc arrivé là ? Et ce grand chroniqueur de Philippe Alexandre avait trahi le respect de la vie privée. La liberté d'expression n'est pas la liberté d'exécration.

Nous étions l'un des rares pays du monde à pouvoir nous enorgueillir de ce respect. Et voici que l'ultime limite est franchie. Alexandre s'en expliquera maladroitement : « Ce secret que nous autres journalistes avons respecté jusqu'à présent n'a plus lieu d'être. » Mais on ne saura jamais pourquoi les journalistes devaient rompre cette loi du silence à six mois de la fin d'un mandat historique. Besoin de souiller avant terme une mémoire, appât du gain, soif de scandale ?

Il n'y aura pas d'explication satisfaisante. L'histoire de Mitterrand commence dans Balzac pour finir dans Shakespeare. Triste presse qui se voudrait dramaturge et n'est que paparazzi.

La réprobation sera générale dans les couloirs de l'Assemblée. Valéry Giscard d'Estaing, le premier, se montrera offusqué : « C'était l'honneur de la presse française que la vie privée des hommes politiques soit maintenue en dehors de la vie politique. » Delors enchaînera et à sa suite les élus de tout bord, de Pasqua qui déplorera, à Emmanuelli qui dénoncera l'extraordinaire bassesse. La presse, elle aussi, dans son ensemble condamnera. Serge July agitera le spectre du règne des moralisateurs, Franz-Olivier Giesbert renchérira : « Au train où vont les choses, nous pourrions nous retrouver rapidement à ramper dans les caniveaux, la poubelle par-dessus la tête, au milieu de cette fange où pataugent tant de journaux dans le monde. »

Voici ouvertes les dernières portes secrètes de nos hommes publics ; le drame est qu'elles conduisent aux chambres à coucher, en attendant de se vautrer dans les latrines.

Que la presse anglo-saxonne s'y pourlèche les babines depuis toujours. Soit, mais l'exception française nous classait numéro un au hit-parade de l'élégance médiatique, faute de nous donner le titre de presse la plus professionnelle.

Que lui reste-t-il désormais ?

L'ultime parade restera de laisser croire que le Président était en accord avec cette parution, et qu'il s'affichait désormais avec sa fille dans les voyages officiels, l'ayant emmenée dans sa suite en Afrique du Sud (elle passait ce jour-là son oral de Normale Sup). Mais comme à l'habitude, aucun journaliste ne prendra la peine de vérifier, chacun s'empressant de colporter la rumeur. L'Élysée démentira fermement. Mitterrand ne dérogera pas à sa règle, il n'attaquera ni le journaliste ni le magazine.

Par bonheur, nos télévisions n'emboîteront pas le faux pas. TF1 se contentera de montrer, en un éclair, la couverture ignominieuse. France 2 optera plus courageusement pour le silence. La caste politique n'avait pas besoin de cette désacralisation supplémentaire. Peut-être fut-elle la première coupable en accueillant les journalistes dans son intimité ? Accepter de poser pour les photographies de vacances, d'inviter les caméras pour la naissance du dernier fils de ministre, c'était déjà inciter les flashes à aller plus loin. Et donc à aller trop loin.

Le lendemain, Jacques Chirac annoncera officiellement sa candidature. 95 commence donc avec deux mois d'avance. Peut-être était-ce la meilleure façon d'enterrer le grand dégueulis de cette année 94.

Quelle tristesse d'achever ainsi cette chronique médiatique. L'histoire doit avoir honte de n'avoir pas su trouver fin plus heureuse à ce qui fut en ses débuts une belle histoire d'amour entre un homme et son peuple.

Cancer, rancœurs, corruptions, usures en tout genre, Al Capone a pris la suite de Fanfan la Tulipe. Il reste à espérer que la campagne qui s'avance redonnera de l'âme à cette classe politique qui ne mérite ni l'excès d'honneurs dont elle se pare, ni l'excès d'opprobres dont on l'asperge.

Saura-t-elle oublier ses haines, ses appétits, ses impatiences, et nous, les électeurs, saurons-nous retrouver cette admiration sans laquelle les princes qui nous gouvernent redeviennent simples mortels ?

Il serait temps que chacun y mette du sien. L'enjeu est la survie de la plus belle invention de l'homme : la Démocratie.

ET DEMAIN, MÉDIATIQUE OU MÉDIACRITÉ ?

Comment achever ce livre sans se poser la question qu'entre les lignes il pose : jusqu'où aller trop loin ?

Depuis Aristote, on sait qu'écrire et parler c'est chercher à mobiliser les hommes autours de ses idées. La rhétorique est constitutive de l'esprit humain. L'acte n'est jamais gratuit, sa seule pureté c'est celle de ses intentions, à la condition qu'elles soient pures.

Aucune activité humaine ne peut échapper à la volonté d'influencer l'autre, de le séduire ; il n'y a là rien à redire ou presque. Ce presque est dans la nécessité que la société se doit de poser des garde-fous contre les excès de quelques-uns. D'où les lois. Plus une activité sait s'organiser, plus elle établit les lois de morale et de fonctionnement, plus elle devient dynamique, imaginative et exemplaire. C'est toujours ainsi : la liberté n'aime pas le laxisme, ni la pédagogie le laisser-faire.

Aussi voudrais-je proposer, sur cet océan de liberté qu'est la communication, et qui ne cesse de voir s'agrandir le flot de ses usagers, quelques règles de pilotage.

Hitler se gargarisait : « Plus le mensonge est gros, plus ça marche. » Bernbach, le dieu de pub, affirmait de son côté : « Persuader est un art. » Les deux hommes ont fait rêver leur auditoire, l'un pour le pire, l'autre pour le meilleur, l'un à coups de tromperies, l'autre à force d'imaginaire. La ligne de démarcation est si ténue que d'aucuns peuvent la franchir en toute naïveté. La seule autodéfense reste donc le culte absolu de la vérité. Jerry della Femina, crâne rasé à l'ottomane, moustache foisonnante et regard de velours, fut dans les années 70 le *copywriter* le plus brillant de sa génération : « J'ai fait une expérience, m'a-t-il raconté. J'ai dit à mes collaborateurs : " Je vais vous présenter un film à la gloire d'un politicien. Si, après la projection, vous pensez vouloir voter pour lui, vous levez la main. " Dans mon film, je montrais un homme qui jouait avec un très beau chien. À côté de lui, il y avait sa femme ou peut-être son amie. Il caressait son chien et le commentaire disait que cet homme haïssait la guerre car il avait été grièvement blessé, qu'il désirait la paix, que le pays était en danger, bref qu'il était le seul à pouvoir unifier et protéger la nation. Le commentaire poursuivait : " Cet homme est la force la plus unificatrice, puisqu'il rassemble tous les courants. " À la fin du spot, toutes les mains se sont levées. Je leur ai dit : " Gardez vos mains levées, je vous présente votre élu, Adolf Hitler. " Tout était vrai dans mon film. Il a été blessé en 1917, il a dit qu'il détestait la guerre, il se faisait toujours photographier avec ses chiens. Chaque mot de mon commentaire était authentique. »

On connaît la fin du film. Le mensonge dont il faut le plus se garder est bien le mensonge par omission. En médiatique, il devient le mensonge par montage. Savoir manier une caméra devient une responsabilité morale. Changez d'angle et vous changez le sens. De là à le pervertir... Mais comment, sans réinventer la censure, nous doter d'une Haute Autorité qui nous préserverait de cette tentation permanente ?

Au monde d'oppression que généra ce siècle commence de succéder un monde de pression. Comme toujours, le mal est dans l'excès et s'appelle démagogie. Déjà dans la Grèce antique, les courtisanes faisaient clouter leurs semelles de sorte que leurs empreintes sur le sol formassent les mots

« Suivez-moi ». Les politiques ne font guère différemment, ils cherchent par tous les moyens à nous faire emboîter le pas. Qui peut les en blâmer, les idées n'existent que lorsqu'elles sont partagées. Convaincre pour eux est une mission quand ce n'est pas une nécessité vitale. De là à craindre la dérive ?

Hier la presse n'était que le contre-pouvoir des trois puissances qui mènent le monde : la religion, la politique et l'économie. Désormais l'affaiblissement des idéologies, la perte des repères, la décrédibilisation générale ont fait du quatrième pouvoir le pouvoir. Comment accepter plus longtemps qu'il ne soit soumis à aucune règle si ce n'est celle du tirage ou de l'Audimat ?

C'est étrange, un publicitaire qui ment est aussitôt traduit devant les tribunaux pour publicité mensongère. Et c'est bien la moindre des choses. Un journaliste qui désinforme est tout au plus tenu à vous accorder un droit de réponse. Suprême injustice, ce sont les publicitaires qui portent la croix de toutes les manipulations du monde et non les media.

Les années Mitterrand nous ont insensiblement fait glisser d'une démocratie de représentation à une démocratie d'opinion. La politique jusqu'ici était exclusivement engagée au service de la politique. La voici devenue médiatisation au service des media. Nos journaux se nourrissent des faits et gestes de quelques hommes de pouvoir devenus stars, par nécessité pour les uns, par plaisir pour les autres. La popularisation de la culture existerait-elle sans un Jack Lang, séducteur patenté ? Il fut sans conteste le meilleur agitateur de media de ces années Mitterrand. Un cas d'école : comment faire sans cesse parler de soi ou de ce que l'on fait en ne disposant que du plus petit budget de l'État ?

La médiatique a réussi le subterfuge de rendre la classe gouvernante dépendante de ce qui pourtant la fait vivre. Elle a éclaté le discours en débats feutrés, reprises tronquées, interviews hachées, petites phrases vides qui rendent presque impossible toute démonstration de pensée. Être vu à la télé compte plus qu'être entendu. Comment la pensée progresserait-elle ?

Désormais un homme politique entre sur un plateau en se demandant moins ce qu'il veut dire que ce que le journaliste veut lui faire dire.

Toute la Force Tranquille de François Mitterrand tiendra dans sa capacité instinctive à ne pas tomber dans le piège de la médiocrité, cette facilité de plus en plus répandue qui consiste à s'abaisser au niveau de la cacophonie pour y faire sa place.

François Mitterrand a été le premier mutant : il est devenu media. Il a, sûrement le premier, compris le point nodal de cette mutation, dans le rapport dialectique et passionnel que l'on entretient avec l'opinion : les actes comptent mais plus encore la symbolique qu'ils créent. Le Président a intégré cette évidence : le citoyen n'est pas un consommateur rationnel de la politique. À la différence d'un bien de consommation, un homme de pouvoir ne se vend pas pour des plus-produits, mais pour des plus-imaginaires.

Le message c'est le media, donc le message c'est la télé puisqu'elle est le premier des media. Or la télé est émotion, donc le message est émotion.

Comment résumer tout ce que l'homme à la rose a apporté à la politique ?

D'abord, les lieux symboles. Les grandes déclarations se font dans des lieux qui marquent : Panthéon, Cancún, la Knesset, le Bundestag, la tribune de l'ONU, mais aussi régulièrement Solutré.

Chaque fois qu'il le put, il fit de sa présence une référence et du décor un symbole. Le même propos en un piètre endroit n'aurait pas eu le même sens.

Première règle mitterrandienne : savoir parler là où c'est important. Deuxième règle : savoir parler quand c'est important. J'ai plusieurs fois écrit dans ces pages que je n'approuvais pas le parti pris de Mitterrand de ne jamais répondre aux calomnies. C'est ainsi que les rumeurs et leur sourde désinformation s'installent. Je n'en admire que davantage cette capacité à tenir toujours le premier rôle, à choisir son moment et à être ainsi plus fort que le contexte dans lequel il lui sera donné de s'insérer. Ainsi dans le débat de Maastricht, alors que bizarrement Giscard était devenu le meilleur défenseur du projet, Mitterrand fut le seul à gauche à savoir dire la passion. Mais le lieu (la Sorbonne) fut de choix, le partenaire (Séguin) de faire-valoir et le moment d'exception. Qu'est-ce d'autre qu'une nouvelle forme de théâtre respectant les règles antiques de l'unité de lieu, de temps et d'action ?

Troisième règle : savoir dompter la télévision. Qui eût cru au départ qu'elle deviendrait le meilleur allié de ce littéraire habile dans les longues phrases tortueuses ? Cette réussite tient en trois talents :

Il est resté lui-même ; il ne s'est jamais plié à la télévision, elle s'est pliée à lui.

Il a su choisir ses Monsieur Loyal, Mourousi d'abord, Sinclair ensuite, Elkabbach enfin. Mais ce n'est pas un hasard si c'est avec Mourousi qu'il fut le plus brillant. L'un était Auguste et l'autre le clown blanc.

Il a intégré, maîtrisé et joué avec l'émotion. Chirac, Balladur, Rocard ne dévoilent pas leur caractère, ils se retiennent. Mitterrand dit sa gourmandise, sa jouissance d'être là. Anne Sinclair a fait pour lui plus que quiconque. Il lui parlait à elle et pas au petit écran, et donc encore plus à nous. Il nous faisait croire que nous interrompions presque une relation intime. Comment ne pas jouer les voyous !

Avant sa caste et longtemps seul de sa caste, Mitterrand aura perçu les enjeux de cette mutation. Il s'y résoudra, même si ce fut souvent à contrecœur.

Les premiers jours d'avril 1981, j'avais donné rendez-vous au futur Président dans le studio du photographe Jérôme Tisné. Je préparais alors l'affiche d'entre les deux tours. J'avais arrêté le titre : « De toutes les forces de la France » (un avant-goût, sept ans plus tôt, de la France Unie), mais il manquait le portrait rassembleur. Jérôme était installé dans le Marais, en soupente, dans un cinquième sans ascenseur mais non sans charme. François Mitterrand arriva seul, à pied, coiffé de son inimitable chapeau à la Toulouse-Lautrec. Il était venu là comme en promenade. Apparemment décontracté mais au fond anxieux. À cette époque, il redoutait les photographes. Comme ces indigènes qui se refusent à poser, de peur que chaque photo ne leur vole un peu de leur âme, il donnait le sentiment de laisser à chaque prise de vue un peu de son authenticité.

« C'est fou ce qu'on exige aujourd'hui d'un candidat, s'exclama-t-il. Il lui faut être mannequin, acteur, publicitaire, tribun, écrivain et cabot ; bref, tout sauf Président. »

Mais attention, danger ! On ne sert pas impunément ces deux maîtresses exigeantes que sont la publicité et la politique. Tout sépare ces sœurs ennemies. L'une est passion et rêve, l'autre froideur et réalité. L'une est optimisme et spontanéité, l'autre méfiance et calcul. L'une est séduction et dérision, l'autre pression et possession. À voler de l'une à l'autre, l'on ne peut que se brûler les ailes.

Mais le pire reste de prétendre que la communication serait le machiavélique instrument de la prise ou de la conservation du pouvoir. Elle n'est que le haut-parleur d'un concept qui, à l'instant du vote, s'avère être celui ou non d'une majorité. Je n'en dénigre pas pour autant mon métier : qui serait élu sans cet ampli ? Que resterait-il, sans sono, du plus adulé des crooners ? Sans les décibels de la pub, les chantres au pouvoir ne sont que des chanteurs aphones. Certaines stars du cinéma refusèrent le micro en prétextant que c'était un faux-semblant. À cet entêtement elles n'ont gagné que l'oubli.

Je reste d'ailleurs convaincu du peu d'utilité, à court terme, des campagnes présidentielles. Un slogan n'a de poids que confronté à son application, aussi lui faut-il le temps de nous convaincre de sa crédibilité. La Force Tranquille a été d'un piètre secours à l'impétrant de 1981. Tout le prouve : les sondages se sont inversés en sa faveur dès le 1er janvier (Mitterrand : 50,5 ; Giscard : 49,5) pour trouver dès le 1er février (Mitterrand : 52 ; Giscard : 48) leur vérité de mai. Or l'affiche ne vint sur les murs qu'en mars, volant au secours de la victoire. Certes, elle ne fut pas inutile, mais plus tard. Étrangement, c'est elle qui restera l'atout premier de la réélection de 1988. Dès lors, comment un Président ne dirigerait-il pas en personne sa communication ? Le propos inquiète. Et cependant, n'en est-il pas de même de tout patron d'entreprise ? J'ai vu les plus grands, du baron Bich à Francis Bouygues, de Jacques Calvet à Gilbert Trigano, de Pinault à Arnault, d'Afflelou à Alain-Dominique Perrin, s'impliquer directement dans la supervision de leur publicité. Comme par hasard, leurs entreprises sont les premières en France, lorsque ce n'est pas en Europe ou dans le monde. Si Mitterrand a donné à tous une leçon, c'est celle-ci : oui, la communication est acte de Président.

De tout temps le pouvoir n'a survécu qu'en s'affichant. Les César entrant dans Rome et nos rois construisant des châteaux savaient bien que sans spectacle il n'est pas de règne possible. Seule mutation, Rome ou Versailles sont réduites aujourd'hui à passer dans notre « étrange lucarne ». Conséquence, il ne peut y avoir d'autre décideur de la communication d'un Président que lui-même. Il reçoit dix, vingt propositions d'articles ou d'interviews par jour, son talent est de choisir la bonne et de la conduire plutôt que de se laisser conduire par elle. Il doit donc rester le seul détenteur exclusif de sa réputation, de ses succès comme de ses échecs d'image. Pour un homme de pouvoir, laisser un conseiller, quels que soient ses dons, infléchir sa conviction serait l'un des pires manquements à sa mission.

Par bonheur, contre le risque permanent de manipulation, existe la réaction toujours salutaire du citoyen. Il n'a pas vécu cette mutation de la médiatique sans se forger sa protection. Loin de se laisser enchaîner dans cette maïeutique, il a développé sa perception des media, son décodage des hommes politiques, sa détection du mensonge. En un mot, son seuil de crédibilité. Chaque génération assimile davantage que la précédente cette malversation. Les uns l'intellectualisent et dénoncent, les autres ressentent et réagissent. Mais tous rehaussent peu à peu le niveau d'exigence de probité. La grande menterie de Timisoara a déclenché le doute, la guerre contre l'Irak exige le droit de comprendre en direct. Voir n'est pas savoir. L'électeur commence à sécréter ses anticorps contre la manipulation. Le voici électeur exigeant de participer au discours. Le spectateur, hier passif, entend bien devenir acteur à part entière des grandes décisions. Chaque jour, le développement de l'informatique individuelle, de la télématique et des réseaux d'info lui en donne un peu plus les moyens.

Le monologue d'hier se fait dialogue. Le discours à sens unique du tribun doit intégrer le sens collectif de la réaction publique. La démocratie directe est en marche, rien ne l'arrêtera. Peut-être un jour faudra-t-il craindre davantage la manipulation de l'électeur par l'élu que celle habituelle de l'élu par l'électeur.

Aussi le publicitaire a-t-il une vraie mission : celle d'améliorer en permanence la qualité et l'éthique de communication de son candidat. Il augmente ainsi le niveau d'exigence des media et *in fine* celui de la conscience du citoyen. Mieux le politique va s'exprimer, plus la presse se verra obliger de le suivre et plus le citoyen développera sa culture anti-manip.

Sans cette évolution nécessaire, nos campagnes de demain ne seront plus politiques mais médiatiques. Les dernières européennes l'ont prouvé. À faire la part belle aux forts en gueule, de Tapie à Villiers, elles ont marginalisé les grands ténors devenus aphones par manque de talent communicant. Dans cette pièce sans scénario, la presse a joué un rôle bien ambigu. Combien de journalistes se sont-ils vraiment plaints que les vrais sujets de l'Europe n'étaient jamais abordés ? Les enjeux secondaires (liste pour la Bosnie, frasques fiscalo-judiciaires de Tapie, vases électoraux communicants Pasqua-Villiers...) ont cannibalisé le discours de fond. Mais quel journal, quelle radio, quelle télévision peut s'enorgueillir d'avoir, au mépris de l'Audimat, accueilli un débat thématique sur le fonctionnement des institutions dans le cadre de l'Union, sur l'Europe et l'agriculture, sur l'Europe et la paix ? Est-on une seule fois sorti du registre mou des généralités égrenées ou des considérations réductrices ?

C'est ainsi que le faux débat de l'Europe tourna à la course à handicap pour l'une des cracks : Élisabeth Guigou. Elle, comme tant d'autres, devra se rappeler que la prise de parole est toujours théâtrale. Et donc ne s'apprend pas à l'ENA.

La médiatique est tranchante. L'erreur de casting ne pardonne pas et l'intelligence n'y peut rien. Le cinéma nous l'a appris depuis toujours. Qu'auraient été Michel Simon ou Louis Jouvet sans leur voix ? Qui seraient Sharon Stone ou Kim Basinger sans leur corps ?

Certes, je tiens mon métier, et donc moi-même, pour responsable, en partie, du déclin du politique dans notre société. Nous avons laissé croire à nos apprentis sorciers que gouverner n'était plus prévoir, mais être vu. Le public a pris la formule à la lettre et, lassé d'applaudir, s'est mis à haïr. Mais la pub est justement l'un des moyens indispensables à la reconquête de l'opinion publique. L'interdiction de l'affichage politique aura eu un effet pervers franchement anti-démocratique : l'affiche reste le moyen le moins cher de projeter son âme. Ce fut le mérite de la Force Tranquille qui ne coûta à l'époque que 10 millions de francs.

L'affiche, enfin, est l'outil essentiel de la cohérence d'image d'un candidat. Dès lors qu'il s'est défini en trois mots, l'éclairage de ses discours écartelés aux quatre coins des media trouve son ossature. Sinon le voici errant d'un plateau à l'autre sans que nul ne comprenne l'épine dorsale de ses multiples interventions.

Ainsi le confondant spectacle de la campagne européenne a-t-il témoigné des carences de la loi du 15 janvier 1990. Jamais affrontement ne fut plus dispersé, confus, dérisoire, et d'abord parce que la publicité lui a fait défaut. Autant on peut se féliciter de la volonté de transparence et de la limitation des dépenses, instaurée par Michel Rocard et réduite encore récemment par Édouard Balladur, autant la ségrégation des supports et les dates limites d'action sont une aberration.

Notre pays donne au monde des leçons de démocratie et dans le même temps pratique l'apartheid médiatique. Il y a les supports blancs autorisés : les imprimés, et les supports noirs interdits : l'audiovisuel. Qui me dira pourquoi une lessive a le droit, entre poire et fromage, de vanter ses talents sur nos écrans et nos antennes, et pas nos hommes politiques ? Lavent-ils plus noir ? Êtes-vous médiatiquement racistes, Messieurs qui nous gouvernez, puisque après tout cette ségrégation ne dépend que de vous ?

Quant à interdire toute pub plusieurs mois avant le scrutin, comme le fait votre nouvelle législation, c'est tout bonnement masochiste. À quoi sert la publicité si elle n'est pas faite à point ? Un enfant de dix ans est à même de le comprendre, mais pas le législateur. On croit rêver ! Faut-il laisser aux seuls media le pouvoir de faire les campagnes, de choisir les sujets et les porte-parole ?

Il y a plus grave, en ces temps heureux où souffle une volonté commune de moraliser un métier en voie de perdition d'image : cette loi-guillotine ouvre la porte à toutes les issues clandestines. Restent autorisés jusqu'au scrutin le marketing direct, la distribution de brochures et journaux, les coups de téléphone, le porte-à-porte. Autant de moyens de communication incontrôlables. Qui pourra prouver demain qu'un candidat a adressé un million et non dix millions de lettres à ses concitoyens ? Et puis, un message au grand jour, qu'il soit affiché ou diffusé par la presse, reste public et donc soumis à la censure collective. Dans l'intimité d'une lettre ou d'un coup de téléphone, tous les coups sont permis. De là à déclencher la guerre des boîtes aux lettres, il n'y a qu'un pas. Encore une élection ou deux et il sera franchi.

Mais quel drôle de peuple nous sommes ! Un vent de vertu souffle soudain, chacun est prêt à embastiller tout trésorier de parti surpris une valise de billets à la main. Or chacun sait que ces abus sont ceux du système et nul ne propose de changer le système. Les politiques en ont fait un argument de campagne ; seront-ils capables, dans cette loi anti-corruption qu'ils agitent, d'inclure de nouvelles règles saines de communication politique ? À refuser un financement clair, on ne peut s'attendre qu'à des soutiens troubles. Et voici que le législateur qui se veut purificateur ouvre la porte à toutes les dissimulations nouvelles.

Il suffirait que cette législation fixe le plafond des dépenses et interdise toute subvention politique, qu'elle soit professionnelle ou privée, et fasse financer le fonctionnement des partis et le montant des campagnes par l'argent de l'État en prélevant à cette fin un pourcentage sur les marchés publics. Puisque la chose est officieuse depuis des lustres, rendons-la officielle et du coup transparente. Le système réduira le train de vie des partis et les investissements publicitaires. Tant mieux. À condition de les rendre efficaces et donc de les autoriser sur tous les media sans ostracisme et jusqu'à la veille du vote.

Nous sommes en fin de cycle sociétal, culturel et politique. Nos référents sont obsolètes, nos systèmes inadaptés, nos habitudes surannées. Pourquoi nos politiques feraient-ils exception ? Au lieu de s'en plaindre, réjouissons-nous, le moment est venu de tout dynamiter.

Comment oublier la dernière leçon que me donna Mitterrand !

« Connaissez-vous cette fable chinoise ? » me lance-t-il un jour où je désespérais de tout :
— Quel est l'envers du blanc ? dit le Maître.
— Le noir, répond l'élève.
— Et l'envers du jour ?
— La nuit.
— Et l'envers de la vie ?
— La mort.
— Tu n'as rien compris, conclut le vieux gourou, l'envers de la vie, c'est la naissance. »

Les hommes de pouvoir ne sont pas finis, bien au contraire leur nouvelle ère commence. Il leur faut inventer demain avec passion, avec amour, avec courage. Demain se nourrit d'idées neuves.

Novembre 1994

Table

Je me souviens...	13
1980. L'année pucelle	29
1981. L'année folle.	39
1982. L'année faible.	63
1983. L'année fatale.	83
1984. L'année virage	103
1985. L'année Mourousi	125
1986. L'année guérilla	149
1987. L'année bascule	175
1988. L'année victoire.	201
I. Le second souffle.	203
II. Le manque de souffle.	233
1989. L'année globe-trotter	243
1990. L'année yo-yo.	267
1991. L'année soldat	291
1992. L'année Europe	323
1993. L'année tristesse.	349
1994. L'année cancer.	373
Et demain, médiatique ou médiacrité ?.	401

*La composition de cet ouvrage
a été réalisée par l'Imprimerie BUSSIÈRE,
l'impression et le brochage ont été effectués
sur presse CAMERON dans les ateliers de B.C.A.,
à Saint-Amand-Montrond (Cher),
pour le compte des Éditions Albin Michel.*

*Achevé d'imprimer en décembre 1994.
N° d'édition : 14116. N° d'impression : 3080-94/909.
Dépôt légal : janvier 1995.*